普通高等教育教材——跨境电子商务方向

跨境电商概论

主　编　周志丹　徐　方
副主编　唐先锋
参　编　李旭帅　董国辉

机械工业出版社

本书从跨境电商概述、我国跨境电商的发展、跨境电商的模式与平台、跨境出口电商、跨境进口电商、跨境电商物流、跨境电商生态体系、跨境电商规则体系等几个方面全景式介绍了跨境电商。书末还编入了八个跨境电商经典案例。

本书可作为高校跨境电商相关专业的导论课、基础课，以及高校其他专业开设跨境电商课程的教材，也可供对跨境电商感兴趣的读者阅读。

图书在版编目（CIP）数据

跨境电商概论/周志丹，徐方主编. —北京：机械工业出版社，2019.10（2020.11重印）

ISBN 978-7-111-63777-6

Ⅰ.①跨… Ⅱ.①周… ②徐… Ⅲ.①电子商务-高等学校-教材 Ⅳ.①F713.36

中国版本图书馆 CIP 数据核字（2019）第 209917 号

机械工业出版社（北京市百万庄大街 22 号 邮政编码 100037）
策划编辑：易 敏 责任编辑：易 敏 王 慧 何 洋
责任校对：张 力 封面设计：鞠 杨
责任印制：常天培
北京捷迅佳彩印刷有限公司印刷
2020 年 11 月第 1 版第 2 次印刷
185mm×260mm・17.25 印张・403 千字
标准书号：ISBN 978-7-111-63777-6
定价：45.00 元

电话服务	网络服务
客服电话：010-88361066	机 工 官 网：www.cmpbook.com
010-88379833	机 工 官 博：weibo.com/cmp1952
010-68326294	金 书 网：www.golden-book.com
封底无防伪标均为盗版	机工教育服务网：www.cmpedu.com

前言

近年来，跨境电商在我国迎来了发展的新机遇。作为贸易的新业态，跨境电商已经成为我国对外贸易的发展趋势，未来跨境电商有望取代传统贸易，成为全球贸易的主要形式。

本书有别于大家看到的跨境电商理论性或实务性的教材，它的定位是给需要了解跨境电商知识和跨境电商发展现状、趋势的学生及其他读者一本较为全面的读物。本人于2015年在浙江万里学院首次开设公选课"跨境电商概论"并给跨境电商特色班学生上课，最初没有教材，后来使用《一本书搞懂跨境电商》，中间有两个学年使用我自己编的讲义。浙江万里学院是开展跨境电商人才培养比较早的高校，2010年在电子商务专业中设立国际经贸模块，即在电子商务专业学生中选拔一部分英语成绩好的学生学习部分国际经济与贸易专业的核心课程，没想到在2014年后就名正言顺地成了跨境电商模块。2015年，学校在5000余名大三学生中招收跨专业跨境电商特色班，首届特色班的80名学生来自全校8个学院的25个专业，这届跨境电商特色班学生毕业后很多成为企业的骨干，有的成为创业先锋，年跨境电商营业额达到1250万美元。很多参加跨境电商学习的学生感谢这门课将他们领进了跨境电商行业，原本他们是物流管理、计算机科学与技术、电气工程、统计学、信息工程等专业的学生。

2016年7月，由浙江万里学院牵头，在甬高校成立了由宁波市口岸办、宁波市教育局、宁波市商务委员会领导，在宁波市跨境电商职业教育行业指导委员会指导下的宁波市跨境电子商务学院。该学院是全国市级层面上首家由政府行业主管部门发起成立的行业特色学院，其人才支撑、服务支撑、智力支持的建设目标与实践，受到国家商务部相关领导的好评。2018年3月，浙江万里学院被全国外经贸职业教育教学指导委员会评为"全国跨境电商专业人才培养示范校"；2018年12月，受eBay邀请参加全国首届"跨境电商人才培养高峰论坛"，并做了题为《高校跨境电商产教融合的思考》的大会主题报告；2019年3月，eBay-"E青春"跨境电商人才培养项目落户浙江万里学院。

正是在这样的发展历程中，我们积累了一些跨境电商教学的经验，萌生了编写一本适合学生使用的跨境电商教材的想法。最初明确有这个想法，是在与徐方老师（时任宁波鄞州一舟跨境电商产业园创业辅导老师）交流时，后来几年就在不断积累教学素材，最终形成了本书。

本书由宁波市跨境电子商务学院常务副院长、浙江万里学院教授周志丹，宁波优城地铁有限公司新零售事业部总监徐方共同担任主编,并编写了本书的大部分内容,因此本书也可以说是校企合作的成果。唐先锋编写了第八章和第七章的部分内容,李旭帅参与编写了第一章的部分内容,董国辉参与了案例的编写,全书由周志丹统稿。感谢2016级电子商务专业学生杨欢参与了习题编写,并承担了一部分校对工作。

本书是浙江省"十二五"新兴特色专业(电子商务),浙江省"十三五"特色专业(电子商务),宁波市重点专业、优势专业(电子商务)建设的阶段性成果,也是宁波市跨境电子商务学院建设成果之一。本书受到浙江省高等教育"十三五"第一批教学改革研究项目"跨专业交叉复合型跨境电商人才培养模式探索与实践"(项目号jgz0180256)的资助。

感谢宁波市商务局党组副书记、副局长陈利珍,跨境电商处处长林维忠,以及宁波跨境电子商务促进中心部长汪诗涵对宁波市跨境电子商务学院的指导和支持,教材中的第九章"跨境电商案例分析"及第三章有关跨境电商综合试验区等内容取自《宁波跨境电商》通讯的部分内容,该通讯的编写得到"宁波跨境电商智库建设课题研究"的资助。

感谢浙江万里学院马建荣副校长多年来对跨境电商人才培养的一贯支持,感谢为案例编写付出辛勤劳动的郜志雄博士、宁波慈溪家电馆的余雪辉、深圳通拓科技的谭瑜、宁波乐歌的李响、萌恒集团的俞峰、豪雅集团的蔡井泉等。

书中还有一些资料来源于亿邦动力网、雨果网、亿恩网等网络,在此对相关贡献者一并表示感谢。

由于编者水平有限,书中难免有不完善的地方,特别是随着跨境电商的快速发展,一些数据将不断刷新。欢迎大家批评指正,以帮助我们修订相关内容。

周志丹
2019年10月于宁波

目 录

前 言

第一章 跨境电商概述 ································· 001
  第一节 国际贸易与电子商务 ························· 001
  第二节 跨境电商的概念与分类 ························ 010
  第三节 跨境电商的特点与优势 ························ 012
  第四节 跨境电商生态圈 ·························· 014

第二章 我国跨境电商的发展 ···························· 017
  第一节 跨境电商的发展阶段 ························· 017
  第二节 跨境电商的经济与政策环境 ······················ 019
  第三节 跨境电商综合试验区 ························ 021
  第四节 传统外贸企业如何向跨境电商转型 ··················· 023
  第五节 中美贸易摩擦下的我国跨境电商 ···················· 028

第三章 跨境电商的模式与平台 ·························· 038
  第一节 跨境电商的交易模式 ························ 038
  第二节 综合试验区跨境电商创新模式 ···················· 040
  第三节 跨境电商平台分类 ························· 049
  第四节 海外跨境电商平台 ························· 050

第四章 跨境出口电商 ······························· 059
  第一节 跨境出口电商概述 ························ 059
  第二节 跨境出口电商案例之一——速卖通：国际版淘宝 ············ 064
  第三节 跨境出口电商案例之二——亚马逊：巨型帝国的秘密 ·········· 071
  第四节 跨境出口电商案例之三——eBay：最熟悉的陌生平台 ········· 077
  第五节 跨境出口电商案例之四——Wish：移动电商的黑马 ·········· 088
  第六节 跨境电商创业——敦煌网与兰亭集势 ················· 99

第五章 跨境进口电商 ······························· 105
  第一节 跨境进口电商概述 ························ 105

│　　　第二节　跨境进口电商案例之一：洋码头 123
│　　　第三节　跨境进口电商案例之二：网易考拉 128
│　　　第四节　跨境进口电商案例之三：蜜芽宝贝 132
│　　　第五节　跨境进口电商案例之四：蜜淘 135
│　　　第六节　跨境进口电商新零售 138

第六章　跨境电商物流 145
　　　第一节　跨境电商物流概述 145
　　　第二节　跨境电商物流的主要模式 148
　　　第三节　跨境电商物流规则及退货 155
　　　第四节　主流跨境电商平台的物流新举措 168

第七章　跨境电商生态体系 176
　　　第一节　跨境电商供应链体系 176
　　　第二节　跨境电商推广体系 182
　　　第三节　跨境电商支付体系 199

第八章　跨境电商规则体系 208
　　　第一节　跨境电商市场监管规则 209
　　　第二节　跨境电商税收规则 215
　　　第三节　网上争议解决与消费者权利保护规则 221
　　　第四节　跨境电商信用管理规则 229

第九章　跨境电商案例分析 241
　　　案例一　跨境电商助力"宁波制造"走向"宁波品牌" 241
　　　案例二　小家电企业"集聚""出海"的平台 243
　　　案例三　"本土化＋品牌化＋全渠道化"打造跨境电商升级版 246
　　　案例四　精准定位＋客户体验＋数据驱动：垂直跨境电商平台的运营 249
　　　案例五　"泛供应链、泛渠道、泛营销"模式助力通拓科技跨境全球 251
　　　案例六　垂直跨境电商演进的策略：宁波新百川包装制品有限公司 255
　　　案例七　跨境电商发展"三部曲"：选品、采购、海外仓——广博
　　　　　　　跨境电商出口的实践 259
　　　案例八　传统外贸企业在微笑曲线上的占位与跃升——宁波
　　　　　　　豪雅集团外贸转型升级路径 263

参考文献 267

第一章

跨境电商概述

引 例

2017年9月21日上午，原国家外经贸部副部长龙永图在出席由中国国际经济交流中心主办的第九十九期"经济每月谈"时表示，国际电子商务可以被认为是国际贸易与互联网的结合，在此基础上再加上其他一些服务。他指出，互联网、云计算、大数据、人工智能等现代科学技术的发展是全球化的重要动力，这是不可阻挡的，只能顺应它。电子商务发展迅猛，跨境电子商务紧随其后，2015年，跨境电商交易额已占到我国国际贸易总量的20%，预计到2020年，将占到37%。这种国际贸易形势要很好地研究，特别是现在整个国际电子商务的国际规则也没有，正好是我们大显身手的时候，因为我们有丰富的实践，我们有以阿里巴巴为代表的一大批优秀企业，我们占尽天时、地利、人和。中央有要求，我们参与全球治理，提出中国方案。

这些数据是按国际贸易相关统计指标统计的吗？数据是按什么分类的呢？相关统计指标又是什么呢？跨境电商包含着哪些呢？它的优势和特点又是什么？要回答好这些问题，我们需要掌握一些跨境电商的知识。

学习目标

（1）认识和了解国际贸易与电子商务之间的关系。
（2）理解和掌握跨境电商的概念与分类。
（3）掌握跨境电商的特点与优势。
（4）了解跨境电商生态圈。

第一节 国际贸易与电子商务

一、国际贸易的基本概念

1. 国际贸易与对外贸易

国际贸易（International Trade）是指世界各个国家（或地区）之间商品和劳务的交换活

动。它是各国（或地区）在国际分工的基础上相互联系的主要形式。国际贸易是由各国的对外贸易构成的，是世界各国对外贸易的总和。因此，国际贸易通常也被称为世界贸易。

对外贸易（Foreign Trade）是指一国（或地区）与其他国家（或地区）之间所进行的商品与劳务的交换活动，通常简称"外贸"。某些岛国，如英国、日本等，也称对外贸易为海外贸易。

可以看出，国际贸易与对外贸易属于同一类活动，但两者的区别在于：国际贸易是站在全球的立场上，包括各国相互之间的贸易；而对外贸易是站在一个国家的立场上来看待交换活动，仅指本国与外国间的贸易。

2. 国际贸易的分类

（1）按商品移动的方向划分

1）进口贸易：进口贸易（Import Trade）是指将其他国家的商品或劳务引进到本国市场进行销售。

2）出口贸易：出口贸易（Export Trade）是指将本国的商品或劳务输出到国外市场进行销售。

进口贸易和出口贸易是相对的，同一笔交易，对于卖方而言是出口贸易，对于买方而言就是进口贸易。

3）过境贸易：过境贸易（Transit Trade）是指 A 国的商品经过 C 国境内运至 B 国市场销售，对 C 国而言就是过境贸易。C 国要对此批货物进行海关监管，但是这种贸易对 C 国来说，既不是进口也不是出口，仅仅是商品过境而已。

4）转口贸易：转口贸易又称中转贸易（Intermediary Trade），是指进出口生意，不是在生产国与消费国之间直接进行，而是由中转国分别同生产国和消费国发生贸易。

转口贸易和过境贸易的区别，在于商品的所有权在转口贸易中先从生产国出口者那里转到第三国（或地区）商人手中，再转到最终消费该商品的进口国商人手中。而在过境贸易中，商品所有权无须向第三国商人转移。

（2）按交易对象的形态划分

1）有形贸易：有形贸易（Visible Trade）也叫货物贸易，是指传统的实物商品的进出口活动。例如，机器、设备、家具、原材料等都是有实物形态的商品，这些商品的进出口称为有形贸易。

2）无形贸易：无形贸易（Invisible Trade）是指没有实物形态的技术和服务的进出口。例如，运输、保险、金融、旅游、文化娱乐、法律服务、咨询等的提供和接受即为无形贸易。无形贸易又分为服务贸易和技术贸易。

服务贸易又称劳务贸易是指国与国之间互相提供服务的经济交换活动。服务贸易有广义与狭义之分，狭义的服务贸易是指一国以提供直接服务活动形式满足另一国某种需要以取得报酬的活动。广义的服务贸易既包括有形的活动，也包括服务提供者与使用者在没有直接接触下交易的无形活动。服务贸易一般情况下都是指广义的。

2016年2月，国务院印发《关于同意开展服务贸易创新发展试点的批复》，同意在天津、上海、海南、深圳、杭州、武汉、广州、成都、苏州、威海和哈尔滨新区、江北新区、两江新区、贵安新区、西咸新区等省市（区域）开展服务贸易创新发展试点，试点期为2年，自国务院批复之日起算。

技术贸易是指国与国之间，按照一般商业条件，向对方出售或从对方购买软件技术使用权的一种国际贸易行为，一般以纯技术的使用权为主要交易标的。

技术服务和咨询是国际技术贸易实践中常见的方式。

（3）按贸易内容划分

按贸易内容划分，国际贸易可分为服务贸易、加工贸易、商品贸易和一般贸易。

（4）按是否有第三国参加划分

1）直接贸易：直接贸易（Direct Trade）是指商品生产国与商品消费国不通过第三国进行买卖商品的行为。贸易的出口国方面称为直接出口，进口国方面称为直接进口。

2）间接贸易：间接贸易（Indirect Trade）是指商品生产国与商品消费国通过第三国进行买卖商品的行为。间接贸易中的生产国称为间接出口国，消费国称为间接进口国，而第三国则是转口贸易国，第三国所从事的就是转口贸易。

（5）按贸易参加国的数量划分

1）双边贸易：双边贸易（Bilateral Trade）是指在两国政府之间签订的贸易条约或协定的贸易规则和调节机制下进行的贸易。有时，双边贸易也泛指两国间的贸易往来。

2）多边贸易：多边贸易（Multilateral Trade）是指三个或三个以上的国家通过协议在多边结算的基础上进行互有买卖的贸易。很显然，在经济全球化的趋势下，多边贸易更为普遍。

（6）按清偿方式的不同划分

1）现汇贸易：现汇贸易（Cash-Liquidation Trade）又称自由结汇贸易，是用国际货币进行商品或劳务价款结算的一种贸易方式。买卖双方按国际市场价格水平议价，按国际贸易惯例议定具体交易条件。交货完毕以后，买方按双方商定的国际货币付款。当今能作为清偿工具的货币主要有美元、日元、欧元、英镑。

2）协定贸易：协定贸易（Agreement Trade）是指两个国家（或地区）签订贸易协定，通过记账方式交易，而不是直接动用外汇，在一定时期内（通常是一年）进行结算。贸易差额可以结转到下一年的账户。

3）易货贸易：易货贸易（Barter Trade）是指在换货的基础上，把等值的出口货物和进口货物直接进行结算清偿的贸易方式。其特点是进口和出口相结合，贸易双方均有进有出，这样既可以节省外汇，又可以保持双方的贸易平衡。

3. 国际贸易相关统计指标

（1）贸易额和贸易量

贸易额（Value of Trade）是用货币表示的贸易的金额，是反映一国（或地区）贸易规模的重要经济指标。各国一般都用本国货币表示，国际上多数国家用美元表示。贸易额可分为对外贸易额和国际贸易额。

对外贸易额是一个国家在一定时期内的进口总额与出口总额的总和。国际贸易额是世界各国出口额的总和。

贸易量就是剔除了价格变动影响之后的贸易额。贸易量使得不同时期的贸易规模可以进行比较。这里有三个概念需要掌握。

贸易量（Quantum of Trade）是指以不变价格的计算反映一国（或地区）贸易规模的指标。由于国际金融市场上货币价格常波动，各国的物价也不稳定，因此单纯用货币价格表示的国际贸易额不能确切地反映出贸易的实际规模。因此，剔除了价格波动影响的贸易量更符合实际的贸易规模。其计算公式为进（出）口贸易量＝进（出）口额÷进出口价格指数×100。

（2）贸易差额

贸易差额（Balance of Trade）是指一个国家在一定时期内（通常为一年）出口总额与进口总额之间的差额；是衡量一国对外贸易状况乃至国家经济状况、国际收支状况好坏的重要指标。

贸易顺差（Favorable Balance of Trade），中国也称它为出超（Excess of Export over Import），表示一定时期的出口额大于进口额。

贸易逆差（Unfavorable Balance of Trade），中国也称它为入超（Excess of Import over Export）、赤字，表示一定时期的出口额小于进口额。

贸易平衡是指一定时期的出口额等于进口额。

一般认为，贸易顺差可以推进经济增长、增加就业，所以各国无不追求贸易顺差。但是，大量的顺差往往会导致贸易纠纷，如日美汽车贸易大战等。

（3）贸易条件

贸易条件（Terms of Trade）表示出口一单位商品能够换回多少单位进口商品，是出口商品价格与进口商品价格的对比关系。很显然，换回的进口商品多，为有利，称为贸易条件好转；换回的外国商品少，为不利，称为贸易条件恶化。贸易条件在不同时期的变化通常用贸易条件指数来表示，其计算公式是：

贸易条件指数＝出口价格指数÷进口价格指数×100（假定基期的贸易条件指数为100）。

报告期的贸易条件指数大于100，说明贸易条件较基期改善。

报告期的贸易条件指数小于100，说明贸易条件较基期恶化。

（4）贸易的地理方向

对外贸易地理方向（Direction of Foreign Trade）是指一国对外贸易的地区分布和国别分布的状况，通常以它们在该国进出口总额或进口总额、出口总额中的比重来表示。它可反映一国与其他国家或区域集团之间经济贸易联系的紧密程度。例如，2018年我国葡萄酒进口总量排名前十名的来源国分别为：法国、澳大利亚、智利、意大利、西班牙、美国、南非、新西兰、阿根廷和德国。

国际贸易地理方向（Direction of International Trade）是指国际贸易的地区分布和商品流向，通常用它们的出口额（或进口额）占世界出口贸易总额（或进口贸易总额）的比重来表示。

例如，2018年世界商品出口前十位的国家是中国、德国、美国、日本、法国、韩国、荷兰、意大利、俄罗斯、英国。2018年世界商品进口前十位国家是美国、中国、德国、日本、英国、法国、荷兰、韩国、印度、意大利。

（5）对外贸易依存度

对外贸易依存度（Foreign Dependence Degree）是指一国进出口总额占其国内生产总值或国民生产总值的比重，反映一国对外开放的程度和对世界市场的依赖程度。它可以分为出口依存度和进口依存度。其计算公式为：

对外贸易依存度 =（出口额 + 进口额）÷ 国内生产总值（或国民生产总值）。

二、外贸出口流程

外贸出口流程通常是外贸出口工作人员在出口工作中所进行的一系列活动的有序组合，主要包括报价、订货、付款、包装、通关手续及备货装运等活动。

1. 报价

国际贸易一般从产品的询价、报价开始。其中，对于出口产品的报价主要包括产品的质量等级、产品的规格型号、产品是否有特殊包装要求、所购产品量的多少、交货期的要求、产品的运输方式、产品的材质等内容。比较常用的报价方式有 EXW（工厂交货）、FOB（船上交货）、C&F/CFR（成本加运费）、CIF（成本、保险费加运费）等形式。

2. 订货

贸易双方就报价达成意向后，买方企业正式订货并就一些相关事项与卖方企业进行协商，双方协商认可后，需要签订购货合同。在签订购货合同过程中，贸易双方主要对商品名称、规格型号、数量、价格、包装、产地、装运期、付款条件、结算方式、索赔、仲裁等内容进行确认。

3. 付款

比较常用的国际付款方式有三种，即信用证付款、TT付款（电汇）和直接付款。

4. 包装

根据货物的不同，出口方可以选择不同的包装形式（如纸箱、木箱、编织袋等）。包装要符合目的国的相关法规要求。

5. 通关

通关手续极为烦琐又极其重要，如不能顺利通关则无法完成交易。属于法定检验的出口商品须办出口商品检验证书，其中我国进出口商品检验工作主要有接受报验、抽样、检验、签发证书等四个环节。

6. 备货装运

在货物装船过程中，出口方应根据货物的多少来决定装船方式，并根据购货合同所定的险种来投保。一般可选择整装集装箱、拼装集装箱。

扩展阅读

贸易术语

在长期的国际贸易实践中，买卖双方逐渐把某些和价格密切相关的贸易条件与价格直接联系在一起，形成了若干报价的方式。每一种方式都规定了买卖双方在某些贸易条件中应履行的义务。用来说明这种义务的术语，称为贸易术语。

贸易术语是国际贸易价格条款中必不可少的内容。在报价中使用贸易术语，可明确双方在货物交接方面各自应承担的责任、费用和风险，说明商品的价格构成，从而简化交易磋商的手续，缩短成交时间。由于规定贸易术语的国际惯例对买卖双方应该承担的义务，做了完整而确切的解释，因而避免了由于对合同条款的理解不一致而在履约中可能产生的某些争议。

贸易术语所表示的贸易条件，主要分两个方面：其一，说明商品的价格构成，是否包括成本以外的主要从属费用，即运费和保险；其二，确定交货条件，即说明买卖双方在交接货物方面彼此所承担的责任、费用和风险的划分。常用的贸易术语解释是 INCOTERMS 2010，见表 1-1。

表 1-1 INCOTERMS 2010 中的贸易术语

项目 术语	中文 名称	交货 地点	运输手续 办理	保险手续 办理	风险转移 界限	出口 报关	进口 报关	适用运输 方式
EXW	工厂交货	卖方处所	无义务	无义务	买方接管 货物后	买方	买方	各种 运输方式
FCA	货交 承运人	指定的 交货地点	买方	无义务	承运人 接管货物后	卖方	买方	各种 运输方式
FAS	装运 港船边交货	装运 港船边	买方	无义务	货交船边后	卖方	买方	海运、 内河运输

(续)

项目\术语	中文名称	交货地点	运输手续办理	保险手续办理	风险转移界限	出口报关	进口报关	适用运输方式
FOB	装运港船上交货	指定装运港船上	买方	无义务	货物越过装运港船舷	卖方	买方	海运、内河运输
CFR	成本加运费	指定装运港船上	卖方	无义务	货物越过装运港船舷	卖方	买方	海运、内河运输
CIF	成本加保险加运费	指定装运港船上	卖方	卖方	货物越过装运港船舷	卖方	买方	海运、内河运输
CPT	运费付至目的地	指定的交货地点	卖方	无义务	承运人接管货物后	卖方	买方	各种运输方式
CIP	运费、保险费付至目的地	指定的交货地点	卖方	卖方	承运人接管货物后	卖方	买方	各种运输方式
DAF	边境交货	两国边境指定地点	卖方	无义务	买方接管货物后	卖方	买方	各种运输方式
DES	目的港船上交货	指定目的港船上	卖方	无义务	买方在船上收货后	卖方	买方	海运、内河运输
DEQ	目的港码头交货	指定目的港码头	卖方	无义务	买方在目的港收货后	卖方	买方	海运、内河运输
DDU	未完税交货	指定目的地	卖方	无义务	买方在指定地收货后	卖方	买方	各种运输方式
DDP	完税交货	指定目的地	卖方	无义务	买方在指定地收货后	卖方	买方	各种运输方式

三、电子商务在国际贸易中的作用

国际贸易主要是指世界各国（或地区）之间所进行的以货币为媒介的商品交换活动，既包含有形商品交换，也包含无形商品交换。而电子商务可以理解为通过使用互联网在全球范围内进行的商务贸易活动，包括商品和服务的提供者、广告商、消费者等有关各方行为的总和。与传统商务活动相比，电子商务在国际贸易中具有交易虚拟化、交易成本低、交易效率高和交易透明化等特点。电子商务在国际贸易中的作用主要体现在以下几个方面：

1. 寻找贸易伙伴

在国际贸易进出口交易中，生产商、供应商、销售商，需要以最快、最便利的方式找到贸易伙伴，形成相对稳定的交易关系，产生可持久的交易行为。利用电子商务寻找贸易伙伴，既可以节省大量的人力、物力的投入，而且还不受时间、地点的限制。国内的进出口企业足不出户就可以找到国外的贸易伙伴，国外的客户也可轻而易举地物色到最理想的供应商。例如，外贸企业可以通过建立自己的门户网站，向全世界发布自己的产品及服务，或者通过第三方电子商务平台，推送自己的产品及服务，以便国外客户在互联网中通过搜索引擎快速锁定交易对象，从而开展业务。

2. 网上咨询与洽谈

传统的国际贸易需要派出业务员到国外就某项或某几项业务开展面对面的洽谈，签订合同，达成贸易事实。这个过程不仅费时费力，而且需要投入很高的人力、物力、财力。而通过互联网进行咨询和洽谈，可以突破面对面洽谈的限制，减少了现实环境洽谈的成本投入，而且不受地域和时空的影响。

3. 网上交易与支付

随着网络技术的运用和电子支付手段的开发，开展国际贸易的双方，在网上洽谈达成交易意向后，可以开展网上订货，并通过国际物流交割产品，最后通过网上支付的方式完成交易。这对于资金紧张的大量中小型外贸企业而言，节省了大量的人力和时间成本，有利于与大型企业开展竞争。

4. 交易管理网络化

电子商务的运用使国际贸易中产生的单据、文书、合同、凭证等，均实现了无纸化和网络化，使从事进出口业务的企业可直接通过互联网办理与银行、保险、税务、运输各方有关的电子票据以及电子单证，完成部分或全部的结算及索赔等工作，大大节省了交易时间和费用。

5. 突破国际贸易保护主义的"蹊径"

近年来，虽然全球货物贸易额低迷不振，但全球电子商务规模却在不断扩大。打造包括全球电子贸易在内的电子商务平台，会能成为打破全球贸易保护主义、塑造新的世界贸易规则的良好契机。有效推进和拓展包括全球电子贸易平台，将成为打破国际贸易壁垒的"蹊径"。当前，全球贸易规则与区域化规则并肩而行，这也带来全球贸易规则重构的契机，包括我国在内的新兴经济体，是全球化过程中的主要受益者，也应当成为推进全球电子商务平台的中坚力量。

四、电子商务对国际贸易的影响

电子商务在国际贸易中的应用，改写了国际贸易的管理模式，精简了国际贸易的中间环节，缩短了国际贸易时间，提高了国际贸易效率，促进了世界范围内经济的发展，冲破了传统的时间、空间等因素限制，有力地推动了国际贸易的快速发展和持续提高。

1. 推动国际贸易方式的改变

随着电子商务的快速发展，国际贸易的手段和方式都产生了很大的变化。银行转账等传统国际贸易中比较单一的金融支付手段，在电子商务虚拟贸易平台金融模式下将变得灵活便捷，双方可以通过网上银行、第三方支付平台、支付宝等手段完成交易。线上交易借助便捷的互联网平台，可以实现国际贸易双方之间高效的信息传递，能做到贸易双方在不同的地点、不同的时间可以随时对商品进行在线查看、咨询、下单、支付等。

2. 降低外贸企业的交易成本

传统国际贸易，交易双方不仅要考虑产品的生产成本和消耗，还要投入一定资金寻找供应商和客户，尤其许多中小型企业，没有直接出口途径，只能依附于中间商，这就使得外贸的多数利润流入中间商口袋中。外贸企业开展电子商务可以在很大程度上降低贸易操作的成本和提高企业的效益。例如，运用网络技术可直接降低包含通信、交通、办公、人力和场地租金等方面的成本，单据录入和数据传输能够减少人力资源浪费，实现人力资源的合理利用，从而减少储藏运输以及其他领域的成本。同时，减少了中间商环节，使消费者实现了与生产商家的直接交流，降低了消费成本和消费交易时间成本。

3. 降低国际贸易门槛

如今国际贸易市场范围已扩大到每个国家的各行各业，与传统的贸易活动形式相比，电子商务可以打破时间、空间的发展局限以及货物限制，从而降低了进入国际贸易的门槛，使得国际贸易的主体从大企业、跨国公司等转化为一些中小型企业，促进了国际贸易主体的多元化，从而带动了国际贸易收益的增加。在电子商务快速发展的同时，信息传播内容和速度也会相应地加大、增快，进而有效减少国际贸易中的无序性和盲目性，明确国际贸易的发展方向和目标。同时，在合理分析数据、掌握信息资源的基础上，企业还会在了解发展趋势的过程中，制定适应市场发展需要的战略性决策。

4. 优化国际贸易监管方式

以往的国际进出口贸易在监管方面难度较大，过程也十分烦琐复杂，使得贸易商品的运输和交付过程占用大量的时间，不仅增加了成本也影响了效率。而国际贸易和电子商务结合之后，线下交易转为线上交易，监管方式也开始与网络信息技术融合，产生新的监管模式。监管部门可以直接通过数字化和信息化的技术进行监管，一方面在数据整理上更加便利，另一方面程序更加规范化，监管过程更加高效，监管效率大大提高。

此外，电子商务在对国际贸易产生以上积极影响的同时，也会产生较大的支付风险、新的诈骗手段及容易造成税款流失等负面影响，这需要在发展中不断应对。

扩展阅读

常见电子商务专业名词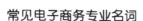

SEM：Search Engine Marketing，搜索引擎营销。

EDM：Electronic Direct Marketing，电子邮件营销。

CPS：Cost Per Sales，销售分成。

CPA：Cost Per Action，每次动作成本，即根据每个访问者对网络广告所采取的行动来收费的定价模式。"用户行动"有特别的定义，包括形成一次交易、获得一个注册用户或者对网络广告进行一次点击等。

CPM：Cost Per Mille 或者 Cost Per Thousand，Cost Per Impressions，每千人成本。

CPC：Cost Per Click 或者 Cost Per Thousand Click-Through，每点击成本。

ROI：Return On Investment，投资报酬率。

SEO：Search Engine Optimization，搜索引擎优化。

CR：Conversion Rate，转化率，是指访问某一网站的访客中，转化的访客占全部访客的比例。

UV：Unique Vister，独立访客。

AdWords：Google 的关键词竞价广告。

Alexa：Alexa.com 是专门发布网站世界排名的网站，网站排名有两种：综合排名和分类排名。

二跳率：由 99click 最先提出，网站页面展开后，用户在页面上产生的首次点击被称为"二跳"，二跳的次数即为"二跳量"。二跳量与浏览量的比值称为页面的二跳率。

跳失率：跳失率是指浏览了一个页面就离开的用户占一组页面或一个页面访问次数的百分比。

第二节 跨境电商的概念与分类

一、跨境电商的概念

跨境电子商务，简称跨境电商，是指不同交易主体区域，通过电子商务平台进行交易、支付结算，并通过跨境物流配送完成交易的一种商务模式。有关跨境电商的定义，主要有以下几种说法：

其一认为，跨境电商是指分属不同关境的交易主体，通过电子商务平台达成交易、进行支付结算，并通过跨境物流送达商品、完成交易的一种国际商业活动。

其二认为，跨境电商是指分属不同国家/关区的交易主体在电商平台上达成交易及其后续活动，通过互联网突破传统外贸销售模式所受到的制约，将产品直接销售给全球商家或者消费者的一种国际商业活动。

在我国最初并没有跨境电商的说法，大多数人只是把它归为外贸的一种形式，包含进口和出口两部分。2008年，随着国际环境的变化，尤其是2008年全球金融危机对国内出口的影响，我国外贸企业的电子商务应用出现了新的契机。一方面，国际市场需求萎缩，持续增加的贸易摩擦对我国出口贸易造成严重的冲击，另一方面我国劳动力、土地、能源资源等要素成本上升，人民币持续升值。在这种情况下，传统外贸集装箱式的大额交易逐渐被小批量、多批次、快速发货的贸易订单所取代。

二、跨境电商的分类

跨境电商依据进出境货物流向可分为出口跨境电商和进口跨境电商，其中出口跨境电商是我国跨境电商的主流，约占我国跨境电商交易额的90%以上。无论是进口还是出口，跨境电商都需要解决三个流程问题：一是信息流，卖家在网上发布信息，消费者通过互联网搜索需要的产品和服务信息；二是产品流，消费者网上下单，卖家通过物流将产品送达；三是资金流，消费者通过第三方支付方式，及时、安全地付款，卖家收汇结汇。这三方面也是所有贸易的必须流程。

目前，跨境电商从形式上可分为以下五类：

第一类是以亚马逊为代表的国际实力派电商，这类电商在全球范围内拥有物流与产品供应链的优势，在货源保障、物流供应、跨境链条方面强于其他对手。

第二类是以阿里巴巴、京东为代表的运营派电商，这类电商在用户习惯、运营能力方面处于第一阵营，在销售终端有着很强的把控能力，以规模来撬动上游的供应链。

第三类是以蜜芽宝贝等垂直跨境电商为代表的新参与者，这类电商大多轻装上阵，从品类切入，加上资本的支持，在成立之初便获得公众与资本的关注，发展迅猛。

第四类是以315BAY为代表的国外或港台企业，这类电商凭借其在国外货源与物流的优势，从产品供应端切入来布局国内终端，目前处于起步阶段。

第五类是最早出现的"海淘代购国外直邮"的C2C模式，这类电商难成规模。

在我国，无论是进口跨境电商还是出口跨境电商，主流是B2B和B2C，出口跨境电商B2B本质上仍然是一个传统外贸行业，B2C则主要是我国企业直接面对国外消费者，出售个人消费品，物流主要采用航空包裹、邮件、快递等方式，清关的主体是邮政或快递公司。跨境电商业务模式可分为传统的跨境交易平台模式、综合门户的跨境零售平台模式、垂直跨境零售平台模型和专业的第三方服务平台等不同的类型。目前，传统的信息服务是主体，随着产业链各个部门的合作，行业将呈现向多服务体系发展的趋势，同时小额跨境电商也将实现爆炸性增长。

第三节 跨境电商的特点与优势

一、跨境电商的特点

跨境电商是基于网络发展起来的。网络空间相对于物理空间来说是一个新空间,是一个由数字组成的虚拟但客观存在的世界。网络空间独特的价值标准和行为模式深刻地影响着跨境电商,使其不同于传统的交易方式而呈现如下特点。

1. 多边化、网状结构

传统的国际贸易主要表现为两国之间的双边贸易,即使有多边贸易,也是通过多个双边贸易实现的,呈线状结构。跨境电商则可以通过一国的交易平台,实现其他国家间的直接贸易,与贸易过程相关的信息流、商流、物流、资金流逐步由传统的双边向多边演进,呈现网状结构,正在重构世界经济新秩序。

2. 直接化、效率高

传统的国际贸易主要由一国的进/出口商通过另一国的出/进口商集中进/出口大批量货物,然后通过境内流通企业经过多级分销,最后到达有进/出口需求的企业或者消费者,通常进出口环节多、时间长、成本高。而跨境电商可以通过电子商务交易与服务平台,实现多国企业之间、企业与最终消费者之间的直接交易,进出口环节少、时间短、成本低、效率高。

3. 小批量、高频度

跨境电商通过电子商务交易与服务平台,实现多国企业之间、企业与最终消费者之间的直接交易。由于是单个企业之间或单个企业与单个消费者之间的交易,相对于传统贸易而言,大多是小批量,甚至是单件,而且一般是即时按需采购、销售和消费,相对于传统贸易而言,交易的次数和频率高。

4. 数字化、监管难

随着信息网络技术的深化应用,数字化产品(如游戏、软件、影视作品等)的品类和贸易量快速增长,且通过跨境电商进行销售或消费的趋势日趋明显。而传统应用于实物产品或服务的国际贸易监管模式已经不适用于新型的跨境电商交易,尤其是数字化产品的跨境贸易,更是没有纳入海关等政府有关部门的有效监管、统计和关税收缴范围。

二、跨境电商的优势

随着互联网、物联网等基础设施的完善和全球性物流网络的构建，跨境电商的交易规模日益扩大。据电子商务研究中心发布的《2018 年度中国跨境电商市场数据监测报告》显示，2018 年我国跨境电商交易规模达 9 万亿元，同比增长 11.6%，占我国外贸进出口总值（30.51 万亿元）的 29.5%。跨境电商作为贸易新业态，得益于一系列制度支持和改革创新，正成长为推动我国外贸增长的新动能。

1. 能适应国际贸易的最新发展趋势

2008 年美国金融危机后，消费者收入增长趋缓，开始直接通过网络购买外国价低质优的商品。而部分海外进口商出于缓解资金链压力和控制资金风险的考虑，也倾向于将大额采购转变为小额采购，长期采购转变为短期采购，单笔订单的金额明显减小，大部分不超过 3 万美元，传统集装箱式的大额交易正逐渐被小批量、多批次的碎片化进出口贸易取代。

2. 有效降低产品价格

跨境电商的产品仅需经过工厂、在线平台、海外商人即可到达消费者，外贸净利润可能达到传统贸易的数倍。未来外贸链条还可以更简化，产品从工厂经过在线平台可以直接到国外消费者手中。原来的中间成本一部分变成生产商的利润，一部分成为电子商务平台的佣金，剩下的则成为消费者获得的价格优惠。如果跨境电商企业能采用集中采购备货模式，那比起单笔邮寄来，还能大大降低商品采购和物流成本。

3. 上下游多属现代服务业

与之相关联的物流配送、电子支付、电子认证、IT 服务、网络营销等，都属于现代服务业内容。即使是最为传统的快递、物流配送，也建立在信息技术业务系统之上，不仅商品本身已经基于条码进行了物品编码，而且消费者可以在电商平台实时查询、跟踪商品流通过程，并通过网银或第三方电子支付平台进行支付。

4. 以消费者为主导

跨境进口电商主要是为消费者提供在国内买不到的产品，是贸易增量。跨境电商平台让全球同类产品同台亮相，性价比成为消费者购买决策的重要因素。这是一种以消费者为导向，强调个性化的交易方式，消费者拥有更大选择自由，不受地域限制。以"订单投票"，已成为跨境电商发展趋势。

> **扩展阅读**

跨境出口电商掌门人如何看待品牌

敦煌网 CEO 王树彤：跨境电商必须从制造 OEM 模式开始走向设计和创造，然后逐渐发展成为品牌。卖家可以有自己的设计和品牌，甚至研发。工匠精神是中国制造重要的突破点，回归质量、服务和价格三个标准。

海尔小家电 HotOEM CEO 杨华：无论电商的能力有多强，如果只停留在低端的组装、抄袭阶段，永远不可能实现真正的转型。只看销售和流通端是不行的，好的产品才是电商的本质，抄是没有前途的。

英思特科技咨询创始人王建华：好的产品不只是有好的设计就可以成功，需要与好的供应链、产品技术和生产制造相结合。企业应通过"资金＋资源"相结合的方式，服务于跨境出口的卖家端和工厂端。

盛世网络创始人 Simon：只卖便宜货所获取的用户是没有价值的，但如果你的产品质量和性价比都不错时，用户是会记住你的。当店铺开始积累到一定数量的粉丝用户后，就能迅速形成新产品开发的反应链。

eBay 林奕彰：深耕一个垂直领域做小众高端品牌。从垂直领域去建立品牌，风险更低，所以卖家可以先从单一产品开始，然后慢慢做大。

有棵树董事长肖四清：未来跨境电商要守住自己的阵地，要形成企业品质和构筑商品品质体系，就必须根据自己的强项做好自己的特色。我国企业应当做好跨境电商业务链条上原材料商、加工厂、品牌商、渠道商和仓储物流商中的后两者。

ESG 中国区负责人陈婷婷：品牌的成功需要做到五点：专业细致的市场调研及产品定位；坚持品牌化道路；选择好对的平台；跟随平台及市场的趋势；选择好对的合作伙伴。电商离不开本地化，这一点做不好无疑会增加转化成本。

环球易购吴庆华：虽然海外市场 VAT（增值税）等新政的调整对卖家的合规性经营要求提高了，但这也意味着给我国跨境电商企业打开了公平参与国际竞争的机会窗。只要不断提高合规意识和运作机制，国际市场会给卖家更多的发展空间。

第四节　跨境电商生态圈

一、跨境电商生态圈的组成

跨境电商生态圈除了包括卖家、买家、平台、结算支付等基本要素外，还应包括提供产品的制造企业、金融服务企业、技术服务企业、物流服务企业、代运营商、产业园区、专业市场等，同时也包括教育培训机构网络基础设施、配套政策、市场准入制度、公共服务平台等环境要素。我国跨境电商商业生态圈如图1-1所示。

图1-1　我国跨境电商商业生态圈

（资料来源：艾媒咨询，http://www.ebrun.com/20170122/212020.shtml。）

二、跨境电商群体

跨境电商的参与者主要有传统贸易商、贸易工厂的业务人员，他们开展的跨境电商实际上是贸易线上化，主要集中在B2B领域；零售电商卖家、平台和服务商则是另两个主要角色。

1. 买家群体

买家群体可以是普通消费者，也可以是采购服务商，还可能是品牌生产商，越来越多的大企业在小额采购的时候也会利用电商平台，而个人也可以进行跨国的采购或购买。

2. 卖家群体

在线上，尽管对卖家的商业门槛有所降低，但是对卖家的外贸经验、沟通能力、商品资源等方面仍然有一定的要求。由于我国出口贸易主要集中在长三角、珠三角和东南沿海，因此，我国跨境电商卖家也主要集中在这一区域。

3. 服务商群体

服务商是跨境电商发展的关键参与者。在跨境电商流程中，由于涉及外贸报关报检、运输、支付结算、税务等环节，因此需要专业的服务商支持。

习 题

一、选择题

1. 最早出现的"海淘代购国外直邮"是（　　）模式。
   A. B2B　　　　　B. B2B2C　　　　　C. B2C　　　　　D. C2C
2. 跨境电商平台让全球同类产品同台亮相，（　　）成为消费者购买决策的重要因素。
   A. 性价比　　　B. 服务　　　　　C. 价格　　　　　D. 广告
3. 目前，（　　）是跨境电商的主体。
   A. 传统的信息服务　　　　　　　B. 传统的平台
   C. 传统的产业链　　　　　　　　D. 传统的业务模式
4. 电子商务的前提是（　　）。
   A. 互联网普及　　B. 商务信息化　　C. 商业信息化　　D. 商务
5. 以下哪个不是电子商务的特点？（　　）
   A. 虚拟性　　　B. 跨越时空性　　C. 交易性　　　　D. 低成本

二、判断题

1. 贸易量就是剔除了价格变动影响之后的贸易额，贸易量使得不同时期的贸易规模可以进行比较。（　　）
2. 电子商务可以理解为通过使用互联网在全球范围内进行的商务贸易活动，包括商品和服务的提供者、广告商、消费者等有关各方行为的总和。（　　）
3. 在电子商务快速发展的同时，信息传播内容和速度也会相应地加大、增快，进而增加了国际贸易中的无序性和盲目性。（　　）
4. 跨境电商依据进出境货物流向可分为出口跨境电商和进口跨境电商，其中进口跨境电商是我国跨境电商的主流。（　　）

三、简答题

1. 电子商务在国际贸易中具有哪些特点？
2. 随着互联网、物联网等基础设施建设的加快和移动互联网、大数据、云计算等技术的推动，跨境电子购物在全球范围内快速发展，它的优势有哪些？

第二章
我国跨境电商的发展

引 例

十九大报告中提出"拓展对外贸易,培育贸易新业态新模式"。当前,外贸已成为我国开放型经济体系的重要组成部分,同时也是我国国民经济发展的重要推动力量。跨境电商就是其中最重要的贸易新业态新模式。对于我国外贸出口而言,跨境电商能够有效化解外贸企业发展过程中出现的突出问题,做到"拓市场、促转型、树品牌",成为外贸出口的新增长点。

早在2015年9月,李克强总理就鼓励跨境电商要在质疑声中成长,在风浪中搏击。加快发展跨境电商,不仅有利于更好地满足群众消费升级和国内发展需要,而且有利于稳定外贸进出口。李克强总理还连续四年在《政府工作报告》中强调要促进跨境电商等新业态发展,跨境电商等新动能、新业态虽然在初创阶段占比不大,但发展势头迅猛,不仅能够方便群众生活、倒逼中国制造业转型升级,还能够带动物流、支付、快递等服务业发展,进一步推动外贸进出口发展。

学习目标

(1) 了解我国跨境电商的发展阶段及其经济与政策环境。
(2) 了解我国跨境电商综合试验区的发展情况。
(3) 理解和掌握传统外贸企业转型跨境电商的原因与策略。
(4) 了解中美贸易摩擦的原因和对跨境电商的影响,以及跨境电商卖家的应对措施。

第一节 跨境电商的发展阶段

一、跨境电商 1.0 阶段 (1999—2003 年)

跨境电商 1.0 时代的主要商业模式是网上展示、线下交易的外贸信息服务模式。在跨境电商 1.0 阶段,第三方平台的主要功能是为企业以及产品提供网络展示平台,并不在网络上开展交易。这一阶段以阿里巴巴为主导，此时的盈利模式主要是向进行信息展示的企业收取会员费（如年服务费）。在跨境电商 1.0 阶段发展过程中，逐渐衍生出竞价推广、咨询服务等为供应商提供一条龙信息流增值服务的模式。

在跨境电商 1.0 阶段，阿里巴巴国际站、环球资源网是典型的代表平台。其中，阿里巴巴成立于 1999 年，以网络信息服务为主，线下会议交易为辅，是中国最大的外贸信息黄页平台之一。环球资源网于 1971 年成立，前身为 Asian Source，是亚洲较早的提供贸易市场信息的平台，并于 2000 年 4 月 28 日在纳斯达克证券交易所上市，股权代码 GSOL。

在此期间还出现了中国制造网、韩国 EC21 网、Kelly Search 等大量以供需信息交易为主的跨境电商平台。跨境电商 1.0 阶段虽然通过互联网解决了我国贸易信息面向世界买家的难题，但是依然无法完成在线交易，仅完成外贸电商产业链的信息流整合环节。

二、跨境电商 2.0 阶段（2004—2012 年）

2004 年，随着敦煌网的上线，跨境电商 2.0 阶段来临。这个阶段，跨境电商平台开始摆脱纯信息黄页的身份，将线下交易、支付、物流等流程实现电子化，逐步搭建起在线交易平台。

相较于第一阶段，跨境电商 2.0 更能体现电子商务的本质，它借助于电子商务平台，通过服务、资源整合有效打通上下游供应链。它包括 B2B（平台对企业小额交易）和 B2C（平台对用户）两种模式。在跨境电商 2.0 阶段，B2B 平台模式为跨境电商主流模式，通过直接对接中小企业商户实现产业链的进一步缩短，提升商品销售利润空间。2011 年，敦煌网宣布实现盈利，2012 年持续盈利。

在跨境电商 2.0 阶段，第三方平台实现了营收的多元化，同时实现后向收费模式，将会员收费改为以收取交易佣金为主，即按成交效果来收取百分点佣金。同时，它还通过平台上营销推广、支付服务、物流服务等获得增值收益。

三、跨境电商 3.0 阶段（2013 年至今）

2013 年成为跨境电商重要转型年，跨境电商全产业链都出现了商业模式的变化。随着跨境电商的转型，跨境电商 3.0"大时代"随之到来。

首先，跨境电商 3.0 具有大型工厂上线、B 类买家成规模、中大额订单比例提升、大型服务商加入和移动用户量爆发五方面特征。与此同时，跨境电商 3.0 服务全面升级，平台承载能力更强，全产业链服务在线化也是 3.0 时代的重要特征。

在跨境电商 3.0 阶段，用户群体由草根创业向工厂、外贸公司转变，且具有极强的生产设计管理能力。平台销售产品由网商、二手货源向一手货源好产品转变。

跨境电商 3.0 阶段，主要卖家群体正处于从传统外贸业务向跨境电商业务艰难转型期，生产模式由大生产线向柔性制造转变，对代运营和产业链配套服务需求较高。另一方面，跨境电商 3.0 阶段的主要平台模式也由 C2C、B2C 向 B2B、M2B 模式转变，批发商买家的中大额交易成为平台主要订单。

扩展阅读

影响我国跨境电商发展的重要事件有哪些?

全球互联网发展的重要事件影响、推动了我国跨境电商的高速发展,其时间轴如图 2-1 所示。

第一个重要事件是 1994 年 Amazon 的成立。

第二个重要事件是 1998 年 Google 的成立,以及 2002 年 Google 第一次正式推出了基于关键词排名的 AdWords 广告系统。

第三个值得一提的事件是,2003 年 eBay 通过并购易趣,正式进入我国市场,对我国的电子商务进行了启蒙,也促成了我国第一批跨境电商卖家的产生。

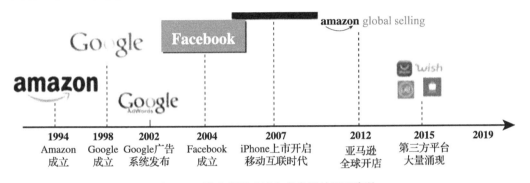

图 2-1　影响我国跨境电商发展的重要事件

(资料来源:陈述出海,http://www.zjzdgj.com/caijing/877072.html。)

第四个重要事件是 2004 年 Facebook 成立,开启了社交媒体的时代。2012 年 Facebook 发布了第一条信息流广告,标志着信息流广告时代的开启。

第五个重要事件是 2007 年 iPhone 的发布。这是互联网两个时代的分水岭。在 iPhone 发布之前,是传统的 PC 互联网时代,在 iPhone 发布之后,移动互联网的大幕迅速开启。

第六个重要事件是 2012 年亚马逊正式推出"全球开店",同时开启亚马逊美国、加拿大、法国、德国、英国、意大利、西班牙七大站点的卖家招募。

第七个重要事件是 2015 年 Wish 等第三方平台蜂拥而至,在经历过野蛮生长之后,我国跨境电商开始朝着规范化、精准化和品牌化发展。这一切也反映出第三方平台积极调整政策,以适应我国卖家以及海外市场的需求。

第二节　跨境电商的经济与政策环境

跨境电商是在我国外贸呈现下行趋势背景下的重要拉动引擎之一。2008 年金融危机以来,我国外贸行业处于谨慎乐观的新常态中,外贸出口下行压力增大,经济整体处于中低速增长水平。尽管全球贸易增速放缓，但是我国跨境电商却逆势成长，在国内消费市场日趋火爆的双重影响下，跨境电商的发展迎来新一轮井喷。据公开统计数据显示，2015—2018年我国跨境电商交易总额分别为5.4万亿元、6.7万亿元、8.06万亿元和9.7万亿元，同比增长分别达到了28.60%、24.14%、11.66%，远超同期的社会消费品零售总额增长，更远高于进出口贸易的增速。其中，2015、2016年我国进出口贸易总额分别为24.6万亿元和24.3万亿元，同比下降7.0%和1.0%，2017年进出口贸易总额为27.79万亿元，增长14%，扭转连续两年下降趋势，2018年进出口贸易总额为30.51万亿元，增速9.7%。跨境电商符合当前消费模式转化的新特点，有利于企业捕捉市场新变化，引领外贸转型，更加符合消费模式的转变。

根据阿里巴巴跨境电子商务大数据，阿里研究院编制了ECI指数，旨在反映我国与其他国家在跨境电商贸易方面的连接紧密程度。2015年，G20其他国家与我国的跨境电商连接指数排名前五位的分别是：美国、英国、澳大利亚、法国、意大利。据中投投资咨询预测，2019年我国跨境电商交易总额将达到11.8万亿元，未来五年（2019—2023）年均复合增长率约为18.92%，2023年将达到23.6万亿元。

在跨境电商政策环境方面，2014—2015年，政策层面一直在释放跨境贸易利好。2014年7月，海关总署的《关于跨境贸易电子商务进出境货物、物品有关监管事宜的公告》和《关于增列海关监管方式代码的公告》，即业内熟知的"56号文"和"57号文"接连出台，从政策层面承认了跨境电子商务，也同时认可了业内通行的保税模式。此举被外界认为明确了对跨境电商的监管框架。此前"6+1"跨境电商试点城市开放给予了跨境电商税收上的优惠政策，即通过跨境电商渠道购买的海外商品只需要缴纳行邮税，免去了一般进口贸易的"关税+增值税+消费税"。2015年1月，国家外汇管理局在全国范围内开展支付机构跨境外汇支付业务试点。2015年4月，国务院常务会议中关于降低进口产品关税试点、税制改革和恢复增设口岸免税店的相关政策，表明了政府促进消费回流国内的决心。这些都是明显的政策红利信号。即便跨境电商的税收红利窗口在未来会逐渐关闭，一般贸易税率可能平缓走低，但目前来看大势向好不可挡。

2016年3月24日，财政部、海关总署、国家税务总局共同发布了《关于跨境电子商务零售进口税收政策的通知》，对跨境电子商务零售（企业对消费者，即B2C）进口税收政策有关事项进行了明确规定。2016年4月6日，海关总署又相继发布了《关于跨境电子商务零售进出口商品有关监管事宜的公告》和《关于公布跨境电子商务零售进口商品清单的公告》，对落实推进跨境电子商务零售进口税收政策，以及跨境电商零售进口"正面清单"进行规定。"四八新政"出台后，对跨境电商企业最大的阻碍在于将跨境电商进口归为一般贸易模式，正面清单包括的1200多个税号商品中，有600多个税号需要满足前置审批条件来获取"进口通关单"。2016年5月25日，财政部宣布，经国务院批准，对《跨境电子商务零售进口商品清单》中规定的有关监管要求给予一年的过渡期，海关总署、质检总局已通知施行，实施不到两个月的"四八新政"被叫暂停。2016年11月，商务部为稳妥推进跨境电商零售进口监管模式过渡，经有关部门同意，对跨境电商零售进口有关监管要求给予一年的过渡期，再进一步延长至2017年年底。2017年9月20日，国务院常务会议决定新建跨境电商综合试验区，要求新建跨境电商综合试验区，将跨境电商监管过渡期政策延长至2018年年底。2018年11月21日，国务院常务会议决定从2019年1月1日起，延续实施跨境电商零售进口现行监管政策，对跨境电商零售进口商品不执行首次进口许可批件、注册或备案要求，而按个人自用进境物品监管。这是两年半以来，政府第三次延长跨境电商零售进口监管过渡期政策。

第三节 跨境电商综合试验区

1. 跨境电商试点城市与跨境电商综合试验区

当前，我国跨境电商采用两种试点模式：跨境电商综合试验区（国务院牵头）+跨境电商试点城市（海关总署牵头）。两种试点模式均处于探索期，政策多由试点当地政府以自下而上的形式探索，核心目的在于规范行业发展和提高行政效率。综合试验区是试点城市的升级版，地位高于试点城市。

为了推动全国跨境电子商务健康发展，在先期开展全国跨境电商保税进口试点城市建设的基础上，2015年3月7日，国务院同意设立中国（杭州）跨境电子商务综合试验区。2016年1月6日，国务院常务会议决定，在宁波、天津、上海、重庆、合肥、郑州、广州、成都、大连、青岛、深圳、苏州12个城市新设一批跨境电子商务综合试验区，用新模式为外贸发展提供新支撑。从跨境电商试点城市到第二批跨境电商综合试验区的发展进程如图2-2所示。

2018年7月24日，国函〔2018〕93号文中，国务院同意在北京等22个城市设立跨境电子商务综合试验区，至此，我国跨境电商综合试验区已扩大到35个，这22个城市分别是北京、呼和浩特、沈阳、长春、哈尔滨、南京、南昌、武汉、长沙、南宁、海口、贵阳、昆明、西安、兰州、厦门、唐山、无锡、威海、珠海、东莞、义乌。

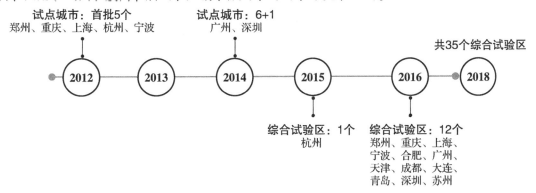

图2-2 从跨境电商试点城市到跨境电商综合试验区

设立跨境电商综合试验区的目的是通过制度创新、管理创新、服务创新和协同发展，着力破解制约跨境电商发展当中深层次的问题和体制性难题，打造跨境电商完整产业链和生态链，逐步形成一套适应和引领跨境电商发展的管理制度和规则，形成推动我国跨境电商可复制、可推广的经验，支持跨境电子商务发展。跨境电商综合试验区最关键的一个字是"试"：解放思想、大胆地试。第二个词是"综合"：综合性，是系统设计的考量，不是孤立的，更不是所谓的一项优惠政策，而是一种制度性的创新。

随着"综合试验区+试点城市"齐头并进，跨境电商的政策红利也在不断加码，催生行业大发展。

2. 跨境电商试验区定位、目标各异

杭州：作为国内首个跨境电商综合试验区，杭州在方案中提出，通过构建信息共享体系、金融服务体系、智能物流体系、电商信用体系、统计监测体系和风险防控体系，以及线上"单一窗口"平台和线下"综合园区"平台等"六体系两平台"，实现跨境电子商务信息流、资金流、货物流"三流合一"。其他综合试验区对这种"平台+体系"的做法进行了广泛借鉴，并且根据各地实际情况，平台和体系的数量有所微调。

郑州：郑州综合试验区提出的主要任务是在跨境电子商务交易、支付、物流、通关、退税、结汇等环节的技术标准、业务流程、监管模式和信息化建设等方面先行先试，建设"三平台七体系"。其中，"三平台"分别是指"单一窗口"综合服务平台、"综合园区"发展平台、人才培养和企业孵化平台；"七体系"包括信息共享体系、金融服务体系、智能物流体系、信用管理体系、质量安全体系、统计监测体系、风险防控体系。

宁波：提出的主要任务是"建设三大平台、拓展四大服务功能、构建五大服务体系"。三大平台包括跨境电商综合信息平台、跨境电商园区平台、跨境电商物流平台。四大服务功能包括可交易服务、快捷结算服务、便利商务服务、协同物流服务。五大服务体系包括信息共享体系、风险防控体系、金融支撑体系、企业孵化体系、人才建设体系。

上述只是简单罗列几个跨境电商综合试验区的主要任务，由于各地区位和定位存在差异，在具体的发展目标上各地也颇有不同。例如，广州提出建设成为全国跨境电子商务中心城市和发展高地；郑州则希望建设成为进出口商品集疏交易示范区、对外贸易转型升级示范区、监管服务模式创新探索区、内外贸融合发展试验区；深圳提出要深化深港之间的电子商务合作。值得注意的是，郑州、苏州、宁波、青岛等综合试验区的方案中都提出，希望能通过跨境电商的发展促进传统贸易转型升级，扩大内需，提升进出口，在多位分析人士看来，这也是地方如此重视跨境电商的原因之一。

而从综合试验区的实施方案来看，一个值得注意的趋势是，地方鼓励促进跨境电商出口要多于进口。以宁波为例，宁波在实施方案中提到，将实现跨境电商业务从企业对终端消费者（B2C）为主向企业对企业（B2B）和B2C并重转变，从"以进口为主"向"进出口并举、以出口为主"转变。郑州也提出，跨境电商综合试验区以促进产业发展为重点，以扩大出口作为主攻方向。合肥在方案中提出，以跨境电子商务 B2B 业务为重点，创新 B2B 业务进出口监管流程，引导 B2C 业务通关逐步转向 B2B 业务通关。

第四节　传统外贸企业如何向跨境电商转型

一、传统外贸企业转型跨境电商面临的机遇和挑战

近几年，由于全球有效需求不足和行业整体缺乏竞争力，我国传统外贸发展不尽人意，相比之下，跨境电商行业的发展却渐渐趋于成熟。为规避传统外贸行业衰退的风险，寻找新的发展方向，大多数传统外贸企业选择了转型为跨境电商企业，以便获得竞争优势。

1. 面临的机遇

跨境电商的快速发展适应了国际贸易的最新发展趋势，正逐渐改变着传统外贸模式和固有的商业格局。相对于传统外贸经营模式，跨境电商具有显而易见的优势，跨境电商通过外贸 B2B 或 B2C 平台，实现了企业之间、企业与终端消费者之间的直接对话，买卖双方可直接产生交易。由于跨境电商避免了不必要的流通环节，企业或消费者可以根据自身的购买需求即时采购、销售或消费，因而跨境电商的交易频率远远高于传统外贸。在过去的五年中，传统外贸出口增长不足 10%，而跨境电商却年均增长将近 30%。与此同时，境内企业通过开展跨境电商利润由原先的 5%~10% 提高到了 30%~40%。

2. 面临的挑战

面对快速发展的跨境电商，传统外贸企业参与意识非常强烈，但是面临着产品定位模糊、专业人才缺乏和物流服务滞后三大挑战。利用电商平台销货，毕竟不同于传统外贸大批走货，由于对产品定位不够明确，同时不了解客户需求，造成大量的低附加值、无品牌、质量低劣的商品和假货仿品充斥跨境电子商务市场，侵犯知识产权等现象时有发生，影响了我国跨境电商的国际形象。跨境电商人才匮乏也是亟待解决的一个问题，培育一批可持续发展的电商营销团队是企业面临的一个重要课题。除此之外，跨境电商对物流的要求较高，针对当前物流运输主要是通过国际快递方式的现状，不少企业反映，走"国际 E 邮宝"或类似国际小包快递的缺点非常明显，存在配送时间长、包裹无法全程追踪、清关障碍、破损甚至丢包、不支持退换货等诸多痛点。

二、传统外贸企业转型跨境电商的动因

1. 内部动因

第一，人力成本增加。我国传统外贸企业主要集中于东南沿海一带，以传统制造业为

主,这类制造企业大都为劳动密集型企业,以廉价的劳动力成本为优势。虽然这种方式在一定时期内为我国外贸企业获得了一定的利润,但随着人力成本的增加,传统外贸企业逐渐感到入不敷出,而跨境电商可为企业省去从参加展会到物流各个环节的人力成本和中间商成本,可为传统外贸企业重获成本优势。

第二,缺乏核心竞争力。核心竞争力是指一个企业在资源、产品、人力等方面所整合的竞争力。世界范围内的经济危机导致国际需求减少,外贸市场的竞争越发激烈,而传统外贸方式已无法为企业获得新的增长点,导致无法培养企业特有的核心竞争力。跨境电商作为新兴的外贸交易模式,其市场还处于未饱和状态,可为培育企业核心竞争力提供充足的发展空间。

第三,企业融资困难。随着舆论对传统外贸企业越发不看好,投资者对传统外贸行业投资兴趣减少,导致传统外贸企业、特别是中小型外贸企业融资越来越困难。跨境电商的发展现处于爆发阶段,国家对其发展的投入也越来越大,其发展态势已经形成,人们对其投资的积极性也被调动了起来。

2. 外部动因

第一,传统外贸行业发展前景不明朗。我国传统外贸一般都有指定的卖家,订单都是大批量交易,其经营方式有着固定的程序,但随着订单的碎片化和消费者对产品附加值的要求越来越高,导致行业无法在国际竞争中占据良好的位置。自2010年以来,我国进出口外贸总额虽然在总量上有所提升,但其增速却一直在下降,未来发展形势依然严峻。

第二,跨境电商行业发展趋于成熟。虽然外贸环境不太理想,但跨境电商的热度却只增不减,同比增长率保持在30%左右。进口方面,以天猫国际和京东全球购为首的跨境电商进口平台,为普通消费者提供了比传统外贸更为便捷的购买方式。出口方面,亚马逊、速卖通等网站发展迅速,也为我国传统外贸企业提供了销售产品的平台。此外,以邮政为主的国际物流,以支付宝、银联等为主的跨境支付行业的发展也均趋于成熟,跨境电商已然成为我国传统外贸企业所应注意并尝试的贸易方式。

第三,"互联网+"计划的提出。"互联网+"是李克强总理在第十二届全国人民代表大会第三次会议上提出的行动计划,其主要内容是将互联网与现代制造业相结合,促进电子商务的健康发展,引导互联网企业拓展国际市场。跨境电商是具有"互联网+外贸"性质的行业,跨境电商模式是遵循"互联网+"行动计划的发展模式,未来跨境电商企业的发展将更受国家的重视。

三、传统外贸企业转型跨境电商的策略

1. 产品调研

产品调研的内容主要包括产品性能、竞品情况、主要目标市场、国内外竞争对手情况、客户的产品使用体验、同类产品短板、同类产品卖点等。传统企业(尤其是制造业)往往

有较强的研发能力，但对零售终端客户在产品使用上的体验与感知，却不如零售渠道。因此，要想在自己产品上开拓跨境电商市场，就必须在保证产品质量的前提下，加强产品的调研工作，了解客户对产品使用的体验。

一个产品要想有良好的口碑就必须有质量的保证。在这方面做得最好的如美国的 C&A Marketing。这家公司有很多种产品种类，拥有 100 多个买手，每一个买手负责一个产品的种类，他们要时时关注最新的流行信息，在亚马逊和各个社交媒体中寻找客户对某种产品的功能需求，然后满足客户的不同需求。

2. 目标市场选择

想转型跨境电商的传统企业一般可分为三类：一是有多年各种产品 OEM/ODM 经验的工厂，二是从事传统 B2B 外贸的外贸企业，三是没有产品生产贸易经验的企业。前两类企业在多年的制造或者外贸经验中已经积累了很多的"大数据"，如某个产品以何种标准出口、主要市场是哪个国家等，这对于转型跨境电商的传统企业在目标市场的选择上有着非常重要的参考价值。

不同的国情也会导致买家不同的产品使用习惯和使用体验，因此，对于产品使用场景是否了解，直接决定了销售是否可以直击用户的需求点。如同一个手电筒，在澳大利亚的潜水运动爱好者面前，可能要多介绍其防水性能，而在一些内陆国家的户外运动爱好者面前，则要多介绍其耐摔防振的性能。

3. 产品类目选择

在产品类目的选择上，上述第一类传统企业，产品和供应链的资源最强，但是产品数量可能制约跨境电商规模的增长，在这种情况下，可以选择供应链上下游企业的产品进行整合。比如生产 LED 灯泡的企业，可以整合上游的 LED 驱动产品，也可以整合一些围绕 LED 照明做智能家居周边的产品。选择产品其实是检视自身资源的过程，只要有过硬的产品，在不盲目扩张类目的前提下，进行一定的整合也是一个不错的方式。

以我国卖家进驻最多的 Amazon、eBay 和速卖通平台上的店铺为例，如消费者买手机通常是使用搜索功能到达商品购买页，而不是直接进入卖家店铺网址。在消费者不断对比不同页面的手机价格、功能的同时，大多数人根本不在乎这家店铺是否还卖矿泉水，只要手机是正品就可以了。因此，在切入跨境电商初期，必须选择垂直类目，相比"扩张品类带来销售额大幅增长"的诱惑，垂直类目有更低的运营、客服、产品、库存、供应商维护成本，更加实在。

四、传统外贸企业转型跨境电商的关键

跨境电商时代的产品和传统大宗外贸时代的产品相比，在采购方式上有一定的区别。跨境电商时代的采购特点是多次、少量、交货时间短，而传统外贸企业在以前更多的是接收

OEM 订单，这些订单的特点是货期长、数量和金额大。

1. 循序渐进

传统外贸企业转型跨境电商，已经越来越成为传统出口企业的选择，然而面对一片陌生的领域，想要在其中分一杯羹并不容易。有的企业以为，有一个英文网站，再做些 B2B/B2C 平台推广就算是跨境电商了。实际上跨境电商既不是一味砸钱，也不是把信息挂到网上就能收到询盘。企业不仅要顾及网站是否符合国外客户的浏览习惯，还要考虑怎样能让客户很容易地找到自己。跨境电商讲求稳中有快，循序渐进。从平台选择到网站创建，从产品发布到沟通交流，每一个节点都需要有完善的营销服务方案。

2. 精准定位

传统外贸企业想转型跨境电商，必须对企业进行精准定位，明确自身的优劣势。

优势：传统外贸企业整天与产品打交道，对自己的产品和同行对手都会有全面的了解，有利于积累深厚的专业知识和行业信息。在市场优势上，外贸企业都是按照国际订单生产，这些订单始终都会跟着国外市场情况来走，所以对国外哪种产品畅销、哪种产品利润大非常了解。

劣势：在理念上，传统企业对电子商务了解不多，不知道该如何选择合适的平台，往往认为在最热门的平台上挂着就能有大量询盘，但效果并不太理想。在语言及人才上，传统外贸企业往往只开发英语市场，业务员也都是英语业务员，但随着企业面向的市场越来越广泛，对小语种人才的需求不断增加，而目前小语种业务员比较稀缺，且培养成本也高。

3. 平台选择

传统企业转型跨境电商是自建网上商城还是选择第三方平台？自建网上商城是外贸企业利用自身的人力和技术资源建立独立的网上商城，将产品销售给终端消费者。选择这种方式可以使企业迅速获得市场信息，更容易提高品牌知名度，为企业带来更多的销售额。但这种方式需要企业投入更多的人力物力，现阶段通过自建商城转型成功的外贸企业极少。更多企业选择利用第三方平台实现转型，因为利用第三方平台，可以使企业快速转型为跨境电商企业，迅速打开海外市场。但利用第三方平台也存在一定的局限性，包括品牌知名度难以提高，产品推广有一定的局限性等。

具有竞争力的第三方平台主要有亚马逊、eBay、速卖通、天猫国际等，很多中小型外贸企业利用这些第三方平台来进行初期的市场导入，慢慢转型成为跨境电商企业。有业内人士认为，传统企业做跨境电商如果想做"倒货郎"，那么 eBay 和速卖通是最好的选择。如果希望从细分类目的好产品出发，瞄准目标市场消费者，做可持续发展的跨境电商事业的传统企业，亚马逊才是最佳选择。这是因为亚马逊具有在产品功能、用户需求满足、产品设计上的不断沉淀，以及"从商标到品牌"的潜移默化。

4. 注重社交媒体推广

在产品同质化严重的平台上，除了所谓的店铺表现和产品页面展示的专业程度，还存在"流量决定销量"的问题，亦即通过传统的论坛、书签、SNS 等推广渠道带来流量和订单。产品是可以抄袭和模仿的，但运营和推广的能力却是难以抄袭和模仿的。

推广渠道上，SEO（搜索引擎优化）、论坛、书签等渠道都是人们耳熟能详的。搜索营销是传统广告成本的 10%，却能产生 10 倍的销售数量。利用搜索引擎，企业可在全球市场寻找价格最优惠的供应商，与供应商信息共享，减少中间环节，这将大大降低企业营销成本和内部的管理成本。对于想转型跨境电商的传统企业来说，利用 Facebook、Twitter 等社交媒体进行推广，也是很好的渠道。

扩展阅读

我国消费者为什么去日本买马桶盖？

2016 年两会期间，关于马桶盖的话题非常热，表面上看是我国的消费者去日本买马桶盖、买电饭煲、买各种各样小商品的现象，其实质是我国制造业面临重大困境：一方面满街都是商品，且很多制造商、商场都说"商品卖不出去"；但另一方面是供需错配，老百姓想买的商品，特别是一些消费能力较强的消费者在我国市场上买不到他们喜欢的、性能好的、价格也比较合适的商品。2015 年 5 月，国务院印发的《中国制造 2025》指出，我国制造业正处在从产业链低端向高端"爬坡过坎"的关键性阶段，我国要把握新一轮产业的战略机遇，在"十三五"时期，我国制造业要最终实现从"制造大国"向"制造强国"的质变。

首先，将智能制造定为主攻方向。积极推进高端制造业再升级，智能制造、网络制造日益成为生产方式变革的重要方向，跨领域、协同化、网络化的创新平台正在重组制造业创新体系。从流程制造、离散制造、智能装备和产品、智能制造新业态新模式、智能化管理、智能服务等方向推进，并从机器人智能装备开始突破。

其次，要用先进标准倒逼升级。对行业来说，要提升国际标准转化率，加快关键技术标准研制，加快标准更新，促进技术和产品创新，促进中国制造从中低端向中高端升级。对政府来说，要改进政府管理方式，采取新办法，让消费者自主选择，采取负面清单的管理办法，用先进标准倒逼"中国制造"升级，最终实现倒逼制造业提质升级。

最后，要发挥服务业提振作用。一是深化分工和合作，把高端服务元素坚实地嵌入制造业之中，通过生产性服务业促进制造业转型升级、推动竞争力提升；二是加强产业融合，强化生产性服务业对制造业的渗透与支撑，大力发展生产性服务业，并促进生产性服务业与制造业的融合与互动发展；三是推动产业集聚，打造一批生产性服务业集聚区或功能园区，以服务业集聚策动制造业升级。

第五节　中美贸易摩擦下的我国跨境电商

一、中美贸易摩擦的内容与原因

北京时间2018年3月23日凌晨，美国总统特朗普签署备忘录，基于美国贸易代表办公室公布的对华"301调查"报告，指令有关部门对从我国进口的约600亿美元商品大规模加征关税，并限制我国企业对美投资并购。在此之前，美国2018年1月23日宣布将对进口太阳能电池和太阳能板及大型家用洗衣机征收临时性关税，2018年3月8日宣布将对进口钢铁和铝分别课以25%和10%的重税。由于美国3月23日宣布暂时豁免对欧盟、阿根廷、澳大利亚、巴西、加拿大、墨西哥、韩国等经济体的钢铝关税至2018年5月1日，其制裁我国的意图不言而喻。

1. 中美贸易摩擦的内容

"301条款"为美国《1974年贸易法》第301条的俗称。该条款授权美国贸易代表可对他国的"不合理或不公正贸易做法"发起调查，并可在调查结束后，建议美国总统实施单边制裁，包括撤销贸易优惠、征收报复性关税等，包括一般301条款、超级301条款、特别301条款。本轮"301调查"于2017年8月启动，调查重点为中国企业是否"涉嫌侵犯美国知识产权和强制美国企业做技术转让，以及美国企业是否被迫与中方合作伙伴分享先进技术"等议题。这属于特别301条款，是美国继1991年4月、1991年10月、1994年6月、1999年4月、2010年10月之后的第六次对我国动用"301条款"。"301条款"的详情如图2-3所示。

"301条款"

一般301条款	超级301条款	特别301条款
美国贸易代表办公室（USTR）确认外国某项政策违反贸易协定，或被美国单方认定为不公平、不公正或不合理 USTR有权采取单边性、强制性的报复措施：终止贸易协定、关税等进口限制，取消免税待遇，强迫外国签协议	USTR在提交年度报告后的30天，向国会提交报告确定贸易自由化重点国家黑名单 USTR立即对有关重点国家发起调查，要求对方在发起调查后的3年内消除重点做法，或是做出赔偿，否则USTR将采取报复行动	USTR在提交年度报告后的30天内，应认定对知识产权拒绝充分有效保护的国家，并确定重点国家名单 USTR立即发起为期6个月的"特殊301调查"。调查结束后，贸易代表决定是否采取报复性措施。决定一经做出，30天内必须执行，无需征得总统的同意

图2-3　"301条款"及其解释

（资料来源：恒大研究院。）

作为还击，我国商务部在2018年3月23日7点发布针对美国进口钢铁和铝产品232措施的中止减让产品清单并征求公众意见，拟对自美进口的约30亿美元产品加征关税，以平衡因美国对进口钢铁和铝产品加征关税给中方利益造成的损失。

从领域看，我国对美国拟中止减税的领域为水果、猪肉这样的农产品及初级产品，而美国对我国加征税的领域不是我国更具比较优势的中低端制造，而是《中国制造2025》中计划主要发展的高科技产业，包括航空、新能源汽车、新材料等。这就不仅是贸易摩擦了，而是对我国经济发展的围追堵截，是在位霸权国家公然阻止新兴大国崛起。两方政策涉及的领域如图2-4所示。

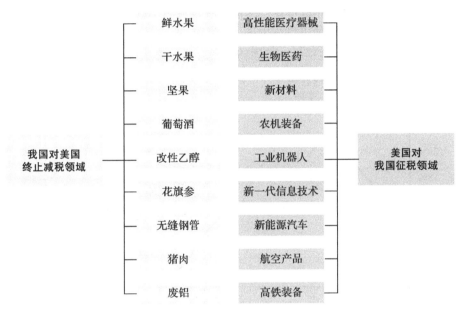

图2-4 中美贸易摩擦的相关领域

（资料来源：恒大研究院。）

2. 中美贸易摩擦的原因

税改、贸易保护是特朗普竞选承诺的重要组成部分。在2017年推进税改后，2018年特朗普把贸易保护作为重要议题。此次挑起中美贸易摩擦，直接目的在于以中美贸易严重失衡迫使我国进一步对美开放市场，深层次目的在于试图重演20世纪80年代美日贸易战以遏制我国复兴。并且，2018年是美国国会中期选举年，11月美国将迎来国会中期选举，但在5月就将进入中期选举的密集投票期，特朗普也意图打"贸易保护牌"向选民拉票，以继续维持共和党在参众两院的优势地位并争取未来连任。

（1）中美贸易严重失衡是特朗普挑起贸易摩擦的直接原因

美方要求我国降低美对华贸易赤字1000亿美元，进一步开放市场。中美贸易格局目前是我国货物贸易顺差、服务贸易逆差，这反映了中美比较优势。根据中方统计，2017年我国对美货物贸易顺差2758亿美元，占我国货物贸易顺差的65.3%；而据美方统计，2017年美国对华货物贸易逆差3752亿美元，占美国货物贸易逆差的46.3%，高于排第二位至第九位的八个国家之和（44%）。

中美贸易统计存在明显差异，2017年二者相差近1000亿美元。根据中国和美国统计工作组测算，美国官方统计的对华贸易逆差每年都被高估20%左右。但中美贸易严重失衡责任不在我国，原因主要在于美元与黄金脱钩后保持主要国际货币地位、全球价值链分工、美国对华高新技术出口限制，以及美国过度消费的低储蓄模式等。

1）美元与黄金脱钩后美国创造了以发行美元获取其他国家资源和商品的模式。第二次世界大战后确立了以美元为中心的布雷顿森林体系，即美元与黄金挂钩、各国货币与美元挂钩。在美元与黄金挂钩时，美国经常账户失衡具有自我纠正机制，即逆差导致货币收缩，从而降低国内总需求和物价，增加出口减少进口。

2）美国过度消费导致储蓄率低。美国的消费意愿始终大于储蓄意愿，在世界范围内的贸易赤字已成为常态；而我国的储蓄率常年处于高水平，进一步拉大了两国贸易差额。美国总储蓄率及贸易赤字率如图2-5所示。

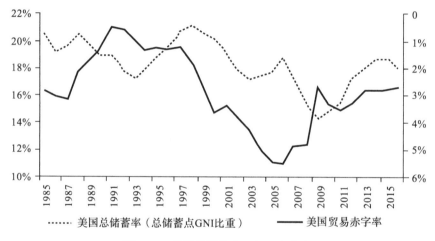

图2-5 美国总储蓄率及贸易赤字率

（资料来源：恒大研究院。）

3）全球价值链分工决定中美贸易格局，现行贸易统计方法夸大贸易顺差。在经济全球化背景下，我国逐渐成为世界工厂，以加工组装方式向全球输出商品，虽然我国的利益只是加工组装的增加值，但当前贸易统计方法把出口商品全额计入。根据中国商务部2017年5月《关于中美经贸关系的研究报告》，在全球价值链中，贸易顺差反映在中国，但利益顺差在美国，总体上双方互利共赢。据中方统计，我国货物贸易顺差的59%来自外资企业，61%来自加工贸易。我国从加工贸易中只赚取少量加工费，而美国从设计、零部件供应、营销等环节获益巨大。

早在2012年，时任世界贸易组织总干事帕斯卡尔·拉米就谈到，现行贸易统计方法只适合于过去出口产品完全产自同一个国家的时代。在生产全球化时代，这一统计方法的漏洞直接导致了美中贸易逆差被夸大。从全球价值链的角度来分析中美在双边贸易中的获益情况,更能全面客观地反映实际情况。根据中国科学院测算,2010—2013 年,以贸易增加值核算的中美贸易顺差比传统方式统计的中美贸易顺差要低 48%~56%。

4)美国限制高新技术产品对华出口。农业、能源和高新技术行业是美国最具出口竞争力的行业,但是美国长期限制高新技术产品对华出口。有美国研究机构发现,如果美国放宽对华出口管制,对华贸易逆差可减少 35% 左右。

(2) 美国试图重演 20 世纪 80 年代美日贸易战以遏制我国复兴

2017 年,我国 GDP 达 12 万亿美元,相当于美国的 63%,并且我国经济增长率为 6.9%,远高于美国的 2.3%。如果按照 6% 左右的 GDP 增速再增长十年左右,即大约在 2027 年前后,我国有望取代美国成为世界第一大经济体。在此背景下,美国一直试图遏制我国复兴。

而在历史上,美国曾通过贸易战等手段成功打压日本。在 20 世纪 80 年代,美国贸易代表总计向日本发起了 24 例 "301 条款" 案件调查,程序大多为美国提出改善贸易失衡的诉求,迫使日本政府做出让步和妥协,自愿限制出口、开放市场和提高对外直接投资等。日本先后签署了《1987 年日美半导体协议》、《1989 年美日结构性障碍协议》,最后更是系统性地开放国内市场。通过 301 条款,美国成功地打开了日本的钢铁、电信、医药、半导体等市场,包括强迫日本于 1985 年签订《广场协议》和 1987 年签订《卢浮宫协议》,成功阻止日本挑战美国经济霸权,而日本应对失策导致日本资产价格泡沫破灭,一蹶不振。

3. 中美贸易摩擦的结语

美国的直接目的在于迫使我国进一步对美开放市场,深层次目的在于试图重演 20 世纪 80 年代美日贸易战以遏制我国复兴。

如果中美贸易摩擦全面升级,对我国高端制造业发展及经济增长将产生不利影响,但同时也势必将增加美国民众生活成本,推升通胀,制约消费,给全球经济复苏蒙上阴影。

我国的应对选项包括:精准还击美国农产品、汽车、飞机等,以打促和;联合欧盟、亚洲、非洲等其他国家和地区,扩大"一带一路";抛售美债;限制美国企业投资;制定新的立国战略等。

二、中美贸易摩擦对跨境电商的影响

继美国 2018 年 7 月 6 日对中方第一批 340 亿美元产品加征 25% 的关税生效后,第二批 160 亿美元产品同样加征 25% 的关税也于 8 月 23 日生效。中美贸易摩擦也已经扰乱了全球金融市场秩序,包括股票、货币,以及从大豆到煤炭等全球商品的贸易。中美贸易摩擦不断升温,面对美国的威胁和不断关税加码,跨境电商行业会受到何种影响呢?

厦门欣维发实业有限公司 CEO 李佳松说:"我们一直都比较关注的是,中美贸易摩擦下的跨境出口贸易,除了人民币汇率的波动,此次公布的清单主要针对中国的 2025 战略行业,我们担心在将来贸易摩擦可能继续扩大,延续到其他行业和领域,进而对我们企业造成影响。我们担心更多的并不来自于直接的关税加征，而是中美贸易摩擦引起的其他间接因素的变化，比如汇率波动，跨境电商配套行业，如物流、清关、仓储等环节效率的降低，以及海外电商平台的政策变化等。还有一种可能的变化便是，目标市场的消费者的心理变化，贸易摩擦从政府的对抗层面扩大到民间，如商品抵制等，这会对我们的产品销量造成不利影响。"

跨知通创始人兼CEO高进军称："零售全球化是不可逆转的趋势，中美贸易摩擦，对出口跨境电商而言，日用消费品的零售影响不会太大，但是对于美国海外仓备货的卖家而言，需要更加谨慎。贸易摩擦背景下，征税范围的扩大和消费税的起征会增加非常多的不确定性。从长远来看，这或许会倒逼跨境电商卖家从倒货往品牌运营方向升级。"在他看来，相比目的国美国的进口而言，通过跨境在线零售的比例在美国的零售采购中，比重还是比较小，对我国出口而言，出口跨境电商每年的增速为30%，但是对我国出口的总量而言，跨境出口的比重还是比较小，依旧有非常大的发展空间。过去出口跨境电商的增长依靠互联网流量的红利，以及海量SKU产品的倒货模式发展起来，贸易摩擦的推进，从长远来看，会加速这种模式的死亡和追求性价比的品牌电商的升级发展。从这个层面上来说，这或许是好事，因为无论在任何年代，掌握核心技术的品牌商才是国际贸易中的赢家。

荟网创始人贺阳表示，如果贸易摩擦持续恶化，不仅仅是亚马逊卖家会走投无路，包括国内的淘宝、京东、1688、传统制造业都要出现行业性震动，因为国内制造厂商和贸易商的多数订单，还是需要依赖于美国的消费。他说道，美国联邦最高法院宣布，所有线上零售商都需要与线下零售店一样对消费者征收消费税。征收消费税对于亚马逊、沃尔玛、eBay等平台而言不会产生多少影响。虽说美国线上零售的发展较为迅速，但线下零售的体量远远超过线上零售规模，如果美国线下早已实施消费税的缴纳、征收的话，线上征收消费税其实并不会对消费者带来多大的影响。

三、跨境电商卖家应对中美贸易摩擦的主要措施

1. 开发创新

一旦卖家制造创新出不被替代、独具市场竞争力的产品，不论关税政策如何调整，跨境电商卖家的目标市场、核心消费群体都会相对稳固，能够在不断变化的局势中站住脚。

2. 减少成本支出，缓冲关税

我国仍旧是制造业的集中地，受中美关税的影响，美国消费者会倾向于向我国的工厂直接采购。那么，我国制造企业就可以控制供应链端的价格优势、减少中间经销商和跨境电商卖家的加价，这样来缓冲关税造成的影响。

3. 缩减物流成本抵充关税

在降低成本之后，还可以尝试缩减物流成本。对于跨境电商出口零售而言，卖家自己可

以控制价格。假设美国需要征收25%的消费税，卖家可以通过海外仓等方式缩减物流成本，从而维持价格，保证买家购买成本不变，保持市场份额并留住顾客。

介于目前错综复杂的中美环境和关税新政，跨境电商卖家目前虽受到的波及不大，但是形势不断变化，需要时刻关注中美两方的新动作和海外电商平台的政策，随时做出调整，以规避风险。

扩展阅读

10位业内专家解读中美贸易摩擦对跨境电商的影响

一、影响较大派

（1）中国电子商务研究中心主任曹磊认为：首先，中美贸易摩擦对于跨境电商进口卖家影响很大。从进口国家来看，美国的商品是当前最受我国跨境网购消费者青睐的商品。商务部反击征税的类目涉及的是跨境电商进口卖家，废铝、改性乙醇、无缝钢管都是大宗工业品，消费方为国内大型铝业企业、化工企业和工业企业。其他市场，如干果、葡萄酒，对于跨境电商进口卖家影响也很大，对于从事进口生鲜、水果等类目的进口跨境电商来说是利空。举个最简单的例子，美国的车厘子来到我国，估计价格要比往年翻倍。中美贸易摩擦会给我国的出口外贸以及跨境电商和物流相关行业带来一定的冲击。无论跨境进出口，只要上了中美提高关税的名单，成本都会大幅提高。跨境出口到美国的产品繁多，上榜单的产品范围大，对大规模布局美国海外仓和美国亚马逊等平台的电商杀伤力最强。

其次，跨境电商卖家要做到防患于未然。从事跨境电商的卖家，在海外销售，必然要遵守当地的相关法规政策的，无论贸易限制措施是否实施，为了企业长远的发展，必须做到防患于未然，比如加强自身产品竞争力。产品质量是基础，除此之外，在热衷于享受生活的当下，人们越来越追求外观、设计、情调、创意等产品附加价值。另外，产品之上还有品牌，就算一款产品卖得再好，企业发展起来也不能只是卖货的渠道商，还是要依靠发展品牌来增强竞争力。再如要重视知识产权。此次美国限制贸易措施，也重复提到侵犯知识产权的问题，有一些卖家也曾收到过Wish、亚马逊等平台的"小红旗"，轻则产品被移除，重则封店，当地政府还会对企业进行惩罚。所以，企业想要健康发展，一定要重视知识产权，选品一定要避开容易侵犯知识产权的产品。

（2）通拓科技集团合伙人李鹏博认为：美国征税对出口电商影响较大，"中国制造"优势受挑战。一方面美国将对我国商品大规模征收关税，这对于整个跨境电商来说影响还是非常大的。尤其是对于以美国市场为主的出口跨境电商，将面临高额的税负成本，这无疑会为"中国制造"的成本优势带来非常大的压力。而从另外一个方面来看，因为目前很多大型的跨境电商企业并不是只做美国市场，还有欧洲、西欧等多个发达国家的市场，包括英国、德国、西班牙等，同时还包括近些年崛起的巴西、俄罗斯及东南亚等新兴市场。所以，对于大型综合出口跨境电商来说，特朗普政府的征税政策对它们的影响有限，特朗普目前只是影响了这些大型跨境电商企业里面的美国业务。

（3）思亿欧董事长何旭明认为：美国对我国部分商品加收关税，对整个中国的出口来说不会有很大的影响，涉及征税的我国商品规模约600亿美元，这个数字在2017年中国货物贸易出口15.33万亿元中占比较小。但是对于做B2B电商贸易的企业中，刚好是工业机器人、新一代信息技术等领域的，又正好大部分的客户都在美国的，可能影响会比较大。建议这类企业要向全球多个国家及地区去拓展业务，把风险降到最低。

（4）宁波新东方工贸有限公司总经理朱秋城认为：美国征税对跨境零售电商将产生重要影响。特朗普政府对我国商品征收加收关税政策肯定会对跨境零售电商产生重要影响，这是基本观点。

加之今年亚马逊对平台上卖家侵犯知识产权、刷单的处罚力度加大，这看似跟这次征税关联不大，但市场还是有关联的。因为对于跨境电商零售来说，品牌化是近年来的重要趋势，没有很大核心竞争力的低利润卖家、产业链容易被淘汰。2018年是跨境零售电商的一个真正的洗牌之年，加上这次的征税政策，让这个行业的洗牌速度加快，小微企业、低端产业必然面临更大挑战。

跨境电商未来的一个真正趋势是集成在资本密集型、资源密集型、人才密集型这样规模的品牌企业上，包括知识产权、产品利润率、供应链的效率等，只有真正有实力的企业才能在这个市场中生存下来，并取得长足的发展。美国此次征税让跨境零售电商市场越来越正规化、门槛越来越高。

（5）亿达律师事务所董毅智律师认为：贸易摩擦一定会对跨境电商造成深刻影响。贸易摩擦一定会对跨境电商造成深刻影响，甚至是生死劫，跨境电商会成为最大的受害者。很多法律问题，包括关税壁垒、反垄断、各种贸易保护措施等，都会给跨境电商的发展造成障碍。具体措施还要看双方的应对，这是国与国之间的策略，行业在此局中的力量微乎其微。

跨境电商企业其一要紧跟政策，时刻关注双方的战况，研究并及时制定应对措施。其二要调整运营模式，包括品类、区域等，尽量化解风险。其三，成立专业的团队，可以说这次贸易摩擦，让我们很多跨境电商企业感受到人才的缺乏。其四，严格控制成本，做好内功，改变过去单一的发展模式。此次贸易摩擦也给我国跨境电商企业上了深刻的一课，居安思危，才是发展的硬道理。

二、影响较小派

（1）敦煌网：中美贸易摩擦对敦煌网小额数字贸易影响不大。敦煌网创始人兼CEO王树彤表示，敦煌网的业务业态是碎片化小额化的国际贸易，而本次中美贸易摩擦主要影响的是大额贸易，进一步看，对跨境数字贸易来说，小额订单几乎不受影响，关税只占国内跨境电商小额订单渠道成本的很小一部分，对渠道的影响非常有限。反而像沃尔玛这种类型的大渠道会增加进货成本，从而促使中小额贸易更加碎片化，从成本结构的分析来看跨境这一块市场的优势始终存在。敦煌网这种跨境数字贸易模式，其目标受众也多分布在各个国家，受影响较小。

根据目前美国贸易代表办公室提供的信息，对于特定的中国商品，美国征收25%关税，品类包括：航空产品、现代铁路、新能源汽车等。敦煌网主营品类和中美贸易摩擦品类也存在差异。对于我国企业来说，利用敦煌网这样的数字贸易平台能把订单更好地分布在全球市场，而不是集中在某一个国家，反而促使企业进一步思考更好地利用敦煌网这样的全球覆盖平台来部署业务。

企业更需要敦煌这样的数字贸易平台走向全球市场。敦煌网的目标是全球采全球销，不仅仅是针对中国产品走向全球，同时我们也布局全球市场，赋能各国中小企业通过网上丝路进入我国乃至全球市场，这是未来大家都希望看到的平衡性的贸易，敦煌也立志于承担商界大使的形象，为全球中小企业赋能。

（2）**跨境通**：中美贸易摩擦短期对跨境通影响甚微，中长期有促进作用。跨境通发布公告称，根据相关信息显示，美国将征收关税的商品主要包括：航空产品、现代铁路、新能源汽车和高科技产品等品类。公司对美销售的商品品类主要为3C产品、服装和家居产品等，品类重叠度很低。公司对美销售商品客单价远低于美国进口免税金额800美元的标准，此外，公司跨境贸易以国内直邮发出为主，有效避免了美国征税政策的影响。

从中长期来看，此次美国对我国部分进口商品征税将进一步提高美国本土零售公司的成本，而征税政策将进一步凸显公司自主B2C渠道的成本优势，将为公司带来更多的商业机会。公司业务面向全球市场，区域市场具有很强的可替代性，公司将进一步加大对其他国家和地区的市场拓展力度。

（3）**唯品会**：中美贸易摩擦对唯品会跨境电商业务暂无影响。根据跨境电商综合税的征税原则，单从税务成本上来说此次关税调整并未对公司跨境电商进口业务产生影响。一般贸易关税的加征，对于部分干果、坚果、酒类等商品的一般贸易进口成本会有不同程度的提升，相对而言跨境电商会成为消费者购买此类商品更好的渠道选择。

（4）中国电子商务研究中心B2B与跨境电商部主任**张周平**认为：征税对出口跨境电商有所影响，海外仓受波及。特别是大宗B2B贸易受到影响，集装箱形式的海运物流方式会受到冲击，目前市面上的各种海派渠道也在其中。海运快船以及海运FBA的模式有待进一步观察和考量。海外仓模式可能会受到波及，因为贸易壁垒建立起来之后，卖家往海外仓大批量备货会更加慎重。在欧洲税务问题频发的背景下，美国也来凑热闹，2018年海外仓处境尴尬。

当前，3C电子、纺织服装产业链为我国出口主要产品，为跨境电商出口构建优势，美国电商市场是仅次于我国的全球第二大电商市场。跨境电商替代我国传统出口、电商无限展示性推动我国企业由制造端走向品牌端。对跨境电商卖家来说，市场将越来越考验精细化运营，能提升的部分完善好就可以提高纯利润。做好产品、提升精细化运营，以不变应万变，这才是长久之道。

（5）西安邮电大学经管学院院长**张鸿**认为：征税当前影响不大，如扩大征税范围则影响较大。此次征收关税的主要产品是航空、铁路，新能源汽车和高科技产品，而目前我国跨境电商出口商品大多为小 3C 产品，因此其实对出口跨境电商是没有太大直接影响的。

如果美国持续扩大征税的范围和规模，对跨境电商的影响是有的，而且对中美两国都会产生影响。很多人都在考虑大规模征税对我国的影响，但是我国制造成本优势是一直存在的，即便是在征收一定关税的情况下，我们的价格优势依然存在。这种增加关税，只会增加美国人民的购买成本，降低其生活质量。这种状态会影响美国国民对政府和总统的满意程度，从而影响其执行该政策的决心。

我国应尽快发展像 eWTP（电子世界贸易平台）这样的我国主导的跨境电子商务平台，发展方式灵活的跨境零售，超越国界，按照共享共赢、互惠互利的原则，参与制定国际贸易游戏规则，为全球的中小企业和年轻人服务，推动我国在国际贸易中掌握更大的主动性和话语权。

（6）河北省社会科学院刘勇认为：征税对中美跨境电商发展带来了不确定性。中美跨境电商交易成本将上升，美国进口商品价格很有可能会飙升，将增加我国电子设备、机械设备、服装、金属制品等产品出口美国市场的困难，导致跨境电商平台和出口企业销售额降低、利润减少。同时这也会倒逼我国的跨境电商平台和跨境电商卖家在竞争压力增大的前提下提高竞争力和创造力，这也是我国产业转型升级的契机。

我国的跨境电商平台和跨境电商卖家应直面美国对华贸易政策调整带来的挑战和机遇，依托"一带一路"倡议，大力开拓美国以外的出口市场，减轻对美国的出口市场依赖。

（资料来源：中国电子商务研究中心，https://www.cifnews.com/article/34062。）

习 题

一、选择题

1. 跨境电商 2.0 阶段的来临是因为（　　）的上线。
   A. Wish B. 敦煌网
   C. 阿里巴巴 D. 兰亭集势
2. 提出构建"三平台和七体系"的城市是（　　）。
   A. 杭州 B. 郑州 C. 广州 D. 宁波
3. 2015 年国务院同意设立中国跨境电子商务综合试验区是在（　　）。
   A. 宁波 B. 杭州 C. 上海 D. 重庆
4. 2008 年金融危机以来，外贸出口下行压力增大，经济整体处于（　　）增长。
   A. 中速 B. 中低速 C. 高速 D. 中高速
5. 截至 2018 年 7 月 24 日，我国共设立跨境电商综合试验区（　　）个。
   A. 13 B. 22 C. 12 D. 35

二、判断题

1. 跨境电商 1.0 阶段虽然通过互联网解决了我国贸易信息面向世界买家的难题，但是依然无法完成在线交易，对于外贸电商产业链的整合仅完成信息流整合环节。
（　　）

2. 1999年阿里巴巴只是我国供应商网上黄页，将我国企业的产品信息向全球客户提示，定位于B2C。（　　）

3. 跨境电商是我国外贸呈现下行趋势背景下的重要拉动引擎之一。（　　）

4. 2004年阿里收购雅虎中国，平行类跨境电商开始兴起。（　　）

三、简答题

1. 请简述设立跨境电商综合试验区的目的。
2. 传统外贸企业向跨境电商转型能给它带来什么机遇？
3. 跨境电商卖家应对中美贸易摩擦的主要措施有哪些？

第三章
跨境电商的模式与平台

引 例

跨境电商进出口已经成为我国外贸发展的新增长点,我国能否借助跨境电商实现下一代贸易规则的弯道超车,正成为各方关注重点。商务部新闻发言人高峰在 2018 年 8 月中旬公布的一项宏观统计十分抢眼:全国 13 个综合试验区跨境电商上半年进出口规模超 1000 亿元人民币,同比增长了一倍以上。其中 B2B(销售人员直销)占比达到了六成。

我国复关及入世谈判的首席谈判代表龙永图对此寄予厚望。作为一个曾经把绝大多数时间和精力用在钻研欧美制定的国际贸易规则,试图用专业和诚恳的态度与国外同僚据理力争并达成共赢的人,他动情地对第一财经记者说:"我这一代人的'中国梦'之一,就是单纯从 WTO(世界贸易组织)制度的执行者,成为新一代国际规则的制定者。"而跨境电子商务正是他所看好的一个建立"中国声音"的方式。他认为,电商已经成为国际贸易非常重要的一种业态,然而目前尚未有相关的国际规则。我国理应凭借在该领域的先发优势,成为国际电子商务(或"E 国际贸易")标准和规则的制定者,这是我国参与全球治理的重要领域之一。

学习目标

(1) 掌握跨境电商的交易模式。
(2) 了解几个主要跨境电商综合试验区的创新模式。
(3) 掌握跨境电商平台分类及其典型代表。
(4) 了解几个主要的海外跨境电商平台。

第一节 跨境电商的交易模式

跨境电商从进出口方向可分为出口跨境电商和进口跨境电商,按交易模式分主要有跨境 B2B 电商、跨境 B2C 电商和跨境 C2C 电商三种,此外还有跨境 M2C、跨境 B2B2C 等模式。

1. 跨境 B2B 电商

B2B 是 Business-to-Business 的缩写，是指商业对商业，或者说是企业间的电子商务，即企业与企业之间通过互联网进行产品、服务及信息的交换，完成商务交易的过程。跨境 B2B 是指分属不同关境的企业对企业，通过电商平台达成交易、进行支付结算，并通过跨境物流送达商品、完成交易的一种国际商业活动。

跨境 B2B 兴起于海上运输、通信技术的进步以及 IT 技术和互联网的普及等三次重要的变革。特别是基于网络的信息、数据交换降低了成本，使得企业不再是一对一开展贸易，而是可以借用平台迅速地获得订单，开展交易，结算资金，形成了便利的一对多，信息集中交换的模式，大大提升了交易的效率。

2. 跨境 B2C 电商

B2C 是 Business-to-Customer 的缩写，是指企业通过互联网直接面向消费者销售产品和服务的商业零售模式。跨境 B2C 是指分属不同关境的企业直接面向消费个人开展在线销售产品和服务，通过电商平台达成交易、进行支付结算，并通过跨境物流送达商品、完成交易的一种国际商业活动。

随着大量第三方在线平台的建立，跨境电商的交易门槛大幅降低，越来越多的零售商甚至消费者直接参与到网上购买和销售过程，从而缩短了供应链，减少了中间环节，优势更加明显，B2C 模式的使用次数和范围显著增加，甚至出现了不同国家消费者之间少量商品互通有无的 C2C 模式，以及工厂直接到消费者的 M2C 模式。

3. 跨境 C2C 电商

C2C 是 Customer-to-Customer 的缩写，是指通过第三方交易平台实现个人对个人的电子交易活动。跨境 C2C 是指分属不同关境的个人卖方对个人买方开展在线销售产品和服务，由个人卖家通过第三方电商平台发布产品和服务信息，个人买方进行筛选，最终通过电商平台达成交易、进行支付结算，并通过跨境物流送达商品、完成交易的一种国际商业活动。

C2C 模式的特点是大众化交易，早期的 eBay 属于 C2C 平台，而一度非常流行的海淘代购也是典型的 C2C 模式。2008 年的三鹿奶粉事件导致了我国整个乳制品产业的危机，2012 年后随着人民币不断升值、进口类跨境电商平台海淘急剧升温，以奶粉、纸尿裤等母婴类产品为开端，国内消费者购买海外商品的欲望越来越强，迅速形成了所谓"代购""海淘" C2C 市场，从一定程度上促进了我国跨境进口电商的发展。

第二节　综合试验区跨境电商创新模式

一、创造七个全国"第一",十项创新制度全国推广——杭州综合试验区之经验

1. 先行先试,制度创新为跨境破题

跨境电商属新兴业态,国家层面定位为"先行先试",杭州作为"先行先试"的试验田,在监管上没有成熟的模式可循。如何快速规范地"跨境",成为海关急需破解的课题。

为此,杭州海关不断创新优化监管模式,保证了跨境电子商务在杭州的平稳起步。

杭州开园最早的跨境电子商务园区下沙园区,首创跨境电子商务一般出口"清单核放、汇总申报"的通关模式,有效解决了通关难、结汇难、退税难等问题。该模式经国务院确认成为跨境电子商务一般出口的全国标准通关模式。

杭州海关在杭州综合试验区创造了跨境电子商务海关监管领域的七个全国"最早"。

1) 最早使用跨境电子商务零售出口"清单核放、汇总申报"通关模式。
2) 最早开展跨境电子商务零售出口业务试点。
3) 最早开展跨境电子商务直购进口业务试点。
4) 最早开展跨境电子商务 B2B 出口业务试点。
5) 最早将"单一窗口"、关检合作"三个一"、"三互"要求应用于跨境电子商务监管。
6) 最早形成契合跨境电子商务发展的完整监管方案《中国(杭州)跨境电子商务综合试验区海关监管方案》。
7) 最早实现跨境电子商务进出境商品"7×24 小时"通关。

随着杭州各跨境电子商务园区业务量的快速成长,在海关总署的支持和指导下,杭州海关总结综合试验区"先行先试"经验,逐步形成了一套适应跨境电子商务业态特点、"可复制可推广"的海关监管制度措施。2016 年 4 月 26 日,海关总署下发通知,将杭州海关在实践中摸索出来的十项创新制度措施在全国新设的 12 个跨境电子商务综合试验区进行复制推广。

1) 推行全程通关无纸化。
2) 明确"三单"数据传输主体,统一传输标准。
3) 对 B2C 销售模式按照"B2B"通关。
4) 实行"简化申报、清单核放、汇总统计"。
5) 实行"税款担保、集中纳税、代扣代缴"。
6) 允许批量转关。
7) 创新退换货流程。
8) 有效管控风险。
9) 对接"单一窗口"平台,强化通关协作。

10）实行大数据共享。

2. 科技创新，互联网思维提升监管效能

在制度创新的同时，杭州海关还加大科技投入，运用互联网思维提升监管效能。

在大数据应用方面，杭州海关同样走在了全国前列，杭州海关搭建的"跨境电子商务监控分析系统"是一个基于"大数据云"的综合性分析系统。该系统能对海量的跨境商品数据进行分析，根据参数设置对跨境商品是否存在风险因素进行筛查，并通过云端服务器整合各个现场的海关监管数据，提升监管效能，实现智慧监管。个人使用的单兵设备也是一个创新亮点。2016年，杭州海关下沙园区跨境监管现场首次投入使用"智能物联网"手持移动终端设备，关员可通过手持终端迅速获取并核对商品的品名、上架、库存等信息，还可以对存疑的商品当场下达布控查验指令，并同步传输到海关作业系统中。这样做能提升监管效能30%~50%。

3. 管理创新，改革思维落实"放管服"

在优化监管模式的同时，杭州海关积极贯彻海关总署"全国海关通关一体化"部署，在"通得快"上下功夫，同时紧跟浙江省"最多跑一次"的改革步伐，推出一系列便企便民举措，真正将简政放权、放管结合、优化服务落到实处。

4. 平台助力，域辐射发展形成集群效应

跨境电子商务不仅是新兴产业发展的驱动力，也是大众创业、万众创新的重要平台。以杭州综合试验区跨境商品进口主阵地下沙园区为例，目前该园区拥有天猫国际、苏宁易购等70多家平台电商，网易考拉、银泰网等100多家垂直电商，以及中外运、海仓科技等80多家电商服务企业入驻，直接带动周边上千家企业"触电"上网，奶粉、护肤品、零食等品类近万种商品活跃在跨境电商线上平台。

截至2017年年底，共有来自225个国家和地区的消费者购买到了来自浙江的跨境出口商品。2017年11月11日全天，杭州海关共监管验放跨境电商进口商品344.5万单、价值6.7亿元人民币；监管出口商品29万单、价值1030万元人民币。截至2017年12月底，杭州海关关区累计监管验放跨境电商进口商品9082万票，货值172.4亿元；监管验放跨境电商出口商品22366.8万票，货值96.7亿元。

二、跨境电商发展的快车道——深圳综合试验区

深圳是首批被纳入跨境电子商务综合试验区名单的城市之一，也是全国跨境电子商务最活跃的地区之一，跨境电商平台正日渐成为深圳对外贸易的重要推动力。

1. 大批企业入驻，跨境订单快速增长

在深圳海关备案的跨境电商企业近500家，知名企业有小红书、京东、菜鸟、大疆科

技、大象通讯等；主要进口电商商品种类近10万，主要包括保健品、母婴用品、化妆品等。主要出口商品有"大疆"无人机、小米手机、VR眼镜等电子类产品。跨境电商平台的订单量呈现快速增长的势头，为深圳制造走向世界提供了更加便利的渠道和更广阔的舞台。

据统计，2017年，深圳跨境电子商务（监管方式1210、9610项下）进出口合计27.5亿元人民币，其中进口21.4亿元人民币，同比增长40.9%。

2. 海关大力支持政策落地，助推跨境电商发展

近年来，深圳海关大力开展海关监管制度创新，不断优化跨境电商通关环境。

1）实施"全球中心仓"海关制度创新，在前海湾保税港区内支持企业设立全球集拼分拨中心，通过"一区多功能、一仓多形态"的监管创新，使原来存储于多个地区、多个仓库的多种物流及贸易形态，可以在自贸区内的一个中心仓内一站式完成。

2）实施"保税+实体新零售"新模式，2017年3月正式启动试点，支持零售企业在大型商业体开设实体店面，集中展示销售完税商品、普通保税商品和跨境电商进口商品，实现"线上交易、线下体验、到店提货"，促进实体零售与保税贸易的融合发展。

3）实施"深港陆空联运"海关制度创新，构筑以前海为中心的"全国揽货、前海集聚、香港直飞"的出口模式，使香港航空理货服务得以前置延伸至前海湾保税港区，全国经香港直飞全球的出口货物可以在前海实现"订舱、安检、登机"。该模式可为企业节约1/4物流时间，节省1/3物流成本。

4）联合检验检疫部门推进关检联合作业改革，实施跨境进口生鲜关检合作"三个一"（一次申报、一次查验、一次放行）的联合查验，启动活体海鲜跨境电商进口零售业务。

下一步，深圳海关将进一步解决出口企业海量碎片化订单的支付难、结汇难的问题，为实现跨境出口货物的及时快速交付提供保障。另外，还要进一步丰富"保税+"和跨境电商的内涵与外延，探索一般贸易完税货物、保税展示货物、网购保税商品同店展示、线下即提的"一店多态"创新模式。

三、直购进口领航者——上海跨境电商综合试验区

1. 上海跨境电商发展史

2012年，上海成为全国跨境贸易电子商务服务首批试点城市之一。

2013年12月，上海海关启动跨境电商网购保税进口模式试点，目前共有8个海关特殊监管区域和1个保税物流中心（B型）参与试点。

2. 成就显著，发展迅猛

2014年以来，上海口岸跨境电商业务量稳步上升。2017年全年，上海海关共监管跨境电商进口订单1643.7万单，涉及金额36亿元。其中，直购进口模式订单535.4万单，涉及金额16.2亿元；网购保税进口模式订单1108.3万单，涉及金额19.8亿元。

3. 跨境电商生态圈基本稳定

上海跨境电商业务的开展，对企业创新转型、百姓消费升级有较大促进。小红书、洋码头等新兴企业崭露头角，满足了消费者对海外优质商品的需求，跨境电商的发展实实在在将消费能力留在了境内。经过数年的努力，目前上海口岸跨境电商生态圈已基本稳定，主要体现在以下几方面。

（1）快速通关机制基本建立

"清单核放、集中纳税、代收代缴"通关模式确立，跨境电子商务全程无纸化通关基本实现，低风险商品得以快速放行，极大地满足了现阶段电商企业对物流速度的需求。

（2）区域化特色基本形成

近年来，上海海关直购进口模式订单量始终保持快速增长态势，增速在全国位居前列；9个开展跨境电商网购保税进口业务的区域各具特色，形成多区域产业联动机制，为企业入驻、消费者购物提供多元化选择。

（3）以"单一窗口"为核心的跨部门联动机制初步成型

在本地电子口岸的基础上搭建跨境电商"单一窗口"，为企业提供"关、检、税"一站式解决方案。多部门共享跨境电商信息数据，大数据监管理念已现雏形。

（4）全流程监管，常态化应急

1）事前环节。上海海关提前介入企业业务筹备工作，了解其商务运作模式与风险点；同时通过风险布控参数，对高风险订单进行拦截。

2）事中环节。严格落实海关总署关于"三单信息"的审核要求，对高风险单证电话联系订购人或者收件人，确认订单真实性。

3）事后环节。对部分电商开展网上巡查工作，结合本地物流辅助系统对开展企业进行日常数据监控；依托关区留存的数据库开展事后数据分析，并作为风险参数制定、企业稽查的重要依据。

4. 上海海关的其他行动

1）修订相关操作规程，统一关区内跨境电商的监管流程。

2）完成直购进口模式的退货测试，探索网购保税进口模式的退货流程。

3）逐步将邮路快件纳入跨境电商监管体系，加快邮政商业快件的通关效率。

四、买全球 卖全球——郑州跨境电商综合试验区

1. 郑州跨境电商发展史

2012年，郑州获得国家发展改革委批复同意，成为全国首批五个跨境电商服务试点城市之一。2013年5月，郑州跨境电子商务试点海关监管方案率先获得海关总署批复同意，并于同年7月正式开展跨境电商业务。

2. 成就显著，发展迅速

自试点开始至 2017 年年底，郑州海关累计监管跨境电商进出口零售商品清单 2 亿单，商品总值突破 200 亿元。

目前国内主要大型电商企业，如聚美优品、唯品会、网易考拉等，均已在郑州发力，小红书、蜜淘等一批新兴电商也借力郑州平台迅猛发展。

3. 模式多变，大胆创新

郑州海关目前共有驻经开区办事处、驻铁路东站办事处、驻邮局办事处、机场海关、综保区海关、焦作海关、许昌海关和洛阳海关 8 个隶属海关和办事处开办跨境业务，涵盖网购保税进口、直购进口、一般出口、特殊区域出口 4 种模式。

2012 年跨境电子商务试点之初，郑州海关率先提出了开展跨境电子商务进口保税备货模式。该模式涵盖了"三单"数据传输主体、格式标准及比对逻辑，"清单验放"比照一般贸易模式监管，实现了跨境电商商品批量入境后零售至国内消费者的全链条监管。

4. 多式联运，破解传统外贸发展困局

为破解河南内陆地区不沿边、不沿海的传统外贸发展困局，郑州海关依托航空、铁路及邮路三大口岸，以及郑州、洛阳等河南自由贸易区核心区域，在电子商务基础优势明显的郑州、许昌、洛阳和焦作等地有针对性地布局跨境电子商务海关监管业务，通过多式联运方式整合空运、海运、公路、铁路和邮路五种物流通道，助力毛发制品、羽绒服、鞋靴和农产品等商品走出国门，辐射带动周边地区电商相关产业蓬勃发展。

5. "严进、优出"，实现多合一集约化监管

郑州海关根据网购保税进口业务的特点，在网购保税商品一线入区与区内仓储环节加大对入区查验、实货验估、安全准入、库存管理等的执法、监管力度，确保风险不后移，做到"严进"；在"严进"的前提下，去繁就简，优化网购保税进口商品二线出区监管流程，取消对网购保税进口零售商品申报清单的布控查验，仅凭风险研判，做到"优出"。该措施进一步提升了监管效能，大幅缩短了通关时效，二线包裹出区时效由 3 小时缩短到"秒通关"，获得了电商企业的高度赞赏。

郑州海关还将原本分散在海关特殊监管区域、保税监管场所、邮递快件监管场所的跨境电商商品在一个园区内进行集中分拣、配送，将多种监管场所分类监管整合为多合一集约化监管，大大降低了企业的运营成本和政府的监管成本。

五、与邮政合作打造跨境电商教育研发创新基地——青岛经验

2018 年 8 月 29 日，青岛邮政与新华锦（青岛）电子商务有限公司在青岛市邮政公司总

部举行全面合作框架协议的签约仪式。双方将在电子商务运营、平台建设、供应链金融、智能仓储、产品销售、教学培训、文化宣传、产品配送、通关退税、跨境物流等领域进行优势资源互补与全方位合作，强强联手合力打造青岛跨境电商教育研发创新基地。

青岛市邮政公司韩全胜书记在致辞中指出，青岛邮政认真贯彻落实中国邮政"一体两翼"战略和省分公司、市委市政府工作部署，在推动流通方式转型、促进消费升级、发展国际经贸中发挥着积极作用。邮政跨境电商产业园取得了显著成绩，发挥服务地方经济互联互通的作用在不断增强，得到了省委省政府、市委市政府的肯定与支持。青岛邮政与新华锦双方合作能够实现共赢发展，共同推动青岛跨境电商产业的蓬勃发展。

新华锦集团公司张建华董事长在致辞中介绍，新华锦集团公司是山东国际贸易龙头企业，作为一家多元化发展的综合性大型企业集团，积极推进"互联网+"的战略发展，对我国对外经济发展做出了重要贡献。新华锦（青岛）电子商务有限公司一直致力于跨境电商产业发展，将在与青岛邮政的携手合作促进下，争取在三年内打造建设成为山东地区最大的跨境电商企业。青岛邮政与新华锦集团将抓住机遇，不断提升创新实力，凭借精诚合作、互惠共赢的理念，共同创造出新业绩，向青岛跨境电商的领军型企业一起迈进。

推进服务国家"一带一路"建设，实施新旧动能转换，青岛邮政与新华锦（青岛）电子商务有限公司共同拓跨境电商广阔蓝海，合力打造全国一流的跨境电商教育研发创新基地，为地方经济和社会发展注入强劲动力。

六、加快建设国际消费城市 培育跨境电商消费市场——成都经验

为进一步巩固成都生活中心和消费中心的地位，加快建设具有国际水准和全球影响力的消费城市，成都正式发布了《成都加快建设国际消费城市行动计划》（后简称《行动计划》）。

《行动计划》提出，将大力实施消费供给提升、消费场景塑造、消费品牌建设、消费热点培育、消费平台打造、消费生态优化六大工程，提升成都对国内外消费的集聚、引领和创新能力，打响"成都休闲、成都消费、成都创造、成都服务"四大品牌，努力将成都建设成为特色彰显、世界知名的国际消费城市。

1. 三个新商圈

1）以金融城为中心、统筹地铁 TOD（公共交通导向性发展）商圈开发集成打造高端消费商圈。
2）以双流空港为核心打造国际化消费商圈。
3）以锦江两岸为载体打造锦江夜消费商圈。

2. 服务夜生活

1）锦江夜消费商圈将引入川菜、川剧等传统特色业态和现代新兴消费业态，打造成都

夜消费地标。

2）打造一批夜间消费示范街区，引导商贸服务类企业调整经营结构和营业时间，增加适合夜间消费的经营项目。

3）将完善夜间公交线路布局和运营班次，按需延长公交线路夜间收车时间，优化地铁夜间低峰期运行组织，完善街面停车位管理、夜间临时停车的服务保障。

3. 零售业要提质培育跨境电子商务消费市场

推动商业零售创新升级、增加国际化消费品供给、扩大特色服务消费供给、丰富"成都造"精品供给——实施品质化消费供给提升工程被列为《行动计划》的重点任务之一。

为推动商业零售创新升级，成都将实施全市商业零售业提质行动计划，引导零售企业实施智慧化转型，支持企业通过大数据、云计算等信息技术解析顾客消费特征，量身定制服务内容，提升个性化、柔性化服务水平；同时引导传统零售企业增加体验式商业业态、引入买手制运营模式。

随着消费者对国际化消费品的需求提升，国际化消费品供给将迎来增幅。《行动计划》指出，要依托跨境电子商务综合试验区建设，积极培育跨境电子商务消费市场，支持本地企业在主要商圈开设跨境电子商务O2O（线上线下）体验店，力争实现跨境电商保税线下自提模式。

《行动计划》还指出，要重点培育以旅游、文化、体育、餐饮、健康等为代表的特色服务消费产业，包括打造熊猫、美食、休闲、绿道四大旅游品牌，构建七大世界级旅游产品体系，彰显"要在成都"的魅力；加快全球川菜交流中心建设，引进世界各地风味美食和特色餐饮，增强"吃在成都"的全球影响力。

更加丰富的"成都造"精品今后也将在市场上出现。《行动计划》明确支持蜀锦、蜀绣、瓷胎竹编等成都特色工艺美术行业，开发传承天府文化和代表城市形象的产品，推动熊猫文化、川剧文化、南丝路文化等文化衍生品创新。还有成都小吃、经典川菜、特色火锅等，将被优选出一批来实施规模化标准化生产，打造品种新、质量好、附加值高的方便食品和半成品。

七、增强跨境消费体验——重庆经验

2018年11月30日，京东物流在重庆香江地产财富购物中心开设了首家跨境体验中心。该体验中心坐落在重庆EBD商务区，位处两江新区核心商务区、重庆新商业中心，城市配套成熟、极具商业活力，囊括重庆高净值消费人群，坐拥近百万高品质消费客户群。这也是京东跨境在线下体验方面的首次落地，也是基于无界物流、整合线上线下资源的第一个线下服务终端。该体验中心是京东物流与伍韬优联联合开设的。未来，这种新型零售业态服务终端还将在上海、广州、宁波、杭州等城市开设。

在此之前，消费者想要购买跨境商品，需要从网上下单，商家再从保税区发出商品快递至消费者，不仅流程链条长，也无法满足消费者对于跨境商品的选购需求。京东跨境体验中心则解决了这一问题，不仅具有全球直采、线下体验的多重优势，而且还可当场体验后下单、京东小哥配送上门，融体验与交易于一体。该体验中心将依托京东专业化、高素质的物流服务团队，从仓储、配送、客服、售后等各个环节全面提升跨境商品的配送效率和服务质量，将更多优质体验、正品好物带给消费者。该体验中心引进了全球各地的多品类商品，贴心设计了母婴室、物流托管服务台等功能性空间，还个性化地打造了含儿童游乐、个护美妆、酒水品鉴等多个消费场景，更多地赋能顾客购物体验，让顾客在购物的同时，可以享受多元化的乐趣空间。

跨境体验店系统解决了线下商家跨境资金支付服务的痛点，实现渠道无界，增强用户体验、线下流量导入线上，并拓宽了跨境电商业务的线下渠道，极大扩展了"海囤全球"的营销推广范围，并实现全链路应用京东零售基础设施。京东将全球购自营商品库存共享给云霄商家，且商家无须过多资金占用，就可成为全球分销商，极大地扩展商家业务，增加商家收入，并让商家及消费者体验到京东跨境的快速履约及物流一体化服务。目前，京东物流已在全球开设了近千条国际物流链路，覆盖220多个国家和地区，为我国消费者提供全品类的海外优质商品。以前，在沿海地区比较常见的时髦商品用快递的形式送达内陆要经过2~3天时间。而现在，随着中欧班列的加开，以及京东物流在重庆等内陆城市的业务开展，内陆城市也能全球同步地享受最潮流的商品。京东物流正全力搭建全球智能供应链基础网络（GSSC），并以此为愿景在全球范围内进行采购、生产、设计、物流等全链条的优化，依靠技术和模式创新贯通商流、物流、资金流、信息流等，携手更多伙伴致力于提升整个社会的供应链效率，节约供应链成本，将社会物流成本降到5%以内。京东跨境O2O体验中心的设立，意味着京东物流的全球化布局有了新的抓手，在促进我国与全球范围内的商品流通方面将发挥重要的作用。随着这一零售模式在其他各大城市的落地，京东物流的先进经验和技术将会传递给其他地区，为全球物流效率的提升做出应有的贡献。

八、扩大跨境电商项目扶持——北京经验

成为跨境电商综合试验区后，北京对跨境电商项目的支持更加广泛。北京市商务委发布《关于对2018年度跨境电子商务项目申报指南有关内容进行修订的补充通知》（以下简称《通知》），对有关跨境电子商务项目申报指南内容进行了四处修订，同时明确海外仓的支持标准和各类项目支持标准。对于跨境体验店，除了硬件设备和系统，租金也纳入支持范围，并且细化到根据门店在不同的区域有不同的支持标准。其中各项资金补助最高金额可达500万元。

1. 增大扶持力度

《通知》中表示，将原支持政策中"支持与北京跨境电子商务公共信息平台对接的信息系统、升级改造等项目"，修改为"支持跨境电子商务平台及相关信息系统建设，包括软件系统开发及配套硬件设施建设等"。

APEC跨境电子商务创新发展研究中心主任、对外经济贸易大学国际商务研究中心主任王健认为，新的内容修订更加强调对跨境电商平台的支持，平台赋能企业，能够更好地带动整个跨境电商行业发展。

跨境电商"有棵树"CFO李志强向《北京商报》记者介绍，跨境电商本身就是跨越各个地区的，很多设置在境外，政策修订后，去掉了"与北京对接"等相关要求，这也表示政府解除了对申报项目的地域限制。

《北京商报》记者注意到，此次修改将原支持政策中"支持用于跨境电子商务直邮进出品、网购保税进口等项目软硬件建设，包括安检机、查验设备、管理信息系统等"，修改为"支持用于跨境电子商务进出口通关服务的项目建设，包括安检设备、查验设备、机检线等设备购置和管理信息系统开发等"。

李志强认为，之前的跨境电商以进口为主，因此直邮、保税进口等方式是主要的支持方向，而现在也有很多销往国外的跨境电商，修订后的支持项目改为"跨境电商进出口通关服务"涵盖范围更广泛。

这同样体现在第三条修订内容上，原支持政策中的"支持海外仓、保税仓等跨境电商仓储设施建设，包括货架（货柜）、专用推车（叉车）、管理信息系统等"，修改为"支持海外仓、保税仓、出口集货仓等跨境电子商务仓储设施建设，包括货架（货柜）、仓储搬运设备、分拣机等设备购置和管理信息系统开发等"。新的支持内容不仅有海外仓和保税仓这样传统上主流的进口跨境电商，还增加了出口集货仓。

2. 海外仓扶持首设门槛

《通知》也明确了对海外建仓的支持标准。投入运营的自建海外仓（海外仓储物流等综合服务设施）总面积不低于5000平方米，配套完善的仓储管理信息化系统和线上信息平台（如ERP、WMS系统等），服务企业数量不低于100家，对当地跨境电商B2B业务有较强带动作用。这不仅能够为企业开拓市场提供国际仓储和物流配送服务，还能提供下列服务：国际货运代理、通关服务、营销推广、金融保险服务对接、售后维修服务、退换货服务。

而在之前，对于海外仓项目申报的要求为：支持海外仓、保税仓等跨境电商仓储设施建设，包括货架（货柜）、专用推车（叉车）、管理信息系统等，每个项目依据审定实际投资给予不超过50%的资金支持，最高不超过400万元。相比之下，项目申请标准更具体，在面积、服务企业、搭载服务甚至所产生的效果方面都做出了具体规定。

3. 首次租金支持跨境体验店

此前，政策层面对跨境电商体验店的主要支持内容是体验店的展示柜、货架、收银系统、监控系统、安防系统等配套设施和网站平台等系统建设。此次扶持措施改为，"支持新建跨境电子商务体验店连续12个月房租、店面装修、设备购置和线上销售平台建设等"，除设备和平台系统建设支持外，增加了房租和店面装修支持。

上述修订内容正切中实体门店的要害。一指摇（天津）国际贸易有限公司北京分公司副总经理庄财告诉《北京商报》记者，目前一指摇在北京有三家门店，分别是五棵松店、雅宝国际大厦店和王府井东方新天地店，面积分别为5500平方米、5000平方米和3500平方米。"门店位置不一样，房租也不一样，在北京的所有公司，都承担着房租和工资两个压力，而且我们的门店都在四环内、地铁沿线，租金确实有压力。"

从支持标准上看，也给出了灵活性和操作性极强的方案，按照不同位置进行不同程度的资金支持。东西城区每天1.8元/平方米，朝阳区、海淀区、丰台区、石景山区及通州副中心155平方公里以内区域每天1.35元/平方米、其他城区每天0.75元/平方米。单店年度租金支持金额不超过200万元。对除租金外其他投资，按照不超过审定实际投资50%的标准给予资金支持。单个项目按照审定实际投资给予不超过50%的资金支持，最高不超过500万元。其中对新建跨境电子商务体验店的房租按照实际租赁面积进行补助，补助金额不超过体验店实际年租金的30%。

并非所有跨境电商体验店都可以去申请租金支持，需要满足以下条件：经营场所房屋使用面积不小于100平方米；要具备网上销售业务，不管是通过自建网站（网上商城、移动端App等）还是利用第三方平台；另外单个体验店内现场展示商品的SKU数量不少于1000种；通过线上售卖的商品SKU数量不少于2000种。同时，单个体验店年度销售额（含线上线下）不少于500万元（或月均不少于40万元）。

第三节　跨境电商平台分类

跨境电商平台从进出口方向分为出口跨境电商平台、进口跨境电商平台。

一、出口跨境电商平台

出口跨境电商平台可以分为B2B平台、B2C平台两类。

1. B2B平台

这类平台又称为信息服务平台。B2B跨境电商市场交易规模占我国跨境电商市场交易规模的90%以上。

典型代表有：中国制造网、阿里巴巴国际站、环球资源网。

2. B2C平台

"2C"类跨境电商市场正在逐渐发展，且在我国整体跨境电商市场交易规模中的占比不断升高。在未来，"2C"类跨境电商市场将会迎来大规模增长。

B2C出口跨境电商平台典型代表有：亚马逊、eBay、速卖通、Wish、兰亭集势、敦煌、DX、米兰网、大龙网等。

二、进口跨境电商平台

自 2014 年开始，跨境电商进口迎来一波爆发性的增长，2016 年"四八新政"标志着跨境电商进口走向洗牌年。新政规定跨境电商零售进口商品不再按"个人物品"征收行邮税，而是按"货物"征收关税、增值税、消费税等。

进口跨境电商平台典型代表有：网易考拉、天猫国际、唯品国际、京东全球购、亚马逊海外购、苏宁云商海外购、聚美优品、小红书、蜜芽、洋码头等。

第四节 海外跨境电商平台

一般说到跨境电商平台，大家首先想到的是亚马逊、eBay、速卖通、Wish 等主流平台，其实除了这些耳熟能详的大平台之外，很多本土化跨境电商平台也各具特色，如印度的 Flipkart、美国的 Walmart（沃尔玛）和 Newegg（新蛋网）、俄罗斯的 Yandex、新西兰的 Trademe、拉美的 Linio 和 Mercadolivre、东南亚的 Lazada 和 Shopee、东非的 Kilimall 等。

一、东南亚跨境电商平台

1. Lazada

Lazada 成立于 2012 年 3 月，目前已成为东南亚最大的电商平台。最初它采用自营模式，2013 年开始兼做开放平台，欢迎小商家和零售商入驻，并且在物流与支付上做重度投资。目前，它在泰国、印度尼西亚、马来西亚的市场占有率均列第一。2016 年 4 月，Lazada 获得阿里巴巴 10 亿美元注资控股后，快速引入天猫平台上的中国品牌商。平台上主要销售电子产品、衣服、用具、书籍、化妆品等。目前，Lazada 在我国有招商，但仅限企业入驻。

2. Shopee

Shopee 于 2015 年 6 月正式上线，是东南亚地区领先的移动电商平台，Shopee 的母公司是东南亚最大的互联网公司 Garena，主营业务为游戏社交，腾讯公司是 Garena 的早期投资者，也是 Shopee 的投资方之一。Shopee 采用"移动 + 社交 + P2P"模式，解决了 Carousell、Gumtree 等同类平台不能支付、不负责物流的痛点。由于 eBay 与亚马逊等大平台对东南亚市场无暇顾及，Shopee 陆续覆盖了新加坡、马来西亚、印度尼西亚、泰国、菲律宾、越南等市场。目前，Shopee 在我国有招商，但仅限企业入驻。

3. Zalora

Zalora 是全球时尚集团 GFG 的子公司之一，也是东南亚地区成长最迅速的电商之一。

Zalora 是一个网上时装及美容产品购物平台,为男女顾客提供时装、饰物、鞋履及化妆护肤品。总部位于新加坡,Zalora 对不同地区设有分区网页,包括我国香港地区、新加坡、印度尼西亚、菲律宾、泰国、越南、马来西亚及文莱。Zalora 售卖国际品牌,各个分区网页也会售卖本地品牌。Zalora 旗下包括在澳大利亚及新西兰运作的网上时装购物平台 TheIconic。

4. Luxola

Luxola 是一家化妆品 B2C 平台,2011 年由 Alexis Horowitz-Burdick 创立于新加坡,主打护肤品和化妆品品牌,2015 年 7 月被法国奢侈品集团路易威登收购。该网站目前销售 250 个品牌约 4000 款产品,其中 65 个品牌在东南亚市场由 Luxola 独家在线销售。目前,该网站服务的市场有澳大利亚、文莱、印度、马来西亚、新西兰、菲律宾、我国香港地区等。

二、北美跨境电商平台

1. Walmart

作为全球最大的零售商,Walmart(沃尔玛)的零售业务遍布全球 28 个国家,布局电商一直是沃尔玛在我国市场的一个战略。从控股 1 号店,到上线自己的 APP,沃尔玛一直将电商作为实体门店的一个补充和延伸,从而提升客户的购物体验。目前,沃尔玛 APP 上"全球 e 购"频道提供 200 多个来自美国、英国、日本、韩国、澳大利亚等全球知名产地的食品、保健品、个护化妆品和母婴商品。目前,Walmart 在我国有招商,仅限企业入驻。

2. Newegg

Newegg(新蛋网)于 2001 年成立,总部位于美国洛杉矶,是美国领先的计算机、消费电子、通信产品的网上超市。新蛋网聚集约 4000 个卖家和超过 2500 万客户群,最初销售消费类电子产品和 IT 产品,目前已经扩大到全品类,品种数高达 55000 种,特别吸引 18~35 岁的富裕和熟悉互联网的男性,但女性消费者也在快速增长。Newegg 在我国有招商,仅限企业入驻。

3. Bestbuy

由于线下业务的衰落,Bestbuy(百思买)逐渐将目光放到了线上,于 2011 年进军网络市场。其网站聚集了 100 多个卖家,每年有 10 亿的访问量。目前,其线上的跨境业务主要在北美国家,包括加拿大和墨西哥,网站提供英语、法语、西班牙语三种语言服务。与其他电商平台不同的是,只有被邀请的卖家才可以入住 Bestbuy 平台,并且其产品可以在百思买门店销售,但其产品仅局限于消费类电子产品。

4. Overstock

Overstock 是美国知名在线购物网站,成立于 1999 年,经销各类商品,包括名牌时尚时装、珠宝、电器、家用百货、影音产品等。公司使用overstock.com（美国）以及其短域名o.co（国际）的平台来销售产品，同时还架设了o.info网站用来作为产品点评和提供购买指导。其跨境业务覆盖美洲、欧洲、亚太、中东、非洲的上百个国家和地区，包括提供至我国的货运服务。

5. Staples

Staples（史泰博）是全球卓越的办公用品公司，创建于1986年，目前在全球拥有2000多家办公用品超市和仓储分销中心，业务涉及20多个国家和地区。随着电子商务的快速发展，Staples也迅速展开了自己的线上业务，主要通过建立分站和本地化运营的方式打入国外在线市场。它于2004年来到我国，后来还推出了Staples中国官网，主要经营纸张、耗材、文具、设备、日常用品等十大类数万种办公用品。

6. Neiman Marcus

Neiman Marcus（尼曼）是以经营奢侈品为主的连锁高端百货商店，已有100多年的发展历史。公司总部位于得克萨斯州的达拉斯，能进入该百货商店的品牌都是各个行业中顶级的。其在线零售业务也于近几年来做得风生水起，商品可运至全球约100个国家和地区。该公司于2012年12月正式启动中国线上销售网站，提供中文、英文两种语言服务，产品包括服装、鞋包、配饰、儿童用品、家居用品等。

7. J. C. Penny

J. C. Penny（杰西潘尼）也是由线下走到线上的典范，公司创立于1902年，迄今为止在全美设有1200多家大型服装商场，是美国最大的连锁百货商店、目录邮购和电子商务零售商之一，主要销售男装、女装、童装、珠宝、鞋类、饰品和家居用品等。所有业务都由其自有配送网络提供全面支持，该配送网络是美国集成化程度最高的服装配送网络之一。其跨境业务覆盖美洲、欧洲、亚太、中东、非洲的近50个国家，目前也提供直运我国的服务。

三、南美跨境电商平台

1. Mercadolibre

1999年MercadoLibre（MELI）于阿根廷成立，现在已经成为拉美地区人们网购的主流平台。最初，MercadoLibre模仿的是eBay拍卖模式，但随着发展，它的模式越来越类似于亚马逊。现在，MercadoLibre对拉美市场的影响力比亚马逊更大。eBay现与其合作，为卖家提供全新的拉美销售渠道。它现拥有1.6亿用户，覆盖南美洲18个国家，包括巴西、墨西哥、智利、哥伦比亚、阿根廷等。

2. MercadoLivre（魅卡多网）

MercadoLivre是巴西本土最大的C2C平台，相当于我国的淘宝，利用好这个平台有利于了解巴西各类物价指数、消费趋势、付款习惯等市场信息。它聚集了超过52000个卖家和5020万注册用户，访问量位列全球前50。其市场范围覆盖巴西、阿根廷、智利、哥伦比亚、哥斯达黎加、厄瓜多尔、墨西哥、巴拿马、秘鲁、多米尼加、巴拉圭、委内瑞拉和葡萄牙等国家和地区。

3. Linio

Linio成立于2012年，主要针对拉美市场，覆盖了墨西哥、哥伦比亚、秘鲁、委内瑞拉、智利、阿根廷、巴拿马和厄瓜多尔等国家。同东南亚的电商Lazada类似，Linio是德国电子商务集团Rocket Internet SE旗下的子公司，其发展战略是在新兴市场复制发达国家的电子商务模式。目前，Linio在我国有招商，仅限企业入驻。

四、欧洲跨境电商平台

1. Cdiscount

Cdiscount为法国购物网站，拥有1600万名买家，平台经销范围涉及文化产品、食品、IT产品等众多品类，商品远销南美、欧洲、非洲等地。目前，Cdiscount的国际业务主要分布在哥伦比亚、科特迪瓦、厄瓜多尔、泰国及越南等。2015年年底，为对标亚马逊法国，Cdiscount新增4000个品类扩充食品频道。目前，Cdiscount在我国有招商，仅限企业入驻。

2. BingaBinga

BingaBinga是面向英国以及欧洲中高端人群的购物平台。平台品类主要包括床上用品和亚麻织物、装饰物、墙面艺术、钟表、灯具、蜡烛、烹饪和用餐、首饰饰品类、户外用品类以及定制类选品。BingaBinga聚集品质优良的店铺和极富特色的产品，物品有新意，懂创新，够品位，很精致，符合英国人的审美，能给购买者一种全新的体验。店主不仅可以在网上经营自己的品牌，还能参加网络社区交流，进行线下聚会。目前，BingaBinga在我国有招商，个人、企业均可入驻。

3. La Redoute

La Redoute（乐都特）创建于1837年，为法国最大的时尚购物平台。它于1995年开始从事网络销售，现覆盖120多个国家，拥有70多个品牌，在世界各地拥有1300万活跃客户。La Redoute已经设计、研发和营销超过30000种款式的产品，包括各类女装、男装、童装、配饰及家居产品。乐都特的中文官网已在我国上线，产品涵盖女装、男装、孕妇装、童装、配饰、鞋六大类，支持全国1100个城市货到付款。

4. Vente-Privée

Vente-Privée是法国最大的时尚电商，采用会员制限时特价抢购模式，堪称"闪购鼻祖"。其跨境业务主要分布在欧美地区，包括美国、英国、德国、荷兰、意大利、西班牙等国。该网站提供的产品包括服饰、鞋包、化妆品、奢侈品、婴儿用品、玩具、文具、食品、家居、计算机、电器、杂志、保险、门票等。Vente Privée能在仓储管理、库存积压、向供应商退货等方面把花费控制在极低的水平。我国的唯品会就是中国版的Vente-Privée。它是由早年移居法国的温州商人洪晓波和国内温州商人沈亚两个人创办的。

5. Mankind

Mankind是一家专门销售男士护理用品的美妆电商网站，与HQhair、BeautyExpert、Lookfantastic一同被誉为"英国美妆电商四大家"。Mankind提供各类护肤、护发、理容用品，热销品牌有倩碧（CLINIQUE）、伊索（AESOP）、美国队员（American Crew）等。Mankind由于采用厂家直接订购、网站全球直邮的方式，价格便宜，深受全球消费者的喜欢。Mankind平台上的商品可运至大洋洲、北美洲、亚洲、南美洲、非洲多国，并几乎覆盖了整个欧洲地区。

6. Otto（奥托）

奥托集团是来自德国领先的电子商务解决方案及服务的提供商，在全球综合B2C排名中，仅次于亚马逊排在第二位，同时也是全球最大的在线服装、服饰和生活用品零售渠道商。其网店出售的商品多达上百万种。出售商品涵盖男女服饰、家用电器、家居用品、运动器材、计算机、电玩等。出售品牌范围极广，基本市面上看得到的品牌都可以在Otto的网店里找到。除此之外Otto还有其自供品牌，性价比非常高。

五、其他跨境电商平台

1. Ozon

Ozon是俄罗斯最大的B2C电商平台，成立于1998年，经营范围主要为书籍、电子产品、音乐和电影等。目前，Ozon占据20%俄罗斯电商市场份额，常被称为"俄罗斯亚马逊"。Ozon覆盖俄罗斯130个城市的2100个地点，货物运送范围覆盖75%的俄罗斯人口，Ozon经营东欧最大的仓储设施，该仓储设施仅次于亚马逊的德国仓库。在支付方式上，其80%的销售都通过现金进行，信用卡支付仅占10%。如今的Ozon，就像当年的淘宝一样，很多中国卖家已经进驻此平台，未来十年目标是获取80%的俄罗斯电商市场份额。

2. UMKA

UMKA为俄语地区成长最快的电商公司，于2016年6月18日推出，是俄语地区排名百强的我国商品网上购物平台，在香港、莫斯科、彼得堡、阿拉木图、厦门、深圳设有公司及分支机构。消费者可以通过移动装置或计算机网站访问该平台，该平台依托强大完善的仓配物流体系和境外管理团队本土化的核心优势，为俄语区网民提供优质商品、多种支付、及时派送、退换货物、专业客服等高标准的本地化的购物体验。我国零售商通过 UMKA 平台渠道可以简单、直接接触到俄语区 12 个国家约 3.5 亿名消费者。UMKA 平台上拥有大量产品，产品种类涵盖电子产品、家庭用品、影音器材、户外运动、汽车配件等。目前，UMKA 在我国有招商，仅限企业入驻。

3. Rakuten

Rakuten（日本乐天）创办于 1997 年，目前已成为日本最大的电子商务网站，也是全球最大的网络公司之一。在美国市场，日本乐天斥资 2.5 亿美元收购了 Buy.com，在 2013 年公司更名为"乐天购物"（Rakuten.com Shopping）。日本乐天购物聚集了 3000 卖家，超过 8000 万客户和 2300 万产品，客户群年龄在 25~54 岁，男性和女性各占一半。Rakuten 最初专门从事计算机及电子产品销售，但它现在也提供体育用品、健康和美容产品，家居和园艺产品，珠宝和玩具等。近些年来，日本乐天海外市场动作频频，其从物流、支付、渠道、投资等全方位布局，势力范围遍及亚洲、欧洲和美洲。因此，对跨境电商和品牌商来说，日本乐天是一个不可忽视的在线大卖场。

4. Mercari

Mercari 是日本一个很知名的 C2C 二手交易平台。2016 年 3 月，Mercari 进行了 7500 万美元的 D 轮融资，成为日本首个初创独角兽公司。也是在 2016 年，Mercari 成功打入美国，平台 APP 应用曾一度在美国应用下载榜单中排在第三名。Mercari 活跃用户中家庭主妇偏多，消化最多的是闲置衣物，大到奢侈名品、3C 数码，小到牙膏和手办，Mercari 充分发挥了 C2C 模式下 SKU 丰富的天然优势，基本什么东西都能找到。

5. Jumia

Jumia 是非洲大国尼日利亚最大的电子商务零售公司，于 2012 年在尼日利亚开始开展业务，现已成为尼日利亚最主要的网络购物平台之一。其目标是打造本土的"亚马逊"，出售电子产品、服装、冰箱等各类商品。Jumia 致力于为客户创造更好的购物体验，保证整个过程快捷、安全和无压力。Jumia 与万事达卡建立了合作关系，允许后者使用它的 Internet Gateway Service 以让信用卡支付更加安全和便捷。除此之外，包括诺基亚、戴尔、英特尔等在内的科技巨头还向 Jumia 进行了直接授权，让它可以在某些情况下更改价格。目前，Jumia 在我国有招商，仅限企业入驻。

6. Gmarket

Gmarket 是韩国最大的综合购物网站，在韩国在线零售市场销售总值方面排名第一，主要销售书籍、化妆品、计算机、家电、衣服等。2009 年，eBay 花费了 12 亿美元收购 Gmarket，2010 年 5 月 7 日 eBay 公司宣布，将与韩国电子商务公司 Gmarket 组建合资公司，eBay 出资 1000 万美元，合资公司将帮助 Gmarket 开拓日本与新加坡市场。

7. Souq

Souq 是中东最成功的电商平台，被称为"中东亚马逊"。该平台由叙利亚人 Ronaldo Mouchawar 创建于 2006 年，总部设立在阿拉伯联合酋长国。它拥有 600 万用户，并且每月能达到 1000 万的独立访问量。根据目前网站的情况，Souq 已经开始考虑拓展其他的业务。Souq 近年来快速发展，已经建立了自己的物流系统 QExpress 和支付系统 PayFort。而且，Souq 还推出了自己品牌的平板电脑，并且计划推出更多自有品牌的电子产品。Souq.com、Cobone.com 和 Sukar.com 是中东三个当地最大的电子商务网站。

8. Tophatter

Tophatter 是一家在线拍卖网站，平台最核心的销售模式是 90 秒实时拍卖，也是目前在世界上最独特的销售模式之一。目前 Tophatter 有手机端，也有 Web 端，手机端占了 95% 以上的流量。其重点招商品类主要是时尚类，如女装、女鞋、美容产品、美妆产品、家居和母婴产品。Tophatter 的创始人 Ashvin Kumar（CEO）和 Chris Estreich（CTO）均毕业于斯坦福大学，至 2017 年 6 月，在全球范围内有 100 名左右的员工。公司总部在硅谷，2016 年在上海成立了办公室。目前，Tophatter 在我国有招商，仅限企业入驻。

扩展阅读

上线仅一年的 Jet 电商凭什么挑战亚马逊？

一家电商初创公司在成立之初便宣称要挑战电商巨头亚马逊，很容易被人当成一个笑话，Jet 就曾是这样一个"不知天高地厚"的角色。这家电商公司成立于 2014 年，正式上线运营仅 1 年就被传统零售业巨头沃尔玛以 33 亿美元（30 亿美元现金加上 3 亿美元沃尔玛股票）收购，"挑战亚马逊"似乎一瞬间从天方夜谭变成了值得让人深入思考的事。

"另辟蹊径"的电商理念

Jet 创始人马克·洛尔（Marc Lore）是一名有着成功创业经验的连续创业者，洛尔创办了一家专门从事售卖婴儿尿布产品的电商网站 Diapers.com，在成功运营 6 年后，被亚马逊以 5.45 亿美元收购。2014 年，洛尔与另外几位创始人联合创办了一家名为 Jet 的电商网站，并在电商业务还没有正式上线时，便已经轻松融到了 A 轮投资 8000 万美元，投资者包括硅谷著名风投 NEA、Accel、Bain 等。

虽然取名为"Jet"（喷气式飞机），但 Jet 做电商主打的并不是送货速度快，而是低价。与现在众多的电商所强调的让用户在最短的时间内取得所购产品不同，洛尔认为，存在大量的用户实际上愿意牺牲货品送达的时间来换取更低的价格，而他所创办的 Jet 正是基于这样的理念，区别于其他电商，服务于这一类对价格更敏感的用户。

为了让用户获得更低价格的商品，Jet 的具体做法是用被其称为"动态实时定价算法"

的方式，对商品进行动态定价。用户可以有几种方式让商品的价格变得更低，这些方式包括尽量从同一分发中心购买多件商品（降低分拣、包装、运输成本）、放弃退货的权利、用借记卡而非信用卡付款等，如果用户在购买商品时同时选择了上述几项降价的选项，商品的最终价格将变得非常低。

Jet 最初打算用这样低价的方式吸引更多的用户，通过动态定价，让商品都以成本价出售，而仅从用户处收取每年 49.99 美元的会员费获得利润，但收取会员费的计划在上线后不到 3 个月便宣告取消。Jet 通过一系列优惠政策吸引第一批用户，包括最早在 Jet 注册的第一批用户能够享受到 6 个月的免费会员服务，而成功介绍新用户将会获得终生免费会员或 5 年会员的更优厚的条件，前 10 个介绍新用户的用户甚至能够获得公司股票、期权奖励。

Jet 称，其会员能够以网络上能够找到的最低价格还要再便宜 10%～15% 的价格买到商品。上线之初，Jet 便拥有了横跨多个产品品类的 1000 万件商品。凭借大力度的推广和独特的低价模式，在上线不到半年后，Jet 便拥有了 35 万用户，这部分群体以对价格敏感、同时愿意花时间在网络上寻找优惠产品的年轻人为主。随后进入了高速发展期，在上线一年后，其 GMV（网站成交金额）已经达到 10 亿美元，每月新增 40 万名新用户，每天约有 2.5 万个订单。

Jet 的这一独特的模式，获得了众多专业投资机构的青睐，也在短时间内笼络了一大批忠实用户。除了 A 轮就参与的多家著名风投机构外，后期包括富达基金、高盛、花旗等投资者也纷纷加入进来，国内电商巨头阿里巴巴参与到其 B 轮融资中，当时 Jet 估值 6 亿美元。

与亚马逊差距依然巨大

《华尔街日报》评论认为，沃尔玛收购 Jet 的行为表明了沃尔玛在电商业务领域经营策略的重大转变。沃尔玛（传统零售商）与 Jet（新兴电商）的组合，能否在电商业务领域撼动亚马逊的地位呢？

沃尔玛 15 年前花费了数十亿美元开始上线 Walmart.com，标志着这家传统零售行业巨头正式进军电商领域，然而，作为一家传统零售商，沃尔玛始终没有将电商当作自己的最主要业务，并且一直抱着让新业务快速盈利的心态。沃尔玛的战略是：立足传统零售，让电商业务锦上添花。但同期，亚马逊却在不惜以巨额亏损的代价，全力扩张其电商业务在全球市场的份额。

尽管从绝对规模上看，沃尔玛是最大的在线零售商之一，但电商业务增速缓慢。在收购消息宣布后，沃尔玛首席执行官道格·麦克米利恩（Doug McMillon）在声明中称，沃尔玛正在寻找降低价格、提供最简易的运输体验的办法，沃尔玛也相信收购 Jet 将使沃尔玛在上述方面加速，沃尔玛将会增长得更快，收购 Jet 将为沃尔玛注入新的创业精神。沃尔玛方面称，收购完成后，沃尔玛将整合 Jet 一部分"实时定价"的技术，同时，Jet 的品牌依然保留，对于仍处在扩张中的电商业务，有来自沃尔玛的强有力的资金支撑对 Jet 也至关重要。

无疑，沃尔玛在电商领域追赶亚马逊的决心是坚决的，但同时沃尔玛与亚马逊在电商领域的差距也是巨大的。2015 年沃尔玛电商销售收入达到 140 亿美元，仅为其全部 4820 亿美元年收入的 3%，而亚马逊去年营收则突破 1070 亿美元，其中绝大部分为电商业务收入。对于一家上线刚过一年，还在通过不断"烧钱"扩大市场份额的电商初创公司来说，Jet 似乎很难担负起沃尔玛在电商领域追赶亚马逊的重任，保持沃尔玛目前在第二集团领先地位的任务则看上去更为现实。尽管处于电商业务第二集团的领先位置，但后面的追赶者无一不在蓄势待发。根据市场咨询机构 eMarketer 的数据显示，Staples 目前超过一半的营业收入从电商业务获得，大型连锁超市集团 Target 尽管 2015 年全年的电商业务收入仅为 25 亿美元，却在以约 30% 的速度高速增长。

对于沃尔玛来说，在其寄希望于 Jet 帮助其重振电商业务的同时，另一个担忧在于，这家公司依然处在"烧钱"的阶段。此前 Jet 称期望在 2020 年实现盈利，因而在这之前的 3~4 年中，别指望 Jet 能够给沃尔玛带来实际的财务数据上的改善，但如果 Jet 能够继续从亚马逊那里争取到更多的用户，同时帮助沃尔玛稳固其电商业务第二的地位，则是沃尔玛乐于看到的。

(资料来源：腾讯科技，纪振宇，2016-08-09。)

习 题

一、选择题

在我国跨境电商市场交易中，（   ）跨境电商市场交易占总交易的 90% 以上。

A. B2B   B. C2C   C. M2C   D. F2C

二、判断题

1. 跨境电商按进出口方向划分，可分为出口跨境电商和进口跨境电商，按交易模式分有跨境 B2B 电商、跨境 B2C 电商和跨境 C2C 电商三种。（   ）

2. 跨境 B2C 是指企业直接面向消费个人开展在线销售产品和服务，通过电商平台达成交易、进行支付结算，并通过跨境物流送达商品、完成交易的一种国际商业活动。（   ）

3. 2016 年"四八新政"的实施标志着跨境电商进口走向洗牌年。新政规定跨境电商零售进口商品不再按"个人物品"征收行邮税，而是按"货物"征收关税、增值税、消费税等。（   ）

三、简答题

1. "代购""海淘"等 C2C 市场为什么会这么快形成？是什么促进了它的发展？
2. 杭州跨境电商综合试验区创造的七个全国"第一"，十项创新制度全国推广分别是什么？

第四章
跨境出口电商

引 例

据亿恩网 2018 年 11 月 29 日报道,广州最大的跨境出口电商——棒谷科技拟借壳上市。公告显示,中捷资源与棒谷科技实际控制人及其一致行动人签署了《股权收购意向书》,中捷资源有意向收购棒谷科技的 100% 股权。棒谷科技主要从事电子产品、玩具航模、户外运动、服装鞋靴、婚礼用品、箱包配饰、家居家纺等数十个品类的跨境出口电商零售业务。棒谷官网资料显示,截至当时注册用户已遍及全球 200 多个国家,日访问量超过 500 万;产品涵盖 20 多个品种,共计 10 万多种商品;产品性价比高,深受海外商家/消费者青睐,主要出口至美国、英国、德国、法国、西班牙、澳大利亚、俄罗斯等国家。

跨境出口电商行业内公司发展迅速,不止于中国制造,未来更多是打造中国创造、中国品质、中国品牌。跨境出口电商可以在国内做品牌、客户运营,直接面向欧美终端消费者,叠加中国优质供应链,竞争优势较强。未来是我国品牌出海的时代,也是我国跨境出口电商零售高速成长的时代。

学习目标

(1) 了解我国跨境出口电商的现状。
(2) 了解亚马逊、eBay、Wish、速卖通等跨境出口电商平台的发展。
(3) 了解亚马逊、eBay、Wish、速卖通开店的流程。
(4) 了解敦煌网与兰亭集势的创业历程。

第一节 跨境出口电商概述

2017 年,我国跨境电商交易规模达 8.06 万亿元,其中,出口跨境电商交易 6.3 万亿元,同比增长 14.5%。据中国电子商务研究中心 2018 年 5 月 21 日发布的《2017 年度中国出口跨境电商发展报告》显示,中国是世界上重要的产品出口大国,在整体出口总量相较稳定的情况下,出口跨境电商逐步取代了一般贸易,成长性良好。出口电商面向全球 200 余个国家，既有美国、英国等发达国家，又有巴西、印度等新兴国家；面向约70亿名消费者，从消费者总量、区域、整体市场上都比国内电商市场更为广阔。

1. 出口跨境B2B交易规模

2017年，我国出口跨境电商中B2B市场交易规模为5.1万亿元，同比增长13.3%。主流出口跨境电商B2B平台发展的重点是由信息撮合型平台转为交易型平台，即提供完善的B2B线上支付功能和交易保障，已取得一定进展。

随着消费互联网向产业互联网转型，一般贸易线上化，交易服务平台化也成为未来发展方向，大额贸易进入电商领域趋势明显。

2. 出口跨境网络零售交易规模

2017年，我国出口跨境电商网络零售市场交易规模为1.2万亿元，同比增长21.2%。出口跨境网络零售市场继续快速发展，行业规模越大，其对于产品供应链和物流的整合力度越强，如可以更加快速地提供品类丰富的商品、物流成本更低等，这正是出口B2C电商的核心优势所在。

国内电商生态链赋予了出口跨境零售"走出去"的优势。在阿里全球速卖通、天猫出海、京东售全球等领先企业推动下，我国电商行业以大数据辅助供应链选品，并具备全球领先的营销、运营能力，跨境出口搭建"网上丝绸之路"，惠通全球。

3. 出口B2B与网络零售占比情况

2017年，我国出口跨境电商B2B与网上零售占比情况为：B2B占80.9%，网上零售占19.1%。从业务模式来看，B2B仍旧是当前业务的主导模式，原因是传统贸易下我国生产商未能塑造出自身品牌的国际影响力，而更多的是以国际品牌代工厂的身份出现。但随着互联网、电子商务的发展以及产品质量和服务的提升，国外消费者对国内品牌的认可度正在逐步提高。

4. 出口跨境电商卖家主要地域分布

2017年，我国出口跨境电商卖家主要集中在广东（24.8%）、浙江（16.8%）、江苏（11.3%）、北京（8.6%）、上海（6.5%）、福建（5.4%）、山东（3.6%）、河南（3.2%）、其他（19.8%）。

广东、浙江、江苏三省跨境电商卖家贡献的收入占全国的52.9%。从区域分布情况数据来看，广东3C电子品类优势明显、浙江家居用品突出，江苏、福建服装鞋帽等产业已经成为特色产业。在数字贸易的助推下，产业带加速由"中国制造"向"中国智造"发展。

5. 出口跨境电商卖家主要品类分布

2017年我国出口跨境电商卖家品类分布如下：3C电子产品20.8%、服装服饰9.5%、家居园艺6.5%、户外用品5.4%、健康美容5%、鞋帽箱包4.7%、母婴玩具3.3%、汽车配件 3.1%、灯光照明 2.8%、安全监控 2.2%、其他 36.7%。

新兴品类不断涌现，创造增量。消费者需求变化较快，技术革新加速，新的产品需求不断产生，国外的一些差异化的细分类目仍有待拓展，典型新产品如电动平衡车、指尖陀螺等。

6. 出口跨境电商主要国家分布

2017 年，我国出口跨境电商的主要目的国分布如下：美国 15%、俄罗斯 12.5%、法国 11.4%、英国 8.7%、巴西 6.5%、加拿大 4.7%、德国 3.4%、日本 3.1%、韩国 2.8%、印度 1.6%。

新兴市场仍然有待发展，如东南亚、南美、非洲等市场都处于初级阶段，拉美、中东欧、中亚、中东、非洲是快速增长的新兴市场，跨境电商发展市场仍较为广阔。而在新兴市场国家，由于互联网的大量普及，新兴市场国家的网购习惯逐渐形成，提供了一个发展潜力巨大的跨境电商需求空间。

此外，出口跨境电商还出现了通拓科技、价之链、萨拉摩尔、有棵树、赛维电商、踏浪者、PingPong、星商、洋葱海外仓、拓拉思等企业的十大融资事件，合计融资 64 亿元，占出口电商融资总额的 89.7%。金额前三的收并购为：华鼎股份以 29 亿元并购通拓科技；浔兴股份以 11 亿元收购价之链，山鼎设计以 11 亿元收购萨拉摩尔集团。融资金额上，小于 500 万元的占比 3.84%、500 万～1000 万元的占比 3.84%、1000 万～5000 万元的占比 34.62%、5000 万～1 亿元的占比 15.39%、1 亿元以上的占比 30.77%，超过 10 亿元的占比 11.54%。融资地域分布上，排在第一梯队的是深圳、北京、杭州；排在第二梯队的是广州、厦门；排在第三梯队的是东莞、绍兴、济南、成都等城市。

在 B2C 商业模式上，开放平台开放的内容涉及出口电商的各个环节，除了开放买家和卖家数据外，还包括开放商品、店铺、交易、物流、评价、仓储、营销推广等各环节和流程的业务，实现应用和平台系统化对接，并围绕平台建立自身开发者生态系统。开放平台更多地作为管理运营平台商存在，通过整合平台服务资源同时共享数据，为买卖双方服务。自营平台则对其经营的产品进行统一生产或采购、产品展示、在线交易，并通过物流配送将产品投放给最终消费者群体。自营平台通过量身定做符合自我品牌诉求和消费者需要的采购标准，来引入、管理和销售各类品牌的商品，以可靠品牌为支撑点突显自身品牌的可靠性。自营平台在商品的引入、分类、展示、交易、物流配送、售后保障等整个交易流程的各个重点环节均发力布局，通过互联网 IT 系统管理、建设大型仓储物流体系实现对全交易流程的实时管理。

总的来说，我国跨境电商发展势头正盛，出口仍占主导地位，基于"一带一路"倡议和全球经贸一体化的深度融合，跨境电商将呈现巨大的发展潜力。

区块链、大数据等新技术有望开辟数字经济下跨境电商新道路。未来，通过对新技术的运用，企业能够进一步了解消费者的购物习惯、兴趣爱好和购买意愿，从而进行有针对性的广告营销和推送，实现个性化服务。

出口跨境电商是带动我国外贸发展不可或缺的主要力量之一，出口电商发展由成长逐渐走向成熟，正在进行由"中国制造"向"中国质造"的跨越。

国际政策差异化为我国跨境电商带来新机遇和新挑战，发达国家利好政策和战略带来巨大发展机遇，新兴国家与中国制造的产业特征互补。

互联网是跨境电商发展成熟的"催化剂"，跨境电商是互联网企业拓展国际市场的重要落脚点。

扩展阅读

我国出口电商的五大红利期

互联网巨头发展的关键事件为我国的跨境电商从业者们留下了巨大的红利，也成就或影响了后来几乎所有的我国跨境电商卖家们。我国出口电商的五大红利期如图4-1所示。

第一个红利期是Google的SEO

Google革命性的网页排名算法，使得搜索结果的相关程度大大提高。一些有网站建设能力的早期卖家，发现了这一红利机会，通过自建网站，利用对Google网页排名规则的理解，利用一些技术手段，迅速提升网站排名，获取网站搜索结果前列的巨大免费流量。这一红利期从2000年左右开始，到2011年Google推出强大的反垃圾网站的熊猫算法截止。这一时期典型的销售产品有游戏金币及仿制品等。

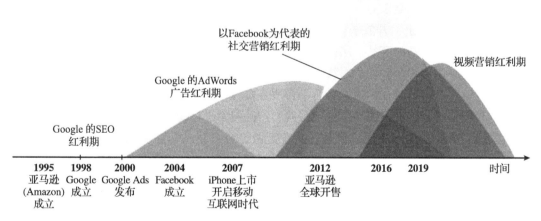

图4-1 我国出口电商的五大红利期

第二个红利期是Google的AdWords广告

随着Google的发展，越来越多的网民通过搜索引擎寻找他们感兴趣的商品。在2001年左右，Google正式推出了基于竞价排名的AdWords广告系统（Google Ads），也正式开启了一段长达十几年的流量红利期。

第三个红利期是以亚马逊为代表的第三方平台

从 1995 年创立起，亚马逊（Amazon）开始以邮购图书起步。经过 18 年的发展，到 2012 年已成功将近 3 亿消费者从线下发展到了线上。这时候，亚马逊平台上有海量用户，但因为缺少中国这个世界工厂的接入，在商品的丰富程度上还有所欠缺。2012 年，随着亚马逊中国全球开店计划的推出，延续至今的第三方平台红利期随即开启。

我国生产的大量质优价廉的商品借助全球开店项目随即蜂拥进入亚马逊平台，这也很好地满足了渴求质优价廉商品的亚马逊用户们的购物需求。从 2012 年亚马逊开始全球开店，到 2018 年，亚马逊迅速成长为数十万中国卖家参与、拥有数千万种商品、交易额达上亿美元的巨大跨境零售生意。这一时期的典型代表，包括环球易购、通拓、傲基，以及坂田五虎等，也成就了包括 Anker、泽宝、出门问问等一批以产品开发能力见长的研发型卖家，以及不少有实力的工厂型卖家。在看到亚马逊巨大成功后的 2015 年前后，更多其他第三方平台也开始了在我国市场的大力度招商。到 2018 年，随着众多的同类卖家的涌入，站内流量竞争的加剧，平台的规范化开始限制刷单刷评论，以及有实力的商家开始烧站内广告抢占有利的 Listing 排名。对于很多中小型商家来说，这意味着第三方平台的流量红利也逐渐接近尾声。这也是 2018 年以来独立站呼声渐高的原因之一。

第四个红利期是移动互联网带来的流量红利

这一红利期起始于 2007 年首款 iPhone 的上市。在 iPhone 之前，PC 互联网链接了世界上大约 13 亿的用户。2007 年，经由乔布斯发布的 iPhone，不仅像他说的"重新发明了电话"，而且也开启了影响全球数十亿名互联网用户的移动互联网。

第一代 iPhone，2007 年 1 月 9 日由乔布斯发布；同年 11 月，安迪鲁宾发布了他的第一个版本的 Android 操作系统；一年后的 2008 年 9 月，HTC 发布了第一款搭载 Android 操作系统的 HTC Dream。

随着 Google 以 Android 的开源政策来对抗 iOS，免费的开源 Android 系统逐渐成为全球最主要的智能手机操作系统。此后数年，得益于我国强大的生产组装能力，包括 iPhone 和内置 Android 系统的数十亿只质优价廉的手机在全球各地的发售，使众多原来受限于网络基础设施不完善的发展中市场（比如东南亚、非洲等）迈过互联网时代，直接跨入了移动互联网时代。在发展中国家互联网普及率快速上升的同时，全球网络流量也从 PC 互联网快速向移动互联网迁移。移动互联网用户数也在 2014 年超过了 PC 互联网用户数，成为互联网的主要接入设备。

第五个红利期是以 Facebook 为代表的社交营销

这一红利期开始于 2008 年前后，随着 2012 年 Facebook 发布的第一支信息流广告而逐渐走向高峰。从这之后，Facebook 广告以其精准的用户定位（Facebook 拥有大量用户的真实身份、行为、兴趣的大数据）、广泛的覆盖（全球近 20 亿用户）以及丰富的信息流广告形式，开启了延续至今的社交媒体营销的巨大红利商机。借助这一红利，大量靠 Facebook 信息流广告推动的时尚类跨境电商迅速诞生和发展,比如Sheinside、Zaful、Romwe、Tidebuy等都是其中的优秀代表。

(资料来源:陈述出海,http://www.zjzdgj.com/caijing/877072.html,2019-02-16。)

第二节 跨境出口电商案例之一——速卖通:国际版淘宝

一、速卖通的成长历程

全球速卖通(http://seller.aliexpress.com)是阿里巴巴旗下唯一面向全球市场打造的在线交易平台,被广大卖家称为国际版"淘宝"。速卖通于2010年4月上线,经过这几年的迅猛发展,目前已经覆盖220多个国家和地区的海外买家,每天海外买家的流量已经超过6800万,交易额年增长速度持续超过600%,已经成为全球最大的跨境交易平台。全球速卖通优势行业主要有:服装服饰、手机通信、鞋包、美容健康、珠宝手表、消费电子、计算机网络、家居、汽车摩托车配件、灯具等。

速卖通依靠阿里巴巴雄厚的实力在信息、物流和资金三个方面打造自己的优势。首先,在信息方面阿里巴巴收购了美国电子商务SaaS提供商Vendio公司。Vendio公司拥有十多年的网店零售服务经验,其核心业务是帮助中小商店建立网上销售平台,并同步接入各种不同的网上销售渠道,如eBay、亚马逊。被收购之后,Vendio可以将其服务的8万多美国B2C零售卖家与速卖通对接,可通过B2C的模式将速卖通的产品推向全美。物流方面,阿里巴巴与国际快递巨头UPS合作,整合UPS的优质运输技术,让客户体验到在线管理货运和在线追踪的便利。最后,在资金方面,阿里巴巴与全球最大的在线支付公司PayPal合作,当时的PayPal在全球拥有190个市场超过8400万个活跃的在线用户,使用24种货币,合作后的速卖通用户可以便利地使用PayPal实现支付。

和淘宝一样,卖家把编辑商品的信息,通过速卖通平台发布到海外;成交后类似国内的发货流程,通过国际快递将宝贝运输到买家手上。速卖通上的卖家就这样轻松与220个国家和地区的买家达成交易。

扩展阅读

速卖通与PayPal的分分合合

分久必合、合久必分,一切均取决于进取的时机和需求。PayPal的发展历史多少体现了这种东方思维。在线下移动支付市场已被支付宝和微信霸占,即使Apple Pay也没啃动这块骨头的背景下,没有我国第三方支付牌照的PayPal瞄准跨境2B出口和海淘布局,可谓扬长避短。

分拆后的开放姿态

PayPal 的中文名字叫贝宝，它做的是支付的事。1998 年，还没有形成"从零到一"思维体系的彼得蒂尔赶在电商发展初期创办了在线支付工具 PayPal。4 年后，时任 eBay 掌门人的惠特曼买下了它，当时的支付宝还没"出世"。PayPal 开始了一场随 eBay 周游世界并扎根当地消费者的漫长旅程。2010 年，阿里面向海外中小买家的出口电商平台速卖通（AE）上线，并随后对接了 PayPal。但仅过了一年，双方的缘分就终止了。当时，上升势头不错的速卖通与 eBay 在我国开展的业务高度重叠竞争，由于当时的 PayPal 仍在 eBay 怀抱中，这场分道扬镳也被外界视为情理之中。

2015 年 7 月，PayPal 从母公司分拆重返纳斯达克，估值甚至超过了 eBay。大洋彼岸，当时成立 10 个月的蚂蚁金服集团正加速向各个场景突飞猛进，估值一路飙升。而从 eBay 分拆后的 PayPal 与支付宝类似，是独立的第三方支付公司，它在中国市场放手一搏的机会来了，并产生了未来再次与速卖通合作的想象。当时在阿里系之外，"洋码头""小红书""什么值得买"等做跨境电商的中国公司都已是 PayPal 的客户，这些公司的业务与速卖通不同，它们做的是零售进口电商，面向的是 C 端海淘用户。

当时，用于跨境支付的工具不下 20 余种，除了传统的 Visa 和 Master 信用卡、西联国际汇款等，还包括 MoneyGram、CashPay、Moneybooker、Escrow（国际支付宝）、WebMoney 等。PayPal 从 eBay 的剥离，让 PayPal 有了一个很大的机会与不同的平台展开合作。

啃动中国市场

以前国人对 PayPal 的印象多固定在一个网页版的在线支付工具上，但在英美市场，它对线下移动支付市场的快速拓展已经和 Apple Pay 构成了竞争。2015 年，PayPal 在全球一共处理了 49 亿笔付款交易，其中有 28% 是在移动端完成的。PayPal 收购了很多做移动支付的公司，如以 8 亿美元卖给 PayPal 的支付网关 Braintree 就在帮助前者拓展移动支付市场。在美国，PayPal 对接了很多线下商户，这个布局路径与眼下支付宝疯狂地对接国内的超市、便利店、餐馆，以及日韩等热门旅行地的商户的行为殊途同归；PayPal 也在信用卡习惯浓厚的英美两国市场推出了 PayPal Credit 服务，类似于蚂蚁花呗。PayPal 与支付宝、Apple Pay 等工具的定位正越来越趋同。

尽管 PayPal 未能披露中国市场的营收占比，但无论是华为、小米等国产 3C 商品的海外需求度的上升，还是海外市场对中国服装等传统品类的旺盛购买需要，都在催促着这家尚未在中国 C 端消费者心目中建立起强知名度的外来品牌。对于出口业务自身占比近九成的 B2B 领域，PayPal 刚刚推出的服务升级方案包括简化外汇兑换流程以提升商户资金周转率；将现有的美元对人民币提现业务拓展至欧元、英镑、澳元等多币种；并将线下商户服务团队铺设到杭州、青岛等 10 个跨境电商试点城市。

跨境电商零售进口在眼下已进入战国七雄时代，天猫国际、网易考拉、洋码头等均在拼命扩张品类，但仍有一部分消费者喜欢在国外品牌或电商官网上直接购买商品，他们喜欢用信用卡或者 PayPal 付款，这部分消费者的口碑传播将是 PayPal 拓展国内 C 端用户的一个

"扩音器"。一位在阿里巴巴国际站上做礼品出口业务的老板说,在他促成交易后,会推荐买家使用 PayPal 付款,告诉对方一个注册了 PayPal 账户的邮箱,对方打款后 2 分钟就能收到货款,他看中这种方式的便利性。在 C 端,当支付宝与微信不惜用巨额补贴培养中国消费者的线下手机付款习惯时,PayPal 也开始入乡随俗,设法拓展中国的"千禧一代"(18~34 岁)海淘用户,服装服饰、化妆品、食品等是这个群体的消费者最热衷的海淘品类。

(资料来源:叶青,艾媒网,2016 – 06 – 06。)

二、如何优化速卖通的搜索排名

影响速卖通搜索排名的因素很多,主要有商品信息描述的质量、商品与买家需求的相关性、商品的交易转化能力、卖家的服务能力、搜索作弊的情况等五大类。一般来说,卖家要使自己的商品排名靠前,大致上需要做到使自己的商品要如实描述且信息完整、准确,且自己的商品与买家搜索或类目浏览的需求非常相关。通常,影响速卖通搜索排名的有以下几个方面的因素。

1. 商品的信息描述质量

商品信息如实描述,这是最基本的要求。卖家销售的是什么样的商品,在商品描述的时候一定要真实、准确地告诉买家,从而帮助买家快速地做出购买决策。由虚假描述引起的纠纷会严重影响卖家排名,甚至招致平台网处罚。商品信息描述应尽量准确完整,商品的标题、发布类目、属性、图片详细描述对于买家快速做出购买决策来说都非常重要,务必准确、详细。

(1) 商品的标题是搜索上面非常关键的一个因素

卖家务必在标题中清楚地描述商品的名称、型号以及一些关键特征和特性,使买家一看就清楚地知道卖家卖的是什么商品,从而吸引其进入详情页进一步查看。

(2) 发布类目一定要选择准确

切忌将商品放到不相关的类目下,这样做不但买家搜到的概率比较小,而且情况严重的话会受到平台处罚。

(3) 商品的属性一定要尽量完整和准确

这些属性将帮助买家快速判断商品是不是他们想要的。主图是商品描述一个不可或缺的部分,买家更喜欢实物拍摄的高质量、多角度的图片,因为这些能够帮助他们更全面地了解商品,从而做出购买决策。

(4) 图片详细描述一定要真实、准确

最好能够图文并茂地向买家介绍商品的功能、能点、质量、优势,从而帮助买家快速地了解商品。美观、整洁、大方的排版设计,配以高质量的图片展示,会吸引买家的眼球,提升商品成交的机会。

速卖通提倡卖家对自己所销售的商品进行实物拍摄,进行多角度、重点细节的展示,且图片清晰美观,这些将有利于让买家快速了解商品,做出判断。速卖通严格禁止盗用其他卖家的图片,这样做不但会让买家怀疑卖家的诚信,并且将会受到平台严厉的处罚。如果图片被其他卖家盗用,可直接联系平台进行投诉,速卖通有专人负责受理并严厉处罚盗用图片的卖家。

2. 商品与买家搜索需求的相关性

相关性是搜索引擎技术里面一套非常复杂的算法,简单地说,就是判断商品在买家输入关键词进行搜索与类目浏览时,显示的商品与买家实际需求的相关程度。越相关的商品,越容易呈现到买家面前。

速卖通在判断相关性的时候,最主要是考虑商品的标题,其次会考虑发布类目、商品属性及商品详细描述。以下几点有助于使卖家的商品获取更多曝光机会:

(1) 标题的描写是重中之重

真实准确地概括描述商品,符合海外买家的语法习惯,没有错别字及语法错误。不要千篇一律地描述,买家也有审美疲劳。

(2) 要避免关键词堆砌

比如:"MP3、MP3 player、music MP3 player"这样的标题关键词堆砌不仅不能帮商品提升排名,反而会被网站降权处罚。

(3) 避免虚假描述

比如卖家销售的商品是MP3,但为了获取更多的曝光,在标题中填写类似"MP4、MP5"字样的描述,速卖通有算法可以监测此类作弊商品,同时虚假的描述也会影响商品的转化情况,得不偿失。

(4) 发布类目要准确

正确的类目选择有助于买家通过类目浏览或者类目筛选快速定位到商品,错误的类目选择会影响商品曝光率并且可能受到平台的处罚。

(5) 商品属性完整准确

详细描述真实准确有助于买家通过关键词搜索、属性的筛选快速地定位到商品。

3. 商品的交易转化能力

速卖通看重商品的交易转化能力。一个符合海外买家需求,价格、运费设置合理,且售后服务有保障的商品是买家想要的。速卖通会综合观察一个商品曝光的次数以及最终促成了多少笔交易来衡量一个商品的交易转化能力。转化率高代表买家需求高,有市场竞争优势,从而会排序靠前;转化率低的商品会排序靠后甚至没有曝光的机会,逐步被市场淘汰。

一个商品累积的成交和好评,有助于帮助买家快速地做出购买决策,商品排序会靠前。如果一个商品的评价不好,会严重影响商品的排名。

4. 卖家的服务能力

除商品本身的质量外,卖家的服务能力是最直接影响买家采购体验的因素。速卖通期望卖家和平台一起努力，将最优质的服务提供给买家。在搜索排名上面，速卖通会非常看重卖家的服务能力，能提供优质服务的卖家排名将靠前，服务能力差、买家投诉严重的卖家会受到排名严重靠后甚至不参与排名的处罚。速卖通会重点观察卖家在以下几方面服务的表现：

（1）卖家的服务响应能力

这包括阿里旺旺（Trade Manager）以及 Contact Now 邮件的响应能力。合理地保持旺旺在线，及时地答复买家的询问将有助于提升卖家在服务响应能力上的评分。

（2）订单的执行情况

卖家发布商品进行销售，承诺了发货时间，就应该兑现对买家的承诺。买家付款后，速卖通期望卖家能够及时地发货。无货空挂、拍而不卖的行为将对买家体验造成严重的影响，也会严重地影响卖家所有商品的排名，情节严重的，卖家所有商品将不参与排序。当然，在这个过程中速卖通会排除非卖家责任取消订单的情况。此外，为了规避拍而不卖而进行虚假发货的行为，视为欺诈，将受到更加严厉的处罚。

（3）订单的纠纷、退款情况

卖家在发布商品进行销售时，应该如实描述，向买家真实准确地介绍自己的商品，保证商品的质量，避免买家收到货以后产生纠纷、退款的情况。如遇到买家有不满意的时候，应该提前积极主动地与买家沟通、协商，避免纠纷，特别要避免纠纷上升到需要平台介入进行处理的情况。速卖通对于纠纷少的卖家会进行鼓励，对于纠纷严重的卖家将会进行搜索排名严重靠后甚至不参与排名的处罚。当然，速卖通也会排除非卖家责任引起的纠纷、退款情况。

（4）卖家的好评率

卖家的好评率来源于交易结束后买家对于商品、卖家服务能力的评价，是买家满意与否的最直接的体现。速卖通会优先推荐好评率高的商品和卖家，给予更多曝光机会和推广资源，对于好评率低的卖家进行大幅的排名靠后处理甚至给予不参与排名的处罚。在订单的执行、纠纷退款、好评率等几个维度上，速卖通会同时观察单个商品和卖家整体的表现情况。个别商品表现差，影响个别商品的排名；卖家整体表现差，将影响该卖家销售的所有商品的排名。

5. 搜索作弊的情况

对于搜索作弊骗取曝光和排名的情况，平台将逐步完善并加大清理、打击力度。在这一点上，平台方向明确，信心坚定，处理决不手软。卖家应和平台一起维护一个公平、有序的市场环境。

对于搜索作弊的行为，速卖通会进行日常的监控和处理，及时清理作弊的商品。处理方法包含让商品的排名靠后、不允许参与排名或者隐藏该商品，对于作弊行为严重或者屡犯的卖家，会进行店铺一段时间内整体排名延后或者不允许参与排名的处罚，特别严重者，甚至会关闭账号，进行清退。下面简单列举常见的搜索作弊行为。

①商品乱放：订单链接、运费补差价链接、赠品、定金、新品预告等商品作为特殊商品

存在于网站上，但没有按规定放置到指定的特殊发布类目中。

②重复铺货骗曝光率：卖家将同一件商品恶意发布为多个商品进行销售。

③重复开小账号抢曝光：恶意注册多个账号发布相同商品进行销售。

④商品标题、关键词滥用：在商品的标题、关键词、简要描述、详细描述等处设置与商品本身不相关的品牌名称和描述用语，吸引更多买家注意或误导买家浏览商品。

⑤商品发布类目乱发：将商品发布在不合适的类目中或设置错误的属性，影响网站产品类目列表以及属性筛选的准确性，进而影响到买家的搜索采购体验。

⑥商品超低价、超高价骗曝光：发布偏离商品正常价值较大的商品，在默认排序和按价格排序时，吸引买家注意，骗取曝光。

⑦商品价格与运费倒挂：卖家以超低价格发布商品，同时调高运费价格，吸引买家注意，骗取曝光。

⑧发布广告商品：以宣传店铺或者其他商品为目的，发布带有广告性质的商品，吸引买家访问，但不进行真实的销售。

⑨商品销量炒作：以提升商品的累积销量为目的，利用先卖低值商品，后转卖高货值商品以及虚假交易的方式提升商品的累积销量，误导买家。

⑩卖家信用炒作：信用评价并非基于真实的交易体验，而主要是为了提高会员信誉做出评价或接受评价的行为。

> **小贴士** **速卖通的商品/商家好评率和商家信用积分的计算模式**
>
> （1）相同买家在同一个自然旬（自然旬即为每月1—10日、11—20日、21—31日，下同）内对同一个卖家只做出一个评价的，该买家订单的评价星级则为当笔评价的星级（自然旬统计按美国时间进行）。
>
> （2）相同买家在同一个自然旬内对同一个卖家做出多个评价，按照评价类型（好评、中评、差评）分别汇总计算，即好中差评数都只各计一次（包括一个订单里有多个产品的情况）。
>
> （3）在卖家分项评分中，同一买家在一个自然旬内对同一卖家的商品描述的准确性、沟通质量及回应速度、物品运送时间合理性三项中某一项的多次评分只算一个，该买家在该自然旬对某一项的评分计算方法如下：平均评分＝买家对该分项评分总和/评价次数（四舍五入）。
>
> （4）以下三种情况不论买家留差评或好评，仅展示留评内容，都不计算好评率及评价积分。第一，成交金额低于5美元的订单（成交金额明确为买家支付金额减去售中的退款金额，不包括售后退款情况）；第二，买家提起未收到货纠纷，或纠纷中包含退货情况，且买家在纠纷上升到仲裁前未主动取消。第三，运费补差价、赠品、定金、结账专用链、预售品等特殊商品（简称"黑五类"）的评价。
>
> 除以上情况之外的评价，都会正常计算商品/商家好评率和商家信用积分。不论订单金额，都统一为：好评+1，中评0，差评-1。

三、速卖通的转型与发展

速卖通最初定位是面向欧美市场，但是在实际运用中发现，越来越多的买家来自俄罗斯、巴西等新兴国家。新兴国家一方面工业基础薄弱，对外国工业品严重依赖，另一方面线下商品流通不充分，线上电商零售也不成熟。因此，速卖通加速上线了俄罗斯语和西班牙语网站，希望通过市场再定位避开和其他电商巨头的正面冲突。随着多国出台保护本国电商、限制或禁止本国人员跨境网购等政策，速卖通面临重新定位与发展的抉择。

1. 提高准入门槛

2015年12月7日，阿里巴巴集团旗下跨境出口电商平台速卖通（AliExpress）对外宣布，全平台入驻门槛新规正式发布，将在2016年从跨境C2C全面转型为跨境B2C。2016年3月23日，速卖通正式发布通告，将对速卖通平台内卖家设立企业身份准入门槛，对于在2016年8月15日前仍无法完成升级企业身份认证的个人身份认证卖家，速卖通将下架其在线商品并取消其平台的经营权限。遭清退后，速卖通将给个人身份认证卖家退还未提供服务期间的年费。从2016年4月1日开始，新卖家在入驻时需要有企业身份，不再允许个人（包括个体工商户）卖家入驻。同时，类目准入也需要企业身份的账号才能申请。

2. 注重提升品牌

速卖通平台将"货通天下"转型为"好货通、天下乐"，致力于成为高品质的渠道品牌，吸引优质商家入驻，帮助我国的中小品牌在全球市场完成转型升级。从2016年4月开始，速卖通分行业逐步对卖家售卖的商品提出品牌资质的准入门槛，将在B2C和品牌两个方面发力，并建立全球品牌知识产权注册平台，注册国内和全球品牌。速卖通从流量为王、入口为王，转为内容为王、商品为王，流量变得分散化、碎片化，好的商品自然会得到传播。未来3~5年，全球范围内可能会出现一大批优质的中小品牌，迫切需要一个优质渠道，而速卖通将成为全球最大的消费品牌或渠道品牌之一。速卖通用3+2策略助力商家，包括商品和卖家的质量提升、物流提升和售后服务本地化；在战略层面，速卖通将坚持无线战略，与我国品质商品一起打造全球知名品牌。

3. 全面发力移动端

速卖通已经成为全球多个国家最受欢迎的电商平台之一，每天都有超过200个国家的订单和交易在速卖通上产生，仅在俄罗斯，每天就有数百万消费者访问。速卖通在流量引入的投资成本上一直不低，从2015年"双十一"买断全球优质流量及每月单品全站促销的战绩都可以看出，速卖通深谙"得流量者得天下"的道理。自2015年5月开始，速卖通主站流量已经全面超过Amazon和eBay。近年来，速卖通全面发力移动端，据悉，在Android系统中，速卖通APP在37个国家的购物类应用中排名第一，在61个国家中排名前5，在82个国家中排名前10。在iOS系统中，速卖通APP在63个国家的生活类应用中排名第一，在

104 个国家中排名前 5，在 117 个国家中排名前 10。

4. 设立服务指标底线

2015 年 12 月 7 日，速卖通宣布正式启动全平台招商准入制度，该准入制度规定了 2016 年速卖通卖家的经营规则，并表示速卖通在全平台将按不同的经营大类收取技术年费。而卖家缴纳年费后，将在年底根据卖家的年销售额及持续经营期间来返回部分或全部年费。此外，速卖通平台还在 2016 年 1 月上旬上线了"卖家店铺分类目服务分等级考核"制度，考核卖家在买家服务方面的各项专业能力，激励卖家提升经营各类目服务水平。速卖通将服务指标的考核细分到 980 个二级或三级经营类目，分别设立最低服务标准，一旦在某个二级或三级类目跌破底线，就关闭相应类目的经营权，评价指标可以实现从"店铺"到"类目"的精细化治理。如果商家的服务指标严重低于标准，可能当月就会被清退；如果一年内累计三个月低于平均指标，也会被清退。为支持优质卖家，速卖通全平台将实现"企业+品牌"的转型。在通过"年费返还"等措施激励优质商家的同时，速卖通还将通过多项动态指标考核，包括动态监控 DSR 商品描述平均分、货不对版纠纷率等，淘汰掉"重复开店""重复铺货"及"玩票"的商家。

5. 天猫商家品牌出海助力计划

2016 年 4 月 19 日，速卖通在全球多个国家推出天猫商家品牌出海助力计划，向超过 2000 家已经具备走向海外市场条件的天猫商家发出入驻定向邀约，为商家提供翻译、选品参考等多项全球销售工具和服务，并与菜鸟一起为商家提供跨境物流解决方案。同时，以天猫商家商品库为基础的阿里供货中心正式启动，统一支持农村淘宝、速卖通等电商业务的商品供给。天猫商家可以选择自主开店、店铺托管、商品分销等多种模式入驻速卖通。

2016 年 12 月 31 日前，入驻速卖通的商家必须完成英文商标注册，鼓励英文商家做海外商标注册，特别是在五个重点国家的商标。对于"中国好卖家"店铺，速卖通将提供营销资源、流量支持、品牌保护、规则升级、提前放款、服务升级六大资源倾斜。以营销资源为例，速卖通将在 PC 和无线页面提供品牌闪购，每周 3 场，展示 2~3 天，为店铺带来巨大流量和曝光。在流量支持方面，速卖通将为"中国好卖家"店铺提供"直通车头等舱专区"，包括 PC 页面主搜的第 12、20、28、36、44 位和无线搜索的 8、16、24、32、40 位。

第三节　跨境出口电商案例之二——亚马逊：巨型帝国的秘密

一、亚马逊简介

亚马逊公司（Amazon，简称亚马逊），是美国最大的网络电子商务公司，位于华盛顿州的西雅图，是网络上最早开始经营电子商务的公司之一。亚马逊成立于 1995 年，一开始只经营网络书籍销售业务，现在则极大地扩展了经营范围，已成为全球商品品种最多的网上零售商和全球第二大互联网企业。公司名下还有 AlexaInternet、a9、lab126 和互联网电影数据库（Internet Movie Database，IMDB）等子公司。亚马逊及其销售商为客户提供数百万种独特的全新、翻新及二手商品，如图书、影视、音乐和游戏、数码产品、电子产品和计算机、家居园艺用品、玩具、婴幼儿用品、食品、服饰、鞋类和珠宝、健康和个人护理用品、体育及户外用品、汽车及工业产品等。

2004 年 8 月，亚马逊全资收购卓越网，使亚马逊全球领先的网上零售专长与卓越网深厚的中国市场经验相结合，进一步提升客户体验，并促进中国电子商务的成长。在许多人的观念里，亚马逊不同于淘宝，人们通常都认为在亚马逊上买到的一般都是高质量的正品，不会像淘宝上那样参差不齐。因此，一直以来，由于人们的信任，亚马逊赢得了人们的喜爱。

亚马逊中国发展也非常迅速，每年都保持了高速增长，用户数量也大幅增加，已拥有 28 大类，近 600 万种的产品。

2016 年 6 月 8 日，"2016 年 BrandZ 全球最具价值品牌百强榜"公布，亚马逊排名第 7。短短 21 年时间，亚马逊从一个小小的图书网站变成了品种齐全的商业帝国。2018 年，亚马逊的市值已超越谷歌母公司 Alphabet，成为仅次于苹果的全球第二大市值公司。亚马逊能够取得如今的成就，与它自成立以来发生的三次转变密切相关。第一次转变：成为"地球上最大的书店"（1994—1997 年）；第二次转变：成为最大的综合网络零售商（1997—2001 年）；第三次转变：成为"最以客户为中心的企业"（2001 年至今）。亚马逊的未来重在云服务、无人机快递、依赖于传统的配送基础设施等方面。

通过亚马逊的发展，我们可以反思我国电商。一直以来，很多人都认为电商是典型的流量经济，流量可以买到一切，电商间的转换成本又低，那么一个电商公司如何建立自己的核心竞争优势呢？淘宝如何成为一个世界级的优秀电商？流量是万能的吗？亚马逊给了一个好答案。正如贝佐斯的那句宣言所说：亚马逊并不是一个零售企业，"只要是有利于消费者的，无所不做"。

二、亚马逊的三大转变

亚马逊能够取得如今的成就，与它自成立以来发生的三次转变密切相关。如果没有这三次转变，亚马逊或许离成功还有一步之遥。

第一次转变：成为"地球上最大的书店"（1994—1997 年）

1994 年夏天，从金融服务公司辞职的贝佐斯决定创立一家网上书店。贝佐斯认为，书籍是最常见的商品，标准化程度高，而且美国书籍市场规模大，十分适合创业。经过大约一年的准备，亚马逊网站于 1995 年 7 月正式上线。为了和线下图书巨头 Borders、Barnes&Noble 竞争，贝佐斯把亚马逊定位成"地球上最大的书店"。

为实现此目标，亚马逊采取了大规模扩张策略，以巨额亏损换取营业规模，亚马逊从网站上线到公司上市仅用了不到两年时间。1997年5月，Barnes&Noble开展线上购物时，亚马逊已经在图书网络零售行业建立了巨大优势。此后，亚马逊和Barnes&Noble经过了几次交锋，最终完全确立了自己"最大书店"的地位。

第二次转变：成为最大的综合网络零售商（1997—2001年）

贝佐斯认为，和实体店相比，网络零售很重要的一个优势在于能给消费者提供更为丰富的商品选择，因此，扩充网站品类、打造综合电商以形成规模效益成为亚马逊的战略考虑。

1997年5月亚马逊上市后，尚未完全在图书网络零售市场中确立绝对优势地位的亚马逊就开始布局商品品类扩张。经过前期的备货和市场宣传，1998年6月亚马逊的音乐商店正式上线。仅一个季度，亚马逊音乐商店的销售额就超过CDnow，成为最大的网上音乐产品零售商。此后，通过品类扩张和国际扩张，到2000年时亚马逊的宣传口号已经改为"最大的网络零售商"。

第三次转变：成为"最以客户为中心的企业"（2001年至今）

从2001年开始，除了宣传自己是最大的网络零售商外，亚马逊同时把"最以客户为中心的企业"确立为努力的目标。此后，打造以客户为中心的服务型企业成为亚马逊的发展方向。为此，亚马逊从2001年开始大规模推广第三方开放平台，2007年开始向第三方卖家提供外包物流服务FBA，2010年推出KDP的前身——自助数字出版平台DTP。亚马逊逐步推出这些服务，使其超越网络零售商的范畴，成为一家综合服务提供商。

2011年9月，亚马逊宣布推出触屏版的Kindle Touch；2012年9月，亚马逊发布新一代电子书Kindle Paperwhite；2014年3月，亚马逊推出一款开发代号为"Project Aria"的智能手机；2015年后，亚马逊推出"街头便利店"和"家政服务"项目。

三、亚马逊的三大营销策略

光靠三次转变，亚马逊不至于获得如此大的成功，它能够成为全世界最成功的电商与它的营销策略密切相关。在电商领域，亚马逊的营销策略细致而独特。

1. 产品策略

亚马逊致力于成为全球"最以客户为中心"的公司。目前，它已成为全球商品种类最多的网上零售商，提供数百万种商品。它将其中不同的商品进行分类，并对不同的电子商品实行不同的营销对策和促销手段，同时，在各个页面中也很容易看到其他多个页面的内容和消息。

2. 定价策略

亚马逊采用了折扣定价策略。所谓折扣定价策略，是指企业为了刺激消费者增加购买，在商品原价格上给予一定的回扣。它通过扩大销量来弥补折扣费用和增加利润。亚马逊对大多数商品都给予了相当数量的折扣。

例如，在音乐类商品中，承诺："You'll enjoy everyday savings of up to 40% on CDs, including up to 30% off Amazon's 100 best-selling CDs（对 CD 类给予 40% 的折扣，其中包括对畅销 CD 的 30% 的折扣）。"

3. 促销策略

常见的促销方式有广告、人员推销、公共关系和营业推广。在亚马逊的网页中，除了人员推销外，其余部分都有体现。

亚马逊带给顾客的享受并不一定在于是否有足够的钱来买想要的书，而在于挑选书的过程。手里捧着书，看着精美的封面，读着简介往往是购书的一大乐趣。在亚马逊的主页上，除了不能直接捧到书外，这种乐趣并不会减少。精美的多媒体图片、明了的内容简介和权威人士的书评都可以使人有身临其境的感觉。

另外，亚马逊专门设置了一个礼物页面，为大人和小孩都准备了各式各样的礼物。这实际上是一种营业推广活动。它通过向各个年龄层的顾客提供购物券或者精美小礼品的方法吸引顾客长期购买。另外，亚马逊还会给予长期购买其商品的顾客优惠，这也是一种营业推广的措施。

长期以来，三大策略为亚马逊积累了一大批忠诚的顾客，也让亚马逊一点点地建立起属于自己的商业帝国。

扩展阅读

亚马逊创始人杰夫·贝佐斯

杰夫·贝佐斯（Jeff Bezos），1964 年出生于美国新墨西哥州阿尔布奎克；1986 年，毕业于美国普林斯顿大学，进入纽约的一家高新技术开发公司 FITEL，主要从事计算机系统开发；1988 年，进入华尔街的 Bankers Trust Co，担任副总裁；1990—1994 年，与他人一起组建套头基金交易管理公司 D. E. Shaw，于 1992 年成为副总裁；1995 年 7 月 16 日成立 Cadabra 网络书店，后将 Cadabra 更名为亚马逊，于 1995 年 7 月重新开张；1997 年 5 月，亚马逊股票上市。

1999 年，贝佐斯当选《时代》周刊年度人物。2013 年 8 月，贝佐斯以个人名义花费 2.5 亿美元收购《华盛顿邮报》。2014 年 2 月，贝佐斯以 2250 亿元人民币高居 2014 年世界富豪榜第七位。2015 年 9 月 29 日，《福布斯》发布美国富豪 400 强榜单显示，贝佐斯以 470 亿美元净资产排名第四。2016 年 3 月 9 日，由他创立的"蓝色起源"对外宣布，在 2017 年对可重复使用亚轨道航天器 New Shepard 进行载人测试飞行。2016 年 7 月 22 日，贝佐斯超过"股神"沃伦·巴菲特，成为全球第三大富豪。2016 年 12 月 14 日，贝佐斯荣获"2016 年最具影响力 CEO"荣誉。2017 年 7 月 17 日，《福布斯富豪榜》发布，贝佐斯以净资产 852 亿美元排名第二。2017 年 7 月 27 日，贝佐斯超过比尔·盖茨，成为新首富。

四、如何登录亚马逊

1. 亚马逊平台账号健康的六大指标

（1）订单缺陷率

订单缺陷率（Order Defect Rate），即缺陷订单占总订单数的比例。主要涉及三个方面：Negative Feedback Rate（差评率）、A-to-Z Claim Rate（交易保障索赔）、Service Chargebac（订单拒付）。

首先，当订单同时出现差评和交易保障索赔，那么只会视为一个缺陷订单，并不会重复计算。其次，当买家发起交易保障索赔时，即便最终他撤回了，或者亚马逊认为这不是卖家的责任，那么这依然会视为一个缺陷订单，这也反映了亚马逊对买家体验的重视度。再次，对于差评，如果最终可以跟买家沟通好，买家愿意移除，那么该订单将不会计为缺陷订单。

订单缺陷率是反映卖家能否给买家提供一个良好购物体验的重要指标，亚马逊要求订单缺陷率最好不要超过1%。一旦超过，卖家的账户安全系数就会降低。

（2）订单取消率

订单取消率（Cancellation Rate），即配送前取消的订单占总订单数的比例。亚马逊的标准是低于2.5%。

（3）订单延迟率

订单延迟率（Late Shipment Rate），即延迟发货订单占总订单数的比例。除了应及时在线确认发货，卖家还要求必须提供追踪号。亚马逊的标准是低于4%。

（4）Policy Violations：违规记录

这是指违反了亚马逊的相关政策，如关联、侵权、卖假货等。亚马逊政策是卖家特别需要小心的地方，一定要经常查看通知并遵守所有更新政策否则会导致店铺被限制。

（5）按时发货率

按时发货率（On-Time Delivery）方面，亚马逊会根据卖家在确认订单发货的时候输入的追踪号去抓取派送的信息，并以此计算卖家是否在承诺时间内将货物派送到买家手中。

（6）消息回复时间

消息回复时间（Contact Response Time）方面，同样地，亚马逊会计算卖家回复买家的每一个消息的时间，标准是24小时内回复。使用比较多的是邮件回复。

2. 亚马逊卖家账号注册的最基本要求

我国卖家在使用亚马逊前需要做好如下准备：

（1）双币信用卡：国内哪家银行都行（需要有VISA或万事达）。双币信用卡很好申请，只要有国内银行的信用卡，给信用卡中心打个电话，就能申请一张双币信用卡，不出意外，一个星期左右就能办下来。如果连信用卡也没有，就只能去银行柜台办理。

（2）海外银行卡：亚马逊允许卖家的账户信息和收款银行卡信息是不同的人，一般是申请 Payoneer 卡（俗称"P 卡"）、WorldFirst 卡（WF 卡）。

P 卡申请链接：http://share.payoneer-affiliates.com/a/clk/337hHB。

WF 卡申请链接：https://www.worldfirst.com。

美国银行卡申请程序比较复杂，可以找代理去美国申请。

没有海外银行卡的，建议直接申请 P 卡，方便简单。不同卡的手续费、取现费用不一样。

（3）独立计算机及网络（没有登录过亚马逊卖家账号也没有登录过买家账号的计算机，以防止账号关联，需要在固定计算机登录）。

（4）邮箱（使用国际邮箱，如 Gmail、Hotmail 等，不要用 QQ 邮箱，建议专号专用）。

3. 亚马逊全球开店项目申请所需资料

（1）公司名称。必须为有限公司，对公司经营内容没有太多要求，对公司注册资金和注册年限都没有要求。

（2）项目负责人，即具体操作人员的姓名、电话号码。

（3）公司总经理姓名及电话号码。

（4）申请开店国家。一般是先申请亚马逊美国账号，然后是英国账号、德国账号、法国账号和澳大利亚账号。

（5）商品品类：因欧盟国家对食品要求十分严格，故若产品属于食品类的则无法申请。

（6）现有商品数量。

（7）自主平台的店铺链接。可以是淘宝店铺链接，也可以是国际站、速卖通、eBay，甚至官网链接都可以。

（8）电子邮箱。避免使用 QQ 邮箱，最好使用国际邮箱，如 Gmail、Hotmail，如没有，使用网易 163、126 邮箱也可以。

（9）额外提供营业执照电子版。应拍摄清晰的照片。

注：以上只是申请美国账号所需资料，如需要申请其他国家的账号，请准备相应资料。

4. 亚马逊新手注意事项

新人注册亚马逊账号以后，后期收款，银行账号需要是美国、英国等国家的。对于成熟的亚马逊卖家，最好先注册一家美国公司或者找一家美国代理公司，然后申请联邦税号。新人注册成为亚马逊的供应商，一般需要注意如下几点：

（1）有比较好的供应商合作资源。供应商品质需要非常稳定，最好有很强的研发能力，亚马逊要求产品为王，切记这点。

（2）接受专业的培训，了解开店政策和知识。亚马逊的开店复杂并且有严格的审核制度，如果违规或不了解规则，不仅会有封店铺的风险，甚至会有触犯法律的风险，所以建议大家选择一家培训公司先接受培训再做。

（3）需要有一台计算机专门登录亚马逊账号。这对于适用亚马逊的店铺政策和运营后期都非常重要。一台计算机只能登录一个账号,不然会跟规则有冲突,最好用座机验证注册新用户。

(4)需要一张美国的银行卡,亚马逊店铺产生的销售额是全部保存在亚马逊自身的账户系统中的,要想把钱提出来,必须有美国本土银行卡。解决这个问题也比较简单,外贸人一般都有一些海外客户资源或者海外的朋友,通过他们解决这个问题也不是特别困难的事情。国内也有一些代理机构提供这样的服务。

扩展阅读

亚马逊无人机快递

2016年12月15日上午,亚马逊发布了一段新视频,展示了一架无人驾驶飞机第一次配送包裹的情景。这一里程碑壮举没有在美国实现,因为法规太严格,取而代之的是该公司在今年7月获准在英国进行无人机试验。2016年12月7日,快递无人机Prime Air在剑桥完成第一次成功飞行,从接到订单到包裹送达总计耗时13分钟。

早在2013年12月,亚马逊首席执行官杰夫·贝佐斯就曾透露,未来无人驾驶飞机系统亚马逊Prime Air将在30分钟或更短的时间内为客户配送包裹。三年后,当这一概念已经慢慢但确定无疑地淡出人们视线时,亚马逊重新让用户兴奋起来。

亚马逊的无人机利用全球定位系统导航,可以检测到一个着陆区域(在演示视频中,它是放在客户花园里的一个座垫)投下包裹,包裹可重达五磅(1磅≈0.45千克)。非公开测试的主要目的是提高交货的安全性。

Prime Air测试的场所选择在仅有少数客户的亚马逊剑桥公司附近,目前只允许白天上班时间进行,因为此时风速低,能见度好。只有当亚马逊"收集到足够数据,以提高系统和操作的安全性和可靠性时,"才会在雨、雪或冰冻条件下进行测试。

除了美国和英国,亚马逊也在奥地利和以色列设有Prime Air研发中心。今年的视频展示的是一架四旋翼无人机,但该公司也在测试其他各种运送工具设计和配送系统,以期应对不同的环境变化。

(资料来源:斯眉,新浪科技,2016-12-15。)

第四节 跨境出口电商案例之三——eBay:最熟悉的陌生平台

一、eBay简介

eBay成立于1995年9月,总部设在美国加利福尼亚州。eBay是全球最大的网络交易平台之一,为个人用户和企业用户提供国际化的网络交易平台。它凭借线上第三方交易平台和支付工具PayPal，一度是世界上最大的电子商务公司。最初，eBay.com是一个基于互联网的社区，按照类别提供拍卖服务，卖家罗列出售的东西，买家对感兴趣的东西提出报价。

eBay2003年的交易额为238亿美元，净收入22亿美元。2015年4月10日，PayPal从eBay分拆出来，协议规定，eBay在5年内不得推出支付服务，而PayPal则不能为实体产品开发自主的在线交易平台。

2009年，eBay开始出现销售业绩下降的趋势，而直到现在，其经营现状仍令人担忧。2016年1月底，eBay发布了2015年营业数据，公司全年净营收入为85.92亿美元，同比下滑2%，为此，公司将2016年的净收入期望目标下调到85亿~88亿美元。这个全球电子商务的领导者，诸多中小电商平台争相树为标杆的巨头，如今为何坠入低谷？除了痛并快乐着的定位调整、被称"不靠谱"的业务重组等内部原因外，还有三大"灾害"连续追击、同行崛起分食抢地等外部原因。如今，eBay发布了新的计划，如eBay再战阿里、在华推出多个物流方案加码跨境电商、祭出代客服务计划等。

二、eBay的平台优势与特点

①eBay的开店门槛比较低，但是需要的单证和手续比较多，比如发票、银行账单等，所以卖家需要对eBay的规则非常清楚。

②eBay开店是免费的，但上架产品需要收钱，这与国内的淘宝还是有很大区别的。

③eBay的审核周期很长，一开始不能超过10个宝贝，而且只能拍卖，需要积累信誉才能越卖越多，出业绩和出单周期也很长，时间方面有时候让人受不了，只能慢慢等待。

④如果遇到投诉是最麻烦的事情，店铺被封是经常有的事情，所以产品质量一定要过关。

三、eBay的销售方式与评价体系

（一）eBay的销售方式

许多新卖家在选择物品销售刊登方式时，首先应考虑费用问题。目前，eBay在全球的不同站点有不同的收费标准，"拍卖"或"一口价"的销售方式其刊登费标准也不尽相同。所以，选择适合自己物品的销售刊登方式是实现低成本、高收益的第一步。

1. 使用"拍卖"方式销售

以拍卖方式刊登物品是eBay卖家常用的销售方式。卖家通过设定物品的起拍价及在线时间，开始拍卖物品，并以下线时的最高竞拍金额卖出，出价最高的买家即为该物品的中标者。

以低起拍价的方式拍卖物品，仍然是能激起买家兴趣踊跃竞拍的最好途径。而且，在搜索排序中，即将结束的拍卖物品还会在"即将结束/Ending Soonest"排序结果中获较高排名。

（1）设置以拍卖方式刊登物品的步骤

以 eBay 美国站为例，在进入选择物品刊登方式的页面后，可选择"More listing choices"，让自己有更多刊登选择，也可选择"Keep it simple"快速完成设置刊登。如需要更详尽的设置物品销售方式，可选择"More listing choices"并单击"Go"按钮，如图 4-2 所示。

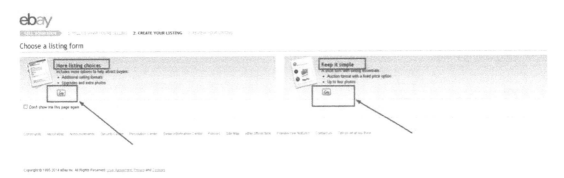

图 4-2 以拍卖方式刊登物品步骤（1）

在详细的物品刊登设置页面中会有一个"Choose a format and price"模块，即物品价格设置模块，可单击"Auction"按钮选择以拍卖方式销售物品，如图 4-3 所示。

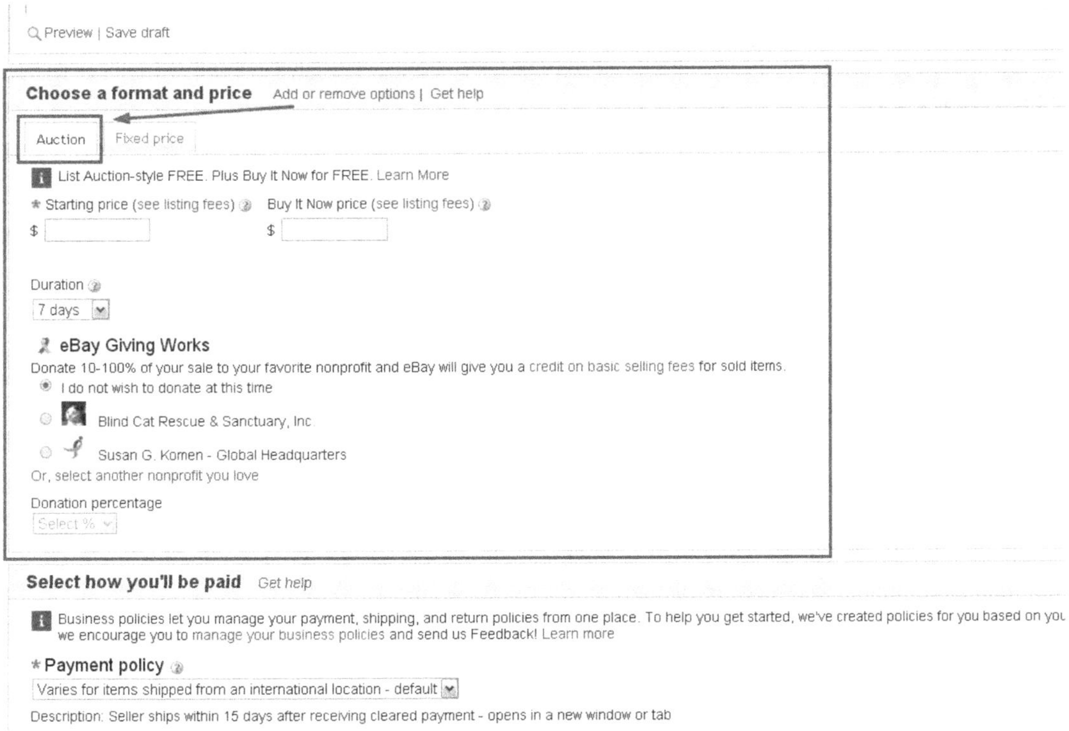

图 4-3 以拍卖方式刊登物品步骤（2）

卖家可在"Starting price"下方的文本框中输入物品拍卖的起拍价，如图 4-4 所示。

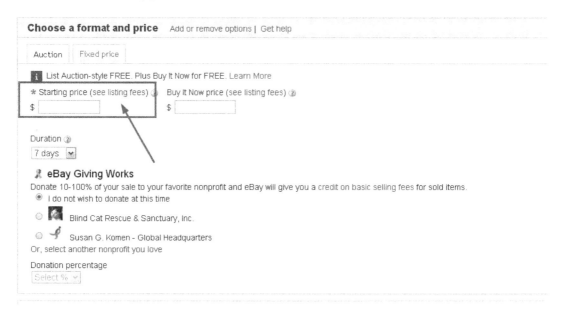

图 4-4 以拍卖方式刊登物品步骤（3）

(2) 遇到下列情况时，可选择拍卖方式销售

①在卖家无法确定物品确切的价值，但希望快速出售时，可让 eBay 市场来决定物品的价格。

②当卖家拥有独特和难以买到的，而且能够产生需求并引起热烈竞标的物品时，拍卖能使您的利润最大化。

③卖家目前正在使用拍卖刊登方式，并且有着较高的成交率（物品通常在刊登之后即被买走）。

④卖家不定时销售，而且没有最近成交可提高物品的搜索排名时，拍卖方式刊登能让物品有高排名的机会。

(3) "拍卖方式"的注意事项

以标准拍卖方式销售物品，根据卖家设置的起拍价收取较低比率的刊登费，并根据物品最终成交价格收取一定比率的成交费。

2. 使用一口价方式销售

利用一口价方式销售不仅费用低，而且物品的在线时间最长可设置为 30 天，让物品得到充分展示。同时，多件物品还可采用"多数量物品刊登"方式，一次性完成全部销售刊登。以定价方式刊登 eBay 店铺中热卖的库存物品，还可以使用预设的物品描述和物品说明，这可以大大节省卖家的刊登时间，也简化了卖家的刊登工序。

(1) 设置以一口价方式刊登物品的步骤

进入选择物品刊登方式的页面，可选择"More listing choices"，并单击"Go"按钮，进入详细的物品刊登设置页面，如图4-5所示。

图4-5　以一口价方式刊登物品步骤（1）

可在详细物品刊登设置页面的"Choose a format and price"模块中，单击"Fixed price"选择以一口价方式销售物品。如果卖家没有可选择的"Fixed price"标签，则表明卖家尚未符合以一口价方式销售商品的资格条件，如图4-6所示。

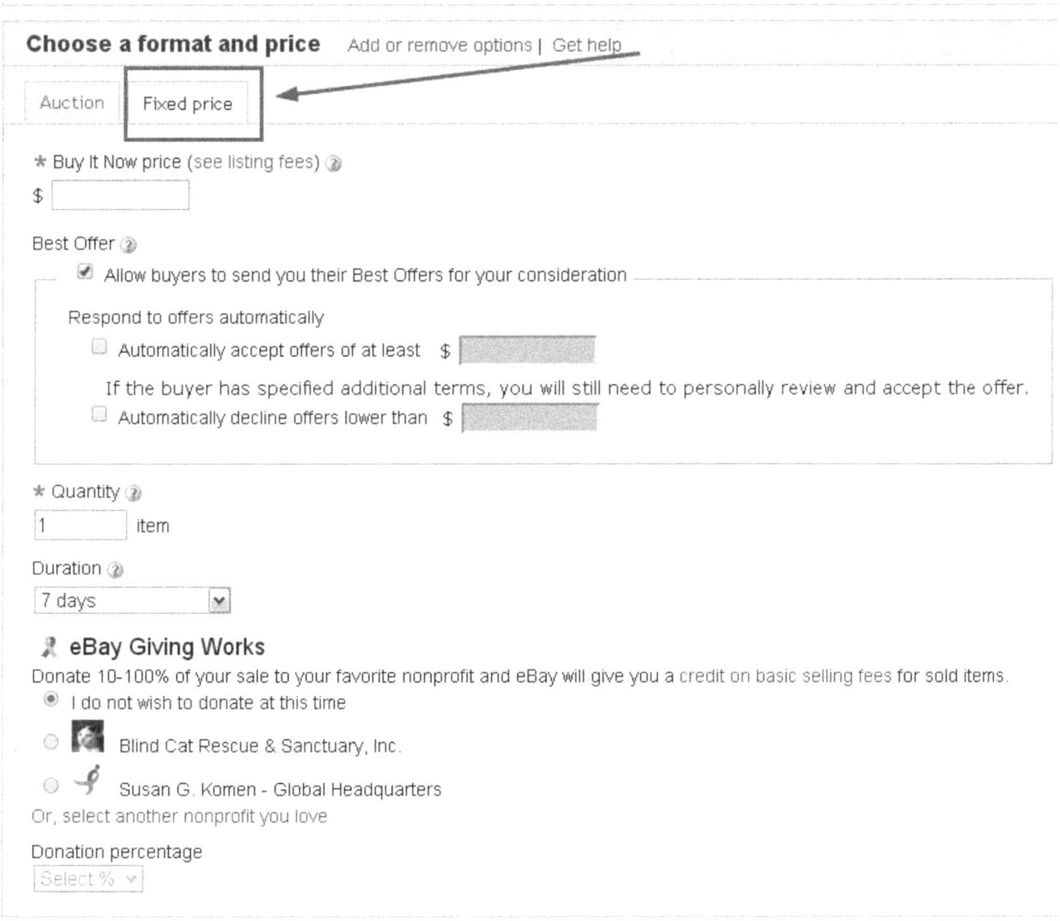

图4-6　以一口价方式刊登物品步骤（2）

(2) 遇到下列情况时，可选择一口价方式销售

① 有多个物品，而且可以整合到一次刊登中。

② 很明确希望从物品上获得的价值是多少。

③ 有大量库存商品，希望尽量减少刊登费，便可选择 30 天在线时间并通过自动更新来提高效率。

④ 希望物品在线时间超过 7 天。

(3) 一口价方式刊登物品的注意事项

如果卖家在刊登商品，没有可选择的"一口价"标签，则表明尚未符合该站点以一口价销售商品的资格条件。

以一口价方式刊登物品，卖家可根据所设定的物品价格支付刊登费，物品成交后收取较低比率的成交费；还可免费设定该物品的"议价"功能，当物品以讲价金额卖出，则成交费会按照成交金额收取。

物品刊登后，不能将一口价物品变更为具"一口价"功能的"拍卖"物品，反之亦然。

3. 使用拍卖与一口价方式综合销售

卖家可在选择拍卖方式时既设置低起拍价，又设置一个满意的"保底价"，这也就是"一口价"，让买家可根据自己的需求灵活选择购买方式。这种贴心的设计不仅综合了拍卖和一口价的所有优势，还能给商品带来更多的商机。

(1) 设置以拍卖与一口价方式综合刊登物品的步骤

进入选择物品刊登方式的页面，可选择"More listing choices"单击"Go"进入详细的物品刊登设置页面，如图 4-7 所示。

图 4-7　综合刊登步骤 (1)

在详细的物品刊登设置页面中会有一个"Choose a format and price"模块，这就是物品价格设置模块，可单击"Auction"选择以"拍卖方式"销售物品，如图 4-8 所示。

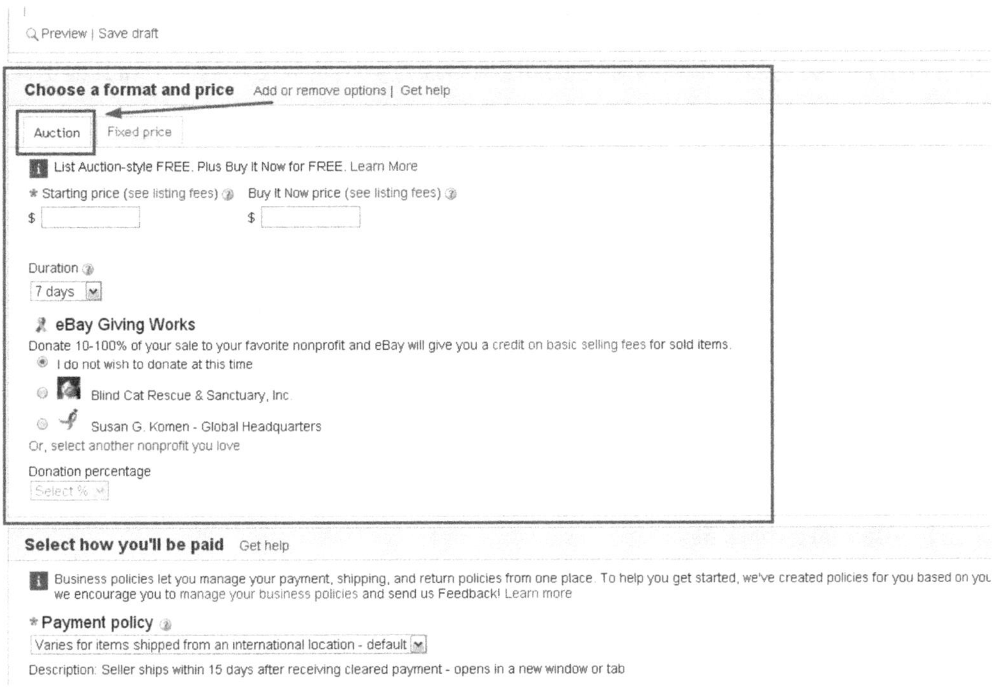

图 4-8 综合刊登步骤（2）

可在"Starting price"下方的文本框中输入物品拍卖的起拍价，在"Buy It Now price"下方的文本框中输入物品的"保底价"，也就是拍卖物品的"一口价"，如图 4-9 所示。

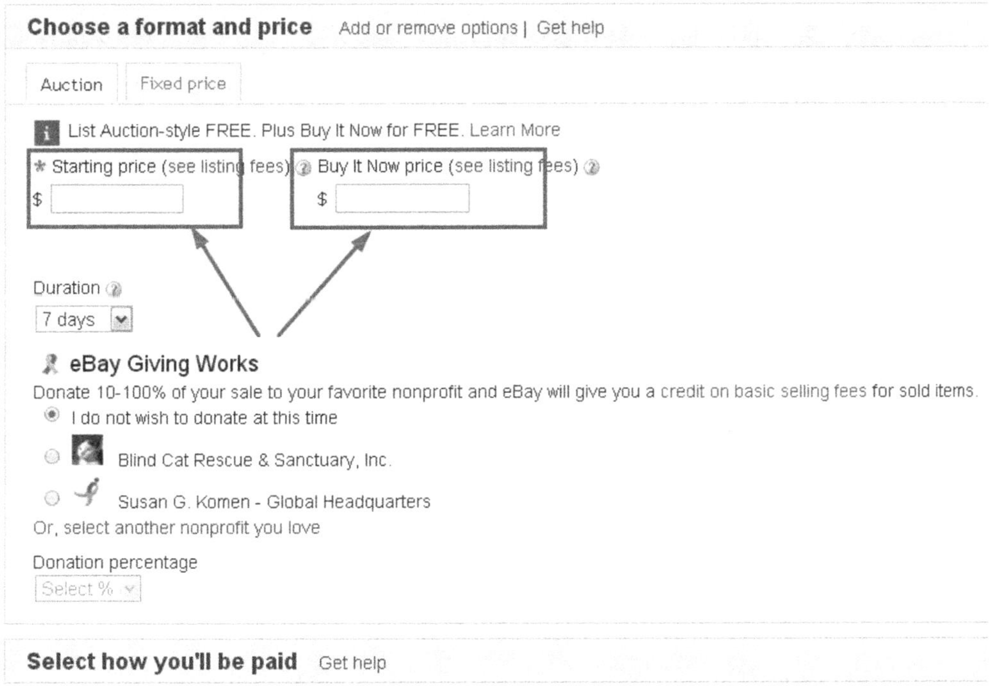

图 4-9 综合刊登步骤（3）

(2)遇到下列情况时，可拍卖与一口价方式综合使用

①销售很多种类物品，希望同时吸引那些想要通过竞拍达成交易的人，和其他更倾向于选择方便的一口价交易的买家。

②希望尽可能扩大买家对库存商品的需求，并通过拍卖方式和一口价方式来帮助竞拍者和买家了解您的其他销售物品或店铺。

(3)拍卖与一口价方式综合刊登物品的注意事项

物品刊登后，卖家将不能修改物品的销售形式，不过在特定情况下，可以增加、编辑或移除拍卖物品的一口价功能。

如果拍卖结束时间在12小时后，同时，刊登的物品仍无人出价竞拍，卖家可新增、编辑或移除一口价功能。

(二) eBay 的评价体系

eBay 的评价体系长期以来都是该网站的支柱。过去，eBay 的评价让人很容易就能避开线上的不良卖家，买家只跟那些好评较多的卖家进行交易就行。遗憾的是，现在事情远非如此简单。线上的不良卖家已经找到了各种在 eBay 评价体系里作弊的方法，以获取伪造的好评。

最近流行的一个方法是，购买线上食谱、电子书、批发商名册、免费信息及资料册。简单来说，任何可能且确实在 eBay 上以低于 1 美元的价格进行售卖的商品都有可能是那些伪造购买好评的不良卖家的目标。不良卖家很容易就可以花费不到 1 美元买到 10 份食谱或者电子书（可获得一颗评价黄星）。没错，如果花费不到 1 美元就能获得一颗黄星，那这个评价体系能有多大益处？

在集邮领域，收藏者可以真心实意地对某张邮票是"好"还是"非常好"提出不同看法。如果买家能够亲自检查这张邮票，那么这样的分歧也就无关紧要了，买家会形成自己的意见，只有价格合适才会购买。然而，当收藏用的邮票在网上售卖时，哪怕是正当的卖家有时也会收到买家投诉，认为邮票"不如宣传的那样好"。一些不良买家利用这类投诉，逼迫卖家接受更低的价格，威胁说如果不接受就给差评。这样的"买家勒索"甚至有可能使不良卖家比诚信卖家的差评要更少。

在找到重建 eBay 买家信任的绝佳解决办法之前，我们需要更加深入地挖掘问题的根源。毕竟故意售卖次品或者只售货不发货，这样的商业模型是不能让卖家成功的。原因不言而喻。假设你从一家音像店里买了一张 DVD，但是你付款之后，店员把你原先选定的那张光盘换成了一张刮花的光盘。亲眼看到这场欺诈行为后，你会非常生气，大闹一场，妨碍这家音像店继续做生意，并且会告诉你所有朋友别再光顾该店。

eBay 同样也是如此看待其市场的，差评就是"闹场"，是对卖家欺诈的反抗。但是，相比传统零售业，网上交易至少存在两处重要区别，使得不良卖家更容易行骗。第一，买家不

知道行骗的卖家本人在哪里，所以无法与其当面对质或是报警。第二，远程交易的性质使得一些误解在所难免，这类与诚信卖家之间发生的误解给那些故意篡改产品质量描述的不诚信卖家打了掩护。

为了保护买家免遭卖家欺诈，eBay 向所有使用其 PayPal 支付服务的用户承诺："若您没有收到商品，或者实物与描述不符，eBay 买家保护体系将保护您的权益不受侵犯。"这样的保护无疑可以使许多买家安心，否则他们可能因为担心卖家欺诈而不会使用 eBay。然而，终极的解决方案是帮助诚实卖家传递其自身可信度的信息。

在博弈论中，"信息传递"是指通过自己做出的选择来向他人传达关于自己的信息。举例来说，辞掉工作、把家搬到你对象家附近可以清晰地传递出你对这段恋情的认真态度，因为不抱有认真态度的人不会做出这种牺牲。如果你的另一半意识到了这一点，那么对他/她来说，离开这座城市会是一个检验你是否认真的明智之举，因为这样你不得不做出选择。同样地，eBay 做出的明智之举是，给卖家提供更多选择，让他们可以通过做出一些不良卖家永远不会做的选择来传递自身的可信度。

所有新卖家在一开始的信誉度评分都是零，对他们来说，无法证明自己可信是一个尤其严重的问题。只要买家因为担心欺诈而避开新卖家，那些诚信的卖家就可能难以吸引足够多的顾客来提高自己的信誉。Google 公司的迈克尔·施瓦茨提出了一个聪明办法来解决这个鸡生蛋、蛋生鸡的问题，即新卖家可以选择向 eBay 预付佣金来提高自己一开始的信誉度评分。在"施瓦茨体系"下，卖家以后可以取回这笔钱，条件是收到足够多的好评。

施瓦茨体系的一个重要特点就是用金钱衡量信誉，而不是简单地计算好评和差评数量。具体来说，信誉度 = 好评交易的预付佣金总额 − 差评交易的成交价格总额。另外，卖家可以随时选择用向 eBay 预付佣金的方式来提高信誉度评分。例如，一位新卖家向 eBay 预付了 100 美元，其起始信誉度评分就是 100。假设这位卖家现在完成了一笔 100 美元的交易，佣金是 5 美元。如果卖家收到好评，eBay 不会收取任何佣金，卖家的信誉度评分仍然是 100，其预付佣金金额下降至 95 美元。如果卖家收到差评，eBay 将降低其信誉度评分，数值与交易额相当，即从 100 减到 0，从而有效地清空其 100 美元预付款项。

在 eBay 传统的信誉体系下，一颗黄星花费不到一美元，但是在施瓦茨体系下，要使信誉度评分提高 100 就必须花费 100 美元。因此，从其设计上看，任何进行了 100 美元欺诈交易的不良卖家都有可能失去价值 100 美元的信誉度评分，因为受骗的买家会提交差评，将不良卖家的信誉度评分降低 100。

这个方法的妙处在于，不良卖家不再有动力去累积信誉以期对后来者进行欺诈，因为欺诈行为本身已经不再有利可图。意图进行欺诈的卖家认识到这一点之后会选择不再这样做，或者离开 eBay。

> **扩展阅读**

eBay 再战阿里，物流与支付成竞争胜负手

与热闹纷繁的进口跨境电商相比，零售跨境出口电商领域一度是大众视野里的"冷门"，但近期 eBay 与速卖通两家在业务布局上的博弈升级，共同催化了出口电商行业的热度。

2016 年 1 月底，eBay 针对国内出口卖家升级一揽子物流解决方案，针对德国、澳大利亚等国的网络量身定制物流服务，解决跨境包裹无法跟踪的问题。在此之前，阿里巴巴旗下速卖通整合进菜鸟网络，针对我国卖家推出一站式的物流服务——"无忧物流"。双方在出口目的国上的交集也越来越大。物流与支付的能力，将决定出口跨境电商在未来市场中占据的地位。

双雄会

出口业务的崛起，让十年前的一对电商老冤家再次狭路相逢。当年，美国电商巨头 eBay 以入股国内 C2C 电商易趣的方式，高调进军我国市场；马云用免费策略最终让年轻的淘宝击退了水土不服的巨头 eBay，以至于不少当年在 eBay 中国工作的中高层选择在跨境电商领域创业，比如现在洋码头的创始人曾碧波。

随后，eBay 卷土重来，瞄准的是我国跨境电商零售出口业务，也就是帮助我国卖家建立一个直接面向国外终端消费者的网上销售渠道。2010 年，风生水起的阿里巴巴成立了速卖通（AliExpress，AE），同样是做 C2C 出口，让国内中小卖家有机会直接接触海外个人买家。

本来，双方的交集并不多。eBay 的跨境出口主要面向美国、英国、德国、澳大利亚等海外成熟市场；而速卖通起家并流行于俄罗斯、巴西等新兴经济体，eBay 与速卖通可谓"相安无事"。

但随着市场的拓展，eBay 中国跨境出口业务逐渐关注起俄罗斯、南美洲等新市场。eBay 全球物流高级总监张康对《第一财经日报》记者表示，拓展新市场是 eBay 在 2016 年最重要的战略方向之一。而另一边，速卖通在稳住阵脚后开始向以色列、英国、捷克、法国等国家，以及美加地区尝试渗透。显而易见，速卖通和 eBay 很快将正面交锋。

记者从 eBay 方面了解到，在业务模式上，eBay 仍然坚持一直以来的收费策略，商户每新上架一类商品，需要向平台支付一笔上架费，但这只是平台收入结构中的一小部分，更主要的是靠销售后的分成。eBay 内部人士向本报记者透露，平台之前也推出了类似的推广业务，但是商品成交后才收取推广费。

而速卖通正在经历一个转型，从过去类似淘宝的广告推广模式，转型到类似天猫的交易

服务费模式。在出口品类上,速卖通平台上最热销的是服饰、3C产品,以及滑板鞋、无人机、智能安防设备等。

其实在速卖通与eBay之间,国内出口跨境电商领域风生水起的另一家平台是亚马逊。它通过开放平台入驻形式聚集国内卖家,且多是一些成规模的卖家。

物流与支付成竞争胜负手

受制于地理距离,物流环节成为出口电商最大的行业痛点与准入门槛。单件商品运费高、递送速度慢、破损和丢包率难以控制等问题成为瓶颈。业内数据显示,因物流原因导致的出口卖家交易损失每年高达数千万美元甚至过亿。而且出口物流市场不透明,卖家与物流商间信息不对称,导致其物流选择成本高,纠纷率居高不下。

以我国卖家将一件商品送到俄罗斯买家手中为例,需要先后经历上门取货—国内快递—中心站点集包—运往哈尔滨或长春仓库—用当地邮政的飞机运往俄罗斯—在俄通关—俄罗斯当地邮政送到买家手里。除了链路长、中间环节难以把控之外,我国卖家需要在各个段找不同的第三方服务商,门槛很高。

在物流环节,eBay和阿里巴巴正在各展所长。

接入菜鸟网络后,速卖通商户将商品就近运往国内中心仓库,剩下的物流链路和通关等一系列复杂事项将由平台方打包揽下。打包中的第三方合作伙伴包括新加坡邮政、西班牙邮政、英国邮政、芬兰邮政、瑞典邮政、DHL等近30家国际物流企业,可覆盖全球220多个国家与地区。

菜鸟网络一名内部人士向《第一财经日报》记者透露,2016年平台上的卖家预计将全部入驻"无忧物流",统一入仓,并实现跨境物流全程可跟踪。这样做的一个好处是,国内卖家不用再将精力耗费在物流上。

在解决跨境出口物流上,海外仓是各家争相抢夺的堡垒。张康在接受《第一财经日报》记者采访时称,2016年eBay会重点布局海外仓,这不仅是一个仓库,还是要成为可受理退件、O2O提货、转运的物流网络中心。一个来自eBay的数据显示,海外仓的布局让大件商品的出口量明显上升,比如汽配产品、户外藤椅、烧烤架等家居园艺产品。

支付也是各平台比拼的另一个焦点。当年,刚起步的速卖通选择与支付巨头PayPal合作,但一年后双方解除了合约,外界普遍分析认为,这是因为当时尚未从eBay拆分出来的PayPal担心会壮大了竞争对手速卖通的生意。

此后,速卖通开始广泛对接出口目的地国家的网络支付体系,像俄罗斯的QiViWallet、巴西的电子钱包Boleto、"印度支付宝"Paytm,也包括各国信用卡系统及支付宝国际版。使用当地买家最熟悉的网络支付方式对订单量提升会起到明显作用。

(资料来源:《第一财经日报》,2016-02-03。)

第五节　跨境出口电商案例之四——Wish：移动电商的黑马

一、Wish 简介

Wish 成立于 2011 年，总部位于美国加利福尼亚州的旧金山，创始人为来自欧洲的 Peter Szulczewski 和来自广州的 Danny Zhang（张晟）。Wish 是一个新兴的移动电商，其 APP 上销售的产品物美价廉。Wish APP 的早期版本是一个用户创建心愿清单的移动应用，产品形态上类似图片分享。Wish APP 在 Facebook 上获得了病毒式传播，得到了大量用户。从 2013 年 3 月开始，Wish 转型做电子商务，用户在分享图片的同时，可以对这些产品进行购买。

2014 年 2 月，Wish 在上海成立了全资子公司。2016 年年初的统计数据表明，Wish 用户分布在 46 个国家，其中美国、欧洲、东南亚和其他各占比约 44.5%、43.2% 和 13.2%。而商家约 10 万，多为中小型企业。有数据表明 Wish 商家有八成左右来自亚洲，而亚洲的商家基本来自我国。

Wish 是一家技术驱动型公司，80 名员工大半是技术人员，甚至连市场营销等工作都尽可能使用自动化程序来完成。和传统的电商平台 eBay 和亚马逊相比，Wish 将弱化自身的平台功能，减少烦琐复杂的平台规则，让卖家开店更简单快捷，门槛更低。2015 年，Wish 持续自我颠覆，在推出电子产品应用"Geek"和母婴应用"Mama"后，又推出美容类垂直应用"Cute"，一方面是对潜在竞争对手的防御，另一方面也是自我革命，用竞争对手可能狙击自己的方法来狙击自己，以获得持续成功。

因为在移动端的大量购买行为来自推荐，而主动搜索的比例比较低，所以 Wish 产品会在形态上弱化搜索。Wish 的主要收入来自每次交易的佣金，目前收费是交易额的 15%，商家入驻 Wish 不收取平台费，也不需要缴纳保证金、押金，更不用缴纳推广费，商家上传产品后，Wish APP 会根据产品性质进行定向推送。

Wish 在过去两年的成功具有爆发性，关键在于模式的优势：在移动化的浪潮下，踩了跨境电商的风口，并率先将智能推荐算法技术完全运用到电商中。Wish 未来将在完善业务服务上发力，一是平台规则的完善，二是跨境物流的布局。Wish 除了推出各垂直类 APP 外，还会努力完善好平台规则，并大力投资跨境物流，以提升消费者购物体验，完善对商家和消费者的服务。

二、Wish 的竞争力与优势

Wish 的核心竞争力是其自动推荐系统，它会为用户提供个性化商品。用户初期浏览时，Wish 可能只会推荐大众都喜欢的商品，但随着用户使用时间和频率的增加，Wish 就可以通过用户的行为来了解用户的兴趣、喜好,以此为基础向用户推荐个性化的商品。Wish 的自动化的千人千面的个性化推荐系统有效提升了用户利益和用户体验,让用户有更多机会获得自己真正需要的产品,整个购物过程也更愉悦。Wish 专注于移动 APP 的购物体验,用户可以高效利用碎片化的时间。Wish 的个性化推荐系统大大提高了用户和商户的匹配效率,转化率大大高于传统电商企业,这对卖家更有吸引力。

Wish 的另一特点就是价格优势。Wish 上的商品主要是无品牌的服装、饰品、手机配件等,而且主要由我国的生产厂商直接销售。对欧美买家来说,这些来自中国的商品在价格上非常有吸引力。目前 Wish 的主要用户年收入多在 8 万美元以下,Wish 和沃尔玛覆盖人群一致,这样的人群在欧美加起来有 1 亿人以上,用户规模很大,也是 Wish 目前重点的发力方向。

三、如何登录 Wish

一位资深卖家坦言,关键是在思维方式和处事风格上,Wish 或许应该更接地气、更本土化。只有深刻了解中国卖家的生态环境和真实需求,才能用更好的方式化解矛盾与冲突。想从 Wish 平台上捞第一桶金,要从注册开始。

第一步:登录 china-merchant.wish.com 并点击"免费使用",如图 4-10 所示。

图 4-10 登录页面

第二步:进入"开始创建您的 Wish 店铺"页面,需注意以下事项。

① 选择习惯使用的语言,英文或者中文,选择按钮在页面的右上角。

② 输入常用的邮箱开始注册流程。该邮箱也将成为未来登录账户的用户名。若已有 Wish 卖家账户,点击"登录"。

③ 输入你的店铺名称,确认店铺名称不能含有"Wish"字样。店铺名称一旦确定将无法更改。

④ 输入登录密码。为确保账户安全,密码必须不少于 7 个字符,并且包含字母、数字和符号。例如,"password100@ store"。设定好后需再次输入登录密码。

⑤ 输入验证码,注意切换到大写状态,不然会提示验证码有误。

当完成以上所有步骤之后,点击"创建你的店铺",如图 4-11 所示。

图 4-11　创建店铺

第三步：进入"添加你的联系方式"页面，如图 4-12 所示。

① 输入姓氏和名字。

② 输入地址，必须精确到××室。地址第二行为选填项。

③ 输入所在的国家、省份、城市及邮政编码。

④ 输入联系电话。如使用的是中国的电话号码，需输入国家代码"86"。点击"下一步"继续注册流程。

图 4-12　添加联系方式

第四步：进入"告诉我们更多关于您的店铺情况"的页面，如图 4-13 所示。

① 选择运营的其他平台，并输入该平台店铺的 URL。
② 以美元为单位填写店铺去年的营收额。
③ 选择仓库所在国家和城市。
④ 选择将在 Wish 平台销售的产品品类。
⑤ 认真阅读"Wish 商户协议"和"政策"后点击"下一步"。

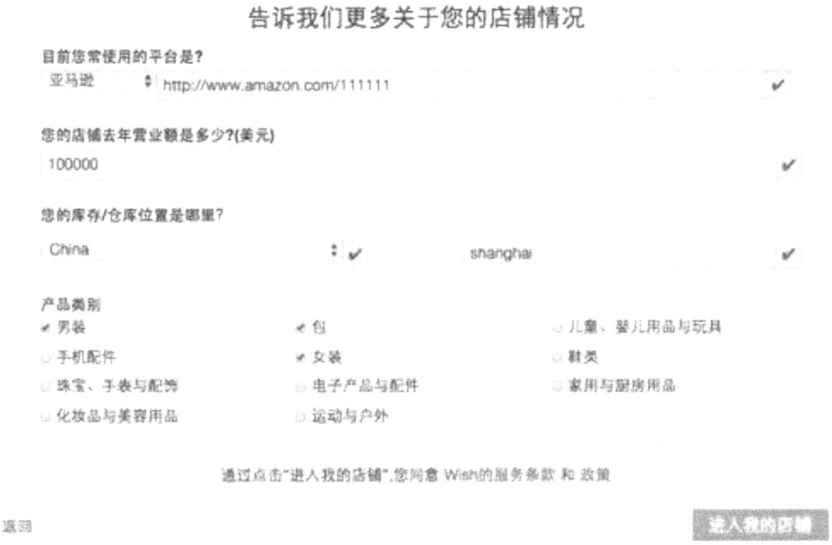

图 4-13　店铺情况

第五步：验证邮箱，如图 4-14 所示。

它在整个注册步骤表的第三步。注意：必须完成表内所有步骤才能完成整个注册流程。点击"开始"，会跳转到以下页面：https://www.merchant.wish.com/request-confirmation-email。

图 4-14　验证邮箱

请检查之前填写的邮箱，会收到一封确认邮件。

点击邮件里的"Confirm Your Email"后会直接跳转到你的商户后台。注册步骤表内的第三步显示已完成。

如果未收到邮件，请确认填写的邮箱地址是否正确并点击"再次发送"。同时也应检查邮箱的安全设置，以免邮件被屏蔽或在"垃圾邮件"内。若仍然无法收到邮件，可尝试更换邮箱或联系客户经理。

第六步：验证电话号码。

它在整个注册步骤表的第四步。点击"开始"会跳转到以下页面：

https://www.merchant.wish.com/request-confirmation-by-phone。

点击"发送验证码"后，用户会收到一条来自 Wish 的短信。在页面空格中输入短信内的验证码并点击提交。之后用户会收到短信告知电话号码已验证成功。若您未收到验证码，可再次确认填写的电话号码是否正确，并点击"再次发送"，如图 4-15 所示。

图 4-15 确认手机号码

若没有手机号码，请点击图 4-15 中的"还没有手机号码"，然后按如图 4-16 所示的方法输入你的座机号码。

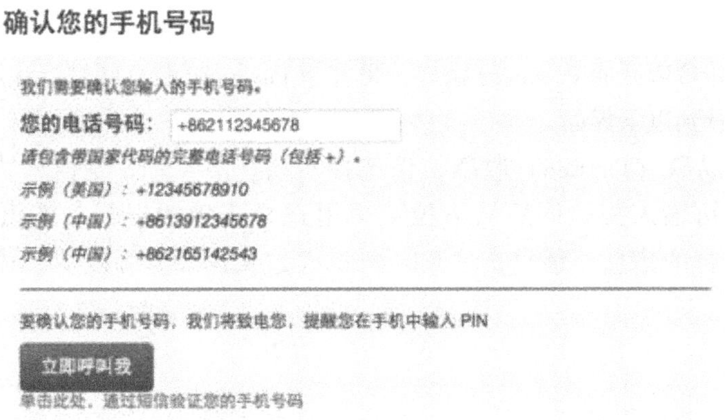

图 4 - 16　用座机号码验证

输入用户的座机号码并点击"立即呼叫我",用户就会接到电话。可输入在电话内听到的语音 PIN 码进行验证。

若输入的 PIN 码正确,电话号码将会验证成功。

若用户仍希望用短信来接收验证码,可点击图 4 - 16 中的"单击此处,通过短信验证您的手机号码"。

可以通过点击"首页"或者"点击此处来完成开店流程"回到注册步骤表确认页面。

第七步:添加收款信息,以便 Wish 业务开展后能正常收到货款。

点击"开始"之后将会跳转到此页面:

https://www.merchant.wish.com/payment-settings。

若希望使用 bills.com 收款,要输入 bills.com 账户信息并点击"更新支付信息",如图 4 - 17 所示。

图 4 - 17　更新支付信息

若希望使用 Payoneer 收款，则点击"登录"。如果已有 Payoneer 账户，请登录。如果尚无 Payoneer 账户并希望开通 Payoneer 账户，可登录 Payoneer 的官网进行注册。当登录或注册成功之后，你会看到以下界面。

若希望使用易联（PayEco）收款，请选择易联。图 4-18 是信息填写示例。当填写开户行名称时，可输入关键词后从下拉菜单里选择正确的银行。若想了解更多关于如何正确填写开户行的信息，请点击"this article"。或者，也可以从总表"here"内找到开户行信息。

图 4-18 易联收款

第八步：在店铺里添加产品。

点击"开始"后会跳转到如下页面：https://www.merchant.wish.com/add-products。

① 用英语输入产品名称，例如："Women's casual silk dress white"。
② 用英语输入产品描述，例如："This dress shirt is 100% cotton and fits true to size"。
③ 用英语输入产品标签（最多可输入 10 个标签），例如 Women's apparel、fashion、handmade dresses 等。
④ 输入产品的 Unique ID。每个 Unique ID 在你的店铺中都是唯一的，该编号不可更改且为识别产品的唯一标志。例如："JF12345DRESS"，如图 4-19 所示。

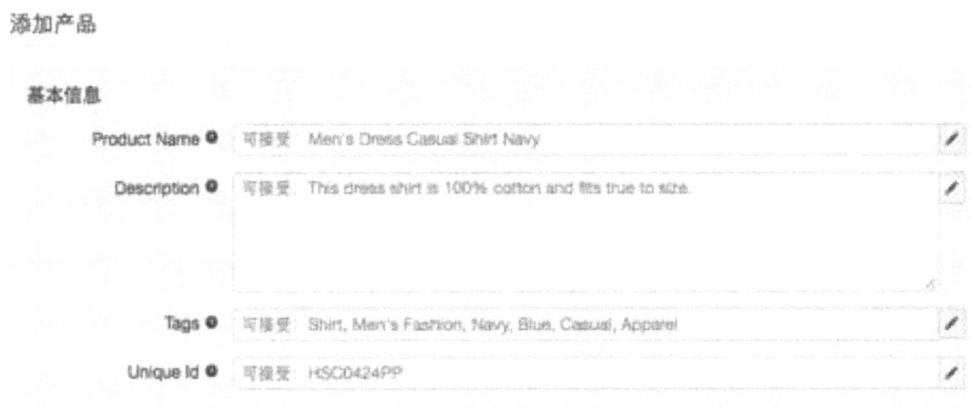

添加产品
基本信息
Product Name
可接受: Men's Dress Casual Shirt Navy
Description
可接受: This dress shirt is 100% cotton and fits true to size.
Tags
可接受: Shirt, Men's Fashion, Navy, Blue, Casual, Apparel
Unique Id
可接受: HSC0424PP

图 4-19 添加产品

⑤ 上传产品的主图，同时也要认真阅读“严禁在 Wish 上出售伪造产品”和“品牌大学”资料。

⑥ 如果希望添加附图，则添加到“额外图片”处。最多可上传 10 张附图。

⑦ 添加产品价格，单位为美元。该价格将会在 wish. com 上显示。

⑧ 添加产品库存，确保库存信息真实有效。

⑨ 添加产品的运费，单位为美元。这将是用户购买时为每一个产品支付的运费，应准确填写。

⑩ 填写最符合产品的物流配送时间。可从选项内进行选择，也可手动输入物流时间的最小与最大值，如图 4-20 所示。

库存和运送
Price
可接受: $100.99
Quantity
可接受: 1200
Shipping
可接受: $4.00
利润
Shipping Time
5 - 10
7 - 14
10 - 15
14 - 21
21 - 28
其他:
最小预估数
最大预估数

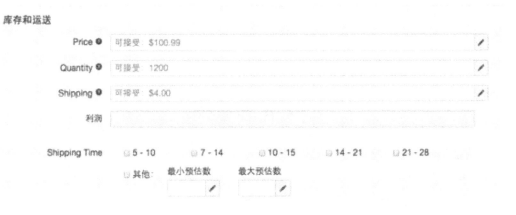

图 4-20 库存和运送

⑪选择产品的不同颜色属性。如果产品的颜色不在选项范围内，可在“其他”里用英语手动填入产品的颜色，如图 4-21 所示。

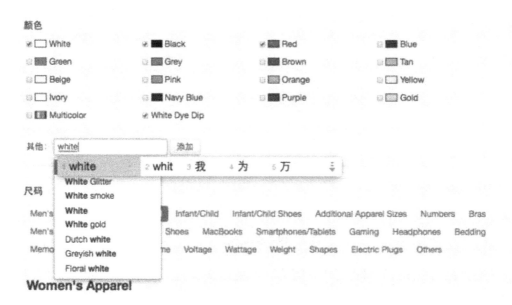

图 4-21 选择颜色属性

⑫ 选择产品的尺寸表或相关尺寸属性。
⑬ 填写每个子产品的编码、价格及库存。
图 4-22 为选填项示例。

图 4-22 选填项示例

⑭ 完成所有产品信息填写后点击"提交"。
第九步：认真阅读商户协议。
请点击"开始"，随后将会跳转到以下页面：
https://www.merchant.wish.com/confirm-terms-of-service。
① 通篇阅读每一条政策条款后在底部点击"同意"。
② 阅读 7 条声明并在每一条前面的方框内打钩，之后点击"同意已选择的条款"，如图 4-23 所示。

Wish与商户协议主要条款

我点击"同意",表明我已经阅读WISH与商户协议的全部内容,并且同意:

- WISH可以对我所展示的商品价格及商品运费在一定的变动区间内进行调整;上述举措不会影响WISH已经同意的按一定百分比或一定金额向我支付的款项。否则,WISH不会调整价格,但是我将承担所有代收货款和退货费用,同时,WISH不会对我的产品进行任何推广
- 商户不得售卖被美国消费品安全委员会(CPSC)鉴定为对消费者有害并被召回的商品。
- 商户不得做出以下行为:欺诈或售卖非法商品、仿品和偷盗物品;欺诈,是指商户故意告知买家虚假情况,或者故意隐瞒真实情况,诱使买家购买的行为;非法商品,是指商品资料、商品(包括包装)包含非法内容;仿品,是指未经注册商标所有人的许可,在产品本体或包装上伪造、模仿与该注册商标相同或相似的商标,以及次充好的产品;偷盗物品,是指以非法占有、秘密窃取、霸窃的方法获得公私财物
- 商户提交、上传、展示的内容以及商户的行为不得涉及:诽谤、恶意中伤、非法威胁、非法骚扰、假扮他人或模仿他人(包括但不限于WISH员工或其他商户)、错误描述或通过用相似电子邮箱地址、昵称、错误账号或使用其他方法和设备等造成混淆或误认的行为
- 商户不得在WISH平台为WISH以外的其他平台或商家承揽业务,利用WISH平台直销商品或宣传WISH以外的网络平台、服务及实体店
- 商户不得在WISH平台为WISH以外的其他平台或商家承揽业务,利用WISH平台直销商品或宣传WISH以外的网络平台、服务及实体店;商户不得违反禁止性事项和行为协议、WISH商户政策(http://merchant.wish.com/policy/home)、WISH与商户协议(http://merchant.wish.com/terms-of-service)、任何WISH网站政策及社会规范、任何适用法律、法规、条例或规范(包括但不限于政府出口管制、消费者保护、不公平竞争、反欺诈或虚假广告)
- WISH可以因客户争议和客户赔偿延迟向商户支付货款和冻结应付账款,直至针对该事项的调查完成之日。商户不会进行以上任何的禁止性事项和活动。如果商户违反了任何一条规定,WISH可以暂时关闭商户的账户并冻结商户账户项下的全部货款

图4-23 商户协议

第十步:验证店铺。

个人账户填写以下信息如图4-24所示:

① QQ号码。

② 上传本人手持身份证原件及当日报纸的彩色照片。本人面部、身份证信息及报纸日期清晰。照片清晰完整无处理,大小控制在2MB以内。不接受临时和过期的身份证。

③ 输入身份证上的姓名。

④ 输入身份证上的身份证编号。

⑤ 点击"保存"提交所输入的个人信息。

图4-24 个人账户信息填写

如果要注册企业账户，要填写以下信息（见图 4-25）：

① 输入 QQ 号码。

② 输入公司去年的 GMV。

③ 上传公司营业执照的彩色照片，照片要求清晰完整无后期处理。

④ 输入公司名称。

⑤ 输入营业执照注册号。

⑥ 上传公司税务登记证的彩色照片，若为多证合一，则在税务登记证栏重复上传营业执照彩色照片。

⑦ 上传法人代表手持身份证原件以办公场所为背景拍摄的彩色照片。法人代表面部和身份证信息清晰，照片清晰完整无后期处理。

⑧ 输入法人代表姓名。

⑨ 输入法人代表身份证号码。

⑩ 点击"保存"提交所输入的信息。

图 4-25　企业账户信息填写

最后点击"开通您的店铺",用户将看到如图 4-26 所示的界面,注册流程已全部完成。

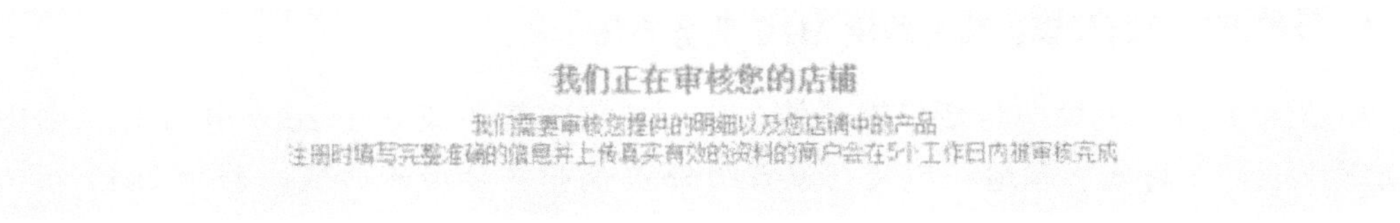

图 4-26 完成注册

补充:若信息在审核后被退回,请及时按照商户后台要求更新,以免耽误开通账户。

第六节 跨境电商创业——敦煌网与兰亭集势

一、敦煌网

(一) 敦煌网简介

敦煌网是国内首个为中小企业提供 B2B 网上交易的网站。它采取佣金制,免注册费,只在买卖双方交易成功后收取费用。作为中小额 B2B 海外电子商务的创新者,敦煌网采用 EDM(电子邮件营销)的营销模式低成本、高效率地拓展海外市场,自建的 DHgate 平台,为海外用户提供高质量的商品信息,用户可以自由订阅英文 EDM 商品信息,第一时间了解市场最新供应情况。

敦煌网 CEO 王树彤曾是清华大学软件开发和研究中心的教师;在微软任市场服务部经理和事业发展部经理时,她是微软最年轻的中国区高管;在思科任市场营销部经理时,作为高管中唯一的女性,她管理着"思科亚洲最佳团队";在卓越网当 CEO 时,她领导卓越网成为我国最大的网上音像店。2004 年,她创立了电子商务网站敦煌网。

据 PayPal 交易平台数据显示,敦煌网是在线外贸交易额中亚太排名第一、全球排名第六的电子商务网站。2013 开通 e 邮宝在线发货,开通集货仓库,并成立义乌分公司,成为首家通过 Visa"第三方支付公司资质认证"的电子商务平台;2014 年在多地成立分公司,俄语平台上线;2015 年,在习近平主席见证下,敦煌网发起的"中国土耳其跨境电商双边协议"签署成功。

截至 2018 年年底,敦煌网累计拥有 200 万家注册供应商,在线产品数量超过 2200 万件,累计注册买家超过 2100 万,覆盖全球 222 个国家和地区,拥有 50 多个国家的清关能力、200 多条物流专线,以及 17 个海外仓。

(二）创业中的敦煌网

1. 敦煌网牵手新华锦，瞄准跨境 M2C 服务市场

2015年8月，敦煌网与新华锦开始合作。新华锦集团成立于2002年6月，由山东省纺织、工艺、特艺、基地、包装五家省级外贸企业联合组建而成。截至2017年，新华锦集团拥有直属和控股企业132家，员工17900余人，经营领域涉及国际贸易、金融投资、星级酒店、文化收藏、房地产开发和国际物流等产业。双方主要开展以下五个方面的合作：

第一，建立面向全国并针对M2B外贸工厂的网贷中心。服务平台将配套开发线上线下仓储和物流系统、支付和通关、退税、物流、金融等外贸供应链服务系统，使所有在线订购的商品能够一键送到全球各地。全球各地的采购商将可以在中心直接下单，使中国制造的产品以在线批发的方式，进行全球市场的跨境直销。

第二，为有意向做独立跨境电商平台和跨境综合服务的客户（包括政府、行业龙头企业等）提供整体平台搭建的技术及运营管理一体化服务。

第三，开展互联网金融，以双方的技术和经验为依托，开展基于国际贸易的P2P金融、网商贷等互联网金融服务。

第四，集合国内各外贸产业集群，通过网贸会的形式实现国内卖家和海外买家的线下对接、线上交易。

第五，开放双方资源，建立跨境电子商务研发中心及人才培训中心，以及创业孵化基地，为制造类工厂实现工业4.0提供相关服务。同时，提供跨境电子商务产业园的功能规划设计，以及后期孵化模式的园区运营服务。

2. 敦煌网搭上杭州政府，瞄准跨境服务市场

2015年9月，敦煌网与杭州市人民政府签订合作协议，在杭州经济技术开发区中投资建设"敦煌网跨境外贸综合3.0平台"项目，并计划在5年内实现服务外贸企业超过2000家。

中国杭州跨境电子商务综合试验区（下沙园区）将结合开发区产业集聚区、全球化物流集散网络、大学城等相关优势，以及敦煌网在跨境电商交易模式、在线供应链上的优势，建设六大内容项目，包括："新丝路"交易中心，"新丝路"互联网金融中心，"新丝路"企业孵化中心，"新丝路"物流集输中心，跨境电子商务人才培训红线和APEC中小企业跨境电子商务峰会。

3. 搭上腾讯，瞄准跨境电商 + 社交商务

2016年7月，敦煌网与腾讯企点达成战略合作，共创跨境电商 + 社交商务模式。双方合作主要分为三个阶段。

第一阶段，共同开发跨境电商IM（即时通信）工具。主要是在APP端新增一个卖家直

播的入口,让买家可以在 APP 上找到自己交易过的店铺、收藏的店铺及可能感兴趣的店铺。该功能可将这些店铺的新产品、APP 专售产品、最畅销产品三个模块更好、更直接地展现给卖家,还能让买家直接看到店铺的优惠券,更加便捷地跟卖家沟通。

第二阶段,共同开发跨境电商 SCRM(社交化客户关系管理)系统。

第三阶段,共建跨境社交商务平台。在出口跨境电商市场上,企业获得流量的方式包括社交平台、视频网站、搜索引擎等。其中,社交平台导入的流量因其更具黏性备受各个平台追捧。

4. 启动定向展示功能,商家可以有两种选择

第一,重点推广计划,针对店铺主推商品进行关键词出价的精准推广方式,适用于重点商品的推广管理。卖家最多可以建 10 个重点计划,每个重点计划最多包含 100 个单元,每个单元内可以选择 1 个商品。选择市场热销的商品来推广可以比较容易地打造爆款。

第二,快捷推广计划,针对店铺普通商品进行关键词出价的批量推广方式,适用于普通商品的批量推广。卖家最多可以建 30 个快捷推广计划,每个计划最多容纳 100 个商品、20000 个关键词。该计划中的批量选词、出价等功能将帮助卖家更快建立自己的计划,捕捉更多流量。

二、兰亭集势

(一)兰亭集势简介

兰亭集势(LightInTheBox)成立于 2007 年,注册资金 300 万美元,是目前国内大型外贸销售网站之一。创始人郭去疾是谷歌中国四大创始人之一,也曾是谷歌中国总裁特别助理。他是个地道的成都人,1994 级中国科技大学少年班毕业生,并拥有伊利诺大学电子工程硕士学位及斯坦福大学 MBA 学位。在加盟谷歌之前,他曾供职于微软、亚马逊等多家国际知名企业。

兰亭集势在成立之初即获得美国硅谷和我国著名风险投资公司的注资,成立高新技术企业,总部设在北京,在北京、上海、深圳共有 1000 多名员工。它整合了供应链服务的在线 B2C(内部称 LightInTheBox to Customer,L2C),拥有一系列的供应商,并拥有自己的数据仓库和长期的物流合作伙伴。

兰亭集势的业务涵盖了包括服装、电子产品、玩具、饰品、家居用品、体育用品等众多品类。经过几年的发展,公司采购遍及中国各地,在广东、上海、浙江、江苏、福建、山东和北京等省市均有大量供货商,并积累了良好的声誉。许多品牌,包括纽曼、爱国者、方正科技、亚都、神舟电脑等也加入了兰亭集势销售平台,成为公司的合作伙伴或者供货商。

扩展阅读

卓尔集团入股兰亭集势，奥康国际投资兰亭集势4.8亿元

2016年3月，卓尔集团宣布入股跨境电子商务公司兰亭集势，成为兰亭集势的第一大股东。根据公告，卓尔集团于2016年3月17日与兰亭集势签订《股份购买协议》，公司拟通过定向增发方式购买兰亭集势42 500 000股普通股，占兰亭集势稀释后总股本的30%，交易对价总额为7650万美元，约合人民币4.97亿元。

卓尔集团立足我国批发市场，着力打造线上线下集成批发交易平台。它专注于企业供应链物业及交易服务，主要为客户提供交易平台及物业、物流、仓储、金融、数据等服务链。其线下市场分布在武汉、天津等多个区域中心城市，持有物业超过500万平方米。公司于2011年7月在香港联交所主板上市。

对于入股兰亭集势，卓尔董事局主席阎志表示："这标志着卓尔的进一步互联网化，卓尔将利用兰亭集势的跨境电商平台，将卓尔积累的一系列优秀中国品牌带给全球消费者。此外，卓尔和兰亭集势还将在跨境贸易、物流、金融等方面展开探讨与合作，从而极大地促进双方国际国内贸易的融合，实现线上线下资源的整合与对接。"兰亭集势CEO郭去疾也谈道："卓尔购的商户可利用兰亭集势的跨境电商平台发展外贸业务，拓宽卓尔购商户销售渠道。兰亭集势将会充分利用卓尔购的商户、产品资源和交易数据，优化采购商品和成本。更为重要的是，兰亭集势自主开发的供应链与物流管理软件平台也将借助卓尔强大的商户资源走向市场。"

2016年6月，面对传统渠道销量逐渐下降的压力，以及"互联网+"产业的咄咄逼人，奥康国际公司宣布将向兰亭集势投资约4.8亿元人民币。

奥康国际董事长王振滔表示，希望以鞋类与皮具行业为样本，利用移动互联网对线上与线下的全球产业资源进行垂直整合，对零售终端进行互联网化改造，以实现全球产业"互联网+"。郭去疾认为，全球电商发展到今天，产业垂直整合将是下一个重大机遇，而奥康国际在相关行业对全球供应链上下游以及我国消费市场都具有较深刻的理解和大量战略资源，为其通过互联网进行行业整合、优化资源配置、提升产业链效率提供了坚实的基础。

郭去疾发表公开演讲透露，货币对于跨境电商而言是非常关键的一环，汇率的变化会影响到进出口电商的发展。当人民币升值时，做进口占绝对优势，而当人民币贬值时，做出口有很大优势，这意味着世界主要货币的流动会给做单向跨境的企业带来很多挑战。五年之后可能看不到任何一个企业只做出口跨境，或者只做进口跨境。在跨境领域能够生存下来的，会是既做出口也做进口的企业。

此外，卓尔已正式启动"云市场"计划，陆续推出卓尔购、卓金服、卓服汇三大线上交易及服务平台。其中，卓尔购上线三个月已吸引全国100多家批发市场、上万商户入驻，交易额超过43亿元。卓金服同时为批发商户提供超过10亿元的融资服务。

(资料来源：华讯财经，2016-04-20。)

(二）创业维艰

兰亭集势作为我国出口跨境电商第一股，近年来遭遇收入增速大幅放缓、支出大幅增加、亏损幅度不断扩大的困境。虽有卓尔、奥康合作，但国际国内贸易的融合、线上线下资源的整合与对接都出现困难。兰亭集势在创业的路上存在以下危机。

第一，兰亭集势一开始推出的婚纱礼服品类并不是一个很好的产品品类，重复购买率低，而且很容易同质化。兰亭集势在2012年短暂盈利过一段时间，上市后即开始亏损，并且亏损额持续扩大。

第二，兰亭集势的产品卖点主要是低价，但和其他国内电商平台或者贸易公司相比，兰亭集势并没有太多价格战的资本。阿里巴巴2010年开展速卖通业务，也就是人们所说的"国际版淘宝"，平台佣金只有3个点，但兰亭集势入驻eBay和亚马逊要10个点，这给兰亭集势带来了极大的销售压力。同时，婚纱品类未形成品牌效应，价格导向型消费者较多，这对兰亭集势的婚纱业务造成了一定影响。

第三，因为产品同质化和激烈的价格战，兰亭集势只能打广告、拼流量，这又使得营销成本居高不下。兰亭集势的管理层其实很早就看到了婚纱品类的困境。为了解决这个问题，兰亭集势从2013年就开始扩张品类，包括成衣、配件等，但这并没有给兰亭集势的财务带来太大改善，反而导致这家公司SKU（库存量单位）过多，增大了供应链管理难度。

第四，作为先行者的兰亭集势在几年之内并未建立起任何壁垒，这是它陷入困境的根本原因。为了塑造自身优势，兰亭集势于2015年年初推出"兰亭智通"全球跨境物流开放平台，希望能够形成真正优势，但这种自建物流的方式可能使公司在资金上承受更大压力，而且平台电商阿里、京东都在布局，从任何角度来看兰亭集势在这方面都不具备优势。

习题

一、选择题

1. （　　）目前乃至未来仍将是主流。
   A. 出口B2B　　　　　　　　　　B. 出口B2C
   C. 出口C2C　　　　　　　　　　D. 出口O2O

2. 未来三到五年内，全球范围内可能会出现一大批优质的中小品牌，速卖通迫切需要一个优质渠道，而（　　）将成为全球最大的消费品牌或渠道品牌。
   A. 速卖通　　　B. 阿里巴巴　　　C. AliExpress　　　D. Wish

二、判断题

1. 出口 B2C 电商起步于最初中小卖家通过 eBay、亚马逊向国外消费者销售具有高价优势的"中国制造"产品，凭借中国制造红利和初期低流量成本，在跨境电商市场中一路高歌。（   ）
2. eBay 允许买家评价卖家的同时，也允许卖家评价买家。（   ）
3. 速卖通平台将"货通天下"转型为"好货通、天下乐"，平台会成为高品质的渠道品牌，吸引优质商家入驻，帮助我国的中小品牌在全球市场完成转型升级。（   ）
4. 据悉，在 iOS 系统中，速卖通 APP 在 37 个国家的购物类应用中排名第一，在 61 个国家中排名前 5，在 82 个国家中排名前 10。（   ）
5. 兰亭集势是目前国内排名第一的外贸销售网站。（   ）

三、简答题

1. 简述速卖通转型的原因。
2. 仅靠三次转变，亚马逊不会获得如此大的成功，它能够成为全世界最成功的电商与它的营销策略密切相关。请简述亚马逊三次转变的内容。

第五章
跨境进口电商

引 例

据亿邦动力讯,2019 年春节期间,虽境外游整体人次增长达 28%,但我国出境游客的购物热度总体呈现下降趋势。据 NHK 等日本媒体报道称,我国游客在春节期间的消费减少,已经使日本多家商场表现出紧张情绪。韩国、英国等多个国家的媒体,也观察到了我国游客出境购物消费下降的现象。

境外购物花销减少,并不意味着我国消费者不再热衷于购买优质的境外商品。数据显示,2019 年春节期间,天猫国际成交金额同比增长 60%,成交人数同比增长 77%。其中,进口美妆、保健、母婴类商品成为前三名最受欢迎的品类,而数码家电、宠物相关进口商品的消费热度正在快速上升。由此可见,境外购物热情回流成为 2019 年春节跨境消费的新趋势。

2019 年春节期间,天猫国际推出"不打烊"和"晚到赔"服务,部分地区还支持"次日达",保证用户能够及时购买到需要的进口商品。天猫国际数据显示,上海、广州的用户在春节狂囤奶粉,带火了新西兰、澳大利亚多个母婴品牌的生意;北京、深圳的用户尤其热衷买美容仪,将日本的雅萌、ReFa 美容仪买成爆款。除了服务和品类方面的优势外,天猫国际的正品保障也是境外消费回流的原因之一。

学习目标

(1) 了解我国跨境进口电商的发展现状。
(2) 了解我国跨境进口电商政策的演进。
(3) 认识洋码头、网易考拉海购、蜜芽宝贝、蜜淘等跨境进口电商。
(4) 理解跨境进口电商新零售模式与系统。

第一节 跨境进口电商概述

我国跨境进口电商在 2016 年虽然受到"四八新政"的影响,但仍呈爆发式增长,全年跨境进口电商交易规模达到 12000 亿元,而 2015 年为 9000 亿元,同比增长 33.3%。2018

年11月7日,中国电子商务研究中心发布的《2018年中国进口跨境电商发展报告》显示,2018年上半年,包括B2B、B2C、C2C和O2O等模式在内的中国进口跨境电商交易规模已达1.03万亿元。

一、行业概述

1. 1.0时代——代购时代：消费者集中,小众,普及度不高

2005年,我国开始步入个人代购时代,以海外留学生代购为主体。这一时期可以称为进口跨境电商1.0时代。这时候是进口跨境电商的发展初期,消费者一般为留学生的亲戚朋友,消费群体还比较小众,跨境网购普及度不高。消费者主要通过海外买手、职业代购购买进口产品。这一消费模式周期长、价格高,而且产品的真伪及质量难以保障。

一些留学生、空乘人员等经常出国的群体,初期会为自己身边的亲朋好友代购一些海外产品。随着代购需求的增加,这些人群开始专门购买海外产品,并在淘宝上开店铺售卖。

2. 2.0时代——海淘时代：形成常规的买方市场和卖方市场

2007年,我国开始步入海淘时代,也就是进口跨境电商2.0时代。在这一时期,形成了常规的买方市场和卖方市场,进口跨境电商市场开始形成,消费群体也开始扩大,商品的品类丰富多样起来,不断开始有进口跨境电商平台成立,逐渐开始有消费者选择通过进口跨境电商平台购买进口产品。

此时跨境网购用户的消费渠道逐渐从海淘代购转向进口跨境电商平台,如网易考拉、天猫国际等。

3. 融资数据

据电子商务研究中心监测显示,截至2018年11月,我国进口跨境电商行业已披露的投融资事件主要有：小红书（20.8亿元人民币）、海拍客（3.4亿元人民币）、行云全球汇（3亿元人民币）、别样（1.3亿元人民币）、海带（6500万元人民币）,等等,全行业累计融资额超30亿元人民币,如图5-1所示。

上述跨境进口融资事件中,除了海淘直邮电商"别样"是纯电商平台、小红书是"社区+电商"复合身份外,其他都是不同类型的平台主体,跨境和海淘电商购物平台越来越集中在少数几个平台,该领域在现行大环境下难有新平台成长。

跨境进口在线下肉搏了这几年,战况惨烈,但仍然有新进入者不断尝试,2018年融资的"宝妈环球购"以输出渠道品牌为主,以直营和加盟的形式发展；而海拍客和海带是以输出产品为主（包括系统和商品）,前端展现的是各线下店。以这两种模式为代表的线下类型,正在全国不断上演"新人来、旧人去"的故事。

公司徽标	时间	所属行业	轮次	金额	投资方
小红书	2018-06-01	社区和跨境电商	D轮	20.8亿元人民币	阿里巴巴为领投方，金沙江创投、腾讯投资、纪源资本、元生资本、天图投资、真格基金、K11郑志刚
淘拍客	2018-02-28	母婴电商	C轮	3.4亿元人民币	顺为资本、九州通医药集团、复星国际和远瞻资本
行云全球汇	2018-05-09	进口快销S2B	A轮	3亿元人民币	金沙江联合资本（领投）、钟鼎创投、长泰投资
别样Beyond	2018-05-09	海淘直邮	B轮	1.3亿元人民币	凯鹏华盈高瓴资本、中国宽带资本、微光创投及iFly资本
海带	2018-04-09	母婴电商	A+轮	6500万元人民币	蜜芽星河互联、梅花创投
宝妈环球购GLOBAL	2018-04-28	跨境母婴连锁	A轮	千万元人民币	九宜城
全球时刻	2018-05-05	社交电商	A+轮	千万元人民币	中通快递
好物	2018-07-13	社群电商	Pre-A轮	千万元人民币	国内知名跨境电商领投

图5-1　2018年跨境进口电商部分融资事件

（资料来源：中国电子商务研究中心。）

二、2018年跨境进口电商数据分析

1. 整体市场梯队分布

随着行业"马太效应"加剧，一些中小平台逐渐被淘汰出市场。相关数据表明，我国进口跨境电商平台可以划分为"三个梯队"。

第一梯队为"头部平台"，在进口跨境电商市场中处于"领先地位""寡头效应"初步显现，依次为：网易考拉、京东全球购、天猫国际，具有规模大、营收高、人气旺、口碑好、实力强、现金流充沛、流量大、品牌多等特征。

第二梯队为"准一线平台"，包括洋码头、唯品国际、小红书、聚美极速免税店。

第三梯队为"二线平台"，包括蜜芽、贝贝、宝宝树、宝贝格子、妈咪团等平台，大多是母婴类产品平台。

2. 用户规模

截至2018年6月底，我国经常进行跨境网购的用户达7500万人，人数大幅度增长。不过随着用户基数日趋庞大，增长率将会逐渐降低然后趋于缓和。

由于国家政策以及地方政策支持推动,进口跨境电商发展迅速,越来越多的消费者开始海淘购物;物流速度的不断提高,使跨境网购的购物周期大大缩短;资本不断在进口跨境电商领域进行投资,跨境进口平台运营、发展得越来越好;在消费升级的背景下,消费者对商品的品质越来越看重;伴随经济全球化的发展,海外高质量的商品被我国消费者热捧。

3. 用户年龄

2018年我国跨境网购用户集中在25~35周岁的青年群体,占56.3%,19~24周岁的跨境网购用户占比达20.2%,36~40周岁的跨境网购用户占17.8%。而18周岁以下以及41周岁以上的跨境网购用户只占总人数的5.7%。

市场消费主力群体逐渐过渡到80后、90后群体,这一年龄段的跨境网购消费者学历高、工作收入稳定,有一定的经济基础。他们的消费能力强、需求大,是跨境网购用户的"主力军"。这一年龄段的女性大多已结婚生子,大多数妈妈及准妈妈愿意在进口跨境电商平台购买高质量的海外母婴产品。

24岁以下的用户购买能力尚低,41岁以上的用户,更倾向于在线下购买产品,接触进口跨境电商平台的机会比较少。随着经济不断进步、消费升级,预期未来进口跨境电商用户将进一步向低年龄层扩张发展。

三、我国跨境进口电商平台成立时间与产业链图谱

2009年洋码头成立、2011年蜜芽成立、2013年小红书成立;随着2014年跨境进口电商的合法化以及税收政策的改变,2014—2015年这一时间段成为跨境进口电商平台成立的高峰期,天猫国际、网易考拉海购(已于2018年6月更名为网易考拉)、唯品国际、京东全球购、宝贝格子等平台均在这两年内成立。我国主流跨境进口电商平台成立时间如图5-2所示。

图5-2 我国主流跨境进口电商平台成立时间图

(资料来源:中国电子商务研究中心。)

2018年我国进口跨境电商产业链图谱如图5-3所示。由于我国跨境进口电商平台数量众多，本图谱不涉及综合性电商中少量涉及跨境进口的平台、注册在海外的平台、由品牌商自建的平台等几种类型的平台。跨境物流类方面不包括只提供国内物流服务的物流平台。

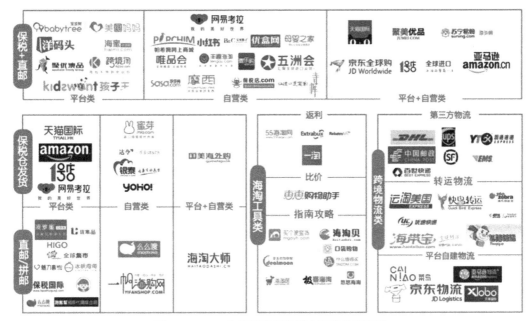

图5-3 2018年我国进口跨境电商产业链图谱

(资料来源：中国电子商务研究中心。)

产业链图谱显示，目前跨境进口电商经典模式有自营/综合模式、M2C模式（平台招商）、B2C模式（保税自营+直采）、线下转型O2O模式、直发/直运平台模式、自营/垂直模式、闪购模式、C2C代购模式、导购返利平台模式等。它们的模式介绍及优劣势详见图5-4。

代表平台	经典模式		模式介绍	优势	劣势
网易考拉	自营	综合	电商从源头采购商品销售给客户	商品源可控，消费者有保障，一站式购物，用户信任度高	毛利水平低
天猫国际	M2C模式：平台招商		电商将第三方商家引入平台，提供商品服务	轻资产模式，商家需有海外零售资质和授权，商品海外直邮，并且提供本地退换货服务	收入仅靠佣金，第三方商家品质难以保障
B&G宝贝格子 京东全球购	B2C模式：保税自营+直采		一部分采取自营，一部分允许商家入驻	供应链管理能力强，对爆款标品采取自营，非标品可引进商家，SKU丰富；正品真货，与品牌建立稳固关系，打通了产品的流通环节，规模效应强	重资产模式，品类受限，目前此模式还是以爆品标品为主

图5-4 跨境进口电商主要类型对比分析

代表平台	经典模式	模式介绍	优势	劣势
国美 苏宁易购	线下转型O2O模式	依托线下门店和资源优势，同时布局线上平台，形成O2O闭环	实体店、富有经验的采购团队与线上平台形成协同效应	线上引流能力不足，客户黏性需要长时间培养
洋码头	直发/直运平台模式	客户下单后，海外个人买手或商家从当地采购	不必积压大量的商品库存，对跨境供应链的涉入较深	管理成本高，商品源不可控，买手的专业性需进一步提高
美国妈妈	自营 垂直	品类的专项化程度高，深耕某一特定领域为主	供应链模式多样化，可选择代采、直采、保税和直邮，单一品类细分程度高	前期需要较大资金支持
唯品会 品牌特卖	闪购模式	凭借积累的闪购经验及用户黏性，采取低价抢购策略	产品更换快，新鲜度高，客户重复购买率高，折扣带来足够的利润空间，容易产生用户二次购买，能够最大化利用现金流	物流成本高，门槛低，竞争激烈
全球购	C2C代购模式	客户下单后，海外个人买手或商家从当地采购，通过国际物流送达	现金流沉淀大，通过庞大买手数量扩充SKU	管理成本高，商品源不可控，收入仅为佣金和服务费
什么值得买	导购返利平台模式	通过编辑海外电商消息达到引流目的，再将订单汇总给海外电商	比较快地了解到消费者的前端需求，引流速度快，技术门槛低	竞争激烈，难以形成规模

图 5-4　跨境进口电商主要类型对比分析（续）

（资料来源：中国电子商务研究中心。）

四、我国跨境进口电商相关政策

国家跨境进口电商政策态度积极，让跨境进口电商在更舒适的政策环境下自由发展：从 2012 年开始，国家开放了第一批跨境进口电商试点城市；2013 年出台支持跨境电商便利通关的政策；2014 年跨境进口电商开始合法化，有明确的税收政策，跨境进口电商逐渐合法化、规范化；2015 年国家规范了进口税收政策并降低了部分进口商品的关税。

为了加速跨境进口电商的发展与变革，政府对跨境电商的政策不断进行调整，让跨境电商在更舒适的政策环境下自由发展，同时又不失规范化，有序进行，让国民与国际接轨。2016 年对跨境进口电商零售产品实行了新的税制政策——"四八新政"，跨境电商从此告别

"免税时代"，使用"跨境电商综合税"代替行邮税。

"四八新政"中将单次交易限值确定为人民币2000元，同时将个人年度交易限值设置为20000元。在限值以内进口的跨境电子商务零售进口商品，关税税率暂设为0%，进口环节增值税、消费税取消免征税额，暂按法定应纳税额的70%征收。超过单次限值、累加后超过个人年度限值的单次交易，以及完税价格超过2000元限值的单个不可分割商品，将均按照一般贸易方式全额征税。

"四八新政"执行后，在全国引起了很大的反响。经国务院批准，从2016年5月11日起，我国对跨境电商零售进口有关监管要求给予一年的过渡期，即继续按照试点模式进行监管，对天津、上海、杭州、宁波、郑州、广州、深圳、重庆、福州、平潭等10个试点城市经营的网购保税商品"一线"进区时暂不核验通关单，暂不执行化妆品、婴幼儿配方奶粉、医疗器械、特殊食品（包括保健食品、特殊医学用途配方食品等）的首次进口许可批件、注册或备案要求；对所有地区的直购模式也暂不执行上述商品的首次进口许可批件、注册或备案要求。

过渡期政策实施以后，跨境电商零售进口平稳发展，对于引导企业积极适应规范的监管要求、地方不断创新监管服务等发挥了重要作用。同时，相关部门也在从有利于促进行业健康发展、有利于维护消费者利益和安全健康的角度研究优化监管安排。为稳妥推进跨境电商零售进口监管模式过渡，经有关部门同意，上述过渡期进一步延长至2017年年底。

2017年9月20日，李克强总理主持召开国务院常务会议，会议指出发展跨境电商，推动国际贸易自由化、便利化和业态创新，有利于转变外贸发展方式、增强综合竞争力；要求新建跨境电商综合试验区，将跨境电商监管过渡期政策延长至2018年年底。

2018年，为了鼓励跨境进口零售电商发展，结合我国国情，财政部等部门联合发布《关于完善跨境电子商务零售进口税收政策的通知》，将单次交易限值从2000元提高到5000元，将年度交易限值由20000元提高至26000元。

五、"跨境新政"重要节点回顾

2016年3月24日，财政部发布公告，将自2016年4月8日起实施跨境电商零售进口新税收政策。

2016年4月7日，财政部联合多个部门发布了《跨境电子商务零售进口商品清单》，生鲜、液态奶、成人奶粉出局，保健品和化妆品受到严格限制；此外，商品"一线"入区需提供通关单，跨境电商监管方式与一般贸易画上等号。

2016年4月8日，新政正式实施，由于正面清单公布较晚，政策实施细则未及时公布，导致各大保税仓内的大量清单外商品不能清关，正在运输途中的清单外商品不能进入保税区。各大跨境电商平台的大量相关商品下架，跨境电商行业进入"熔断"状态。

2016年4月13日，财政部发布了《跨境电子商务零售进口商品清单》有关商品备注的说明。

2016年4月15日，《跨境电子商务零售进口商品清单（第二批）》发布。

2016年4月18日，海关总署向各口岸下发文件，允许4月8日前运抵保税仓或已在运输途中的跨境进口商品按新政前的方式销售，免于补领许可证和通关单，直至售完。

2016年5月，经国务院批准，我国出台了跨境电商零售进口有关监管要求过渡期政策，新政监管措施将延缓一年执行。

2016年11月15日，商务部发言人发表了关于延长跨境电商零售进口监管过渡期的谈话，确定过渡期进一步延长至2017年年底。

2017年9月20日，国务院常务会议要求新建跨境电商综合试验区，将跨境电商监管过渡期政策延长至2018年年底。

2018年11月21日，国务院常务会议决定延续和完善跨境电子商务零售进口政策并扩大适用范围：一是从2019年1月1日起，延续实施跨境电商零售进口现行监管政策，对跨境电商零售进口商品不执行首次进口许可批件、注册或备案要求，而按个人自用进境物品监管；二是将政策适用范围从之前的杭州等15个城市，再扩大到北京、沈阳、南京、武汉、西安、厦门等22个新设跨境电商综合试验区的城市；三是在对跨境电商零售进口清单内商品实行限额内零关税、进口环节增值税和消费税按法定应纳税额70%征收的基础上，进一步扩大享受优惠政策的商品范围，新增群众需求量大的63个税目商品；四是按照国际通行做法，支持跨境电商出口，研究完善相关出口退税等政策；五是按照包容审慎监管原则，依法加强跨境电商企业、平台和支付、物流服务商等责任落实，强化商品质量安全监测和风险防控，维护公平竞争市场秩序，保障消费者权益。

扩展阅读

"四八新政"的出台和延期

新政内容

各省、自治区、直辖市、计划单列市财政厅（局）、国家税务局，新疆生产建设兵团财务局，海关总署广东分署、各直属海关：

为营造公平竞争的市场环境，促进跨境电子商务零售进口健康发展，经国务院批准，现将跨境电子商务零售（企业对消费者，即B2C）进口税收政策有关事项通知如下：

一、跨境电子商务零售进口商品按照货物征收关税和进口环节增值税、消费税，购买跨境电子商务零售进口商品的个人作为纳税义务人，实际交易价格（包括货物零售价格、运费和保险费）作为完税价格，电子商务企业、电子商务交易平台企业或物流企业可作为代收代缴义务人。

二、跨境电子商务零售进口税收政策适用于从其他国家或地区进口的、《跨境电子商务零售进口商品清单》范围内的以下商品：

（一）所有通过与海关联网的电子商务交易平台交易，能够实现交易、支付、物流电子信息"三单"比对的跨境电子商务零售进口商品；

（二）未通过与海关联网的电子商务交易平台交易，但快递、邮政企业能够统一提供交易、支付、物流等电子信息,并承诺承担相应法律责任进境的跨境电子商务零售进口商品。

不属于跨境电子商务零售进口的个人物品,以及无法提供交易、支付、物流等电子信息的跨境电子商务零售进口商品,按现行规定执行。

三、跨境电子商务零售进口商品的单次交易限值为人民币2000元,个人年度交易限值为人民币20000元。在限值以内进口的跨境电子商务零售进口商品,关税税率暂设为0%;进口环节增值税、消费税取消免征税额,暂按法定应纳税额的70%征收。超过单次限值、累加后超过个人年度限值的单次交易,以及完税价格超过2000元限值的单个不可分割商品,均按照一般贸易方式全额征税。

四、跨境电子商务零售进口商品自海关放行之日起30日内退货的,可申请退税,并相应调整个人年度交易总额。

五、跨境电子商务零售进口商品购买人(订购人)的身份信息应进行认证;未进行认证的,购买人(订购人)身份信息应与付款人一致。

六、《跨境电子商务零售进口商品清单》将由财政部商有关部门另行公布。

七、本通知自2016年4月8日起执行。

如何看待"四八新政"的出台和延期

"四八新政"的出台和延期是2016年跨境进口电商的一大热点。2016年11月,中国电子商务研究中心对数十位跨境进口电商平台的CEO进行了访谈。调研结果显示,众多负责人普遍对政策持有积极的观点,认为无论是新政的出台还是新政的延期,对跨境进口电商来说都是一件好事,国家对跨境进口电商的扶持与支持是显而易见的。如网易考拉海购CEO张蕾认为新政延期可促进行业对于平台自身优势进行思考,帮助消费者和平台实现消费升级;洋码头创始人兼CEO曾碧波认为新政策延期说明跨境综合税的方向是正确的,但对于新政实施初期来说显得过于严格,也过于倾向于一般贸易的监管方式,这需要更多的时间来做优化和调整;天猫国际总经理刘鹏认为跨境电商零售进口监管过渡期延长至2017年年底,体现了政府对跨境电商的重视,愿意拿出更多的时间更深入地研究切实可行的改革措施。同时,也有一部分业内人士在非公开场合向中心表示,"四八新政"还是对跨境进口电商产生了一定的不利影响。

观点之一:新政延期促进实现消费升级

网易考拉海购CEO张蕾:"四八新政"标志着跨境电商正式上了户口,尽管新政中的白名单制度和一些税费的提升确实给行业带来了一些波动,但是通过充分的准备,网易考拉海购是行业中较快恢复增长的平台,在4月当月,网易考拉海购就回到了正向增长的轨道上。

事实上,"四八新政"延期对于行业有一种促进作用,促进行业对于平台自身优势进行思考,帮助消费者和平台实现消费升级。

观点之二:跨境电商将迎来春天

洋码头创始人兼CEO曾碧波:对于跨境电商是个好消息,说明政府积极鼓励和支持跨境电商发展。无论是此前通关单的取消,还是延期政策出台,都证明了政府对行业发展的大力支持。

跨境电商作为新兴的行业模式,对于提升商品流通效率、刺激消费,起到不可忽视的作用。同时,在国家积极推进贸易全球化的进程中,跨境电商带领我国消费力量走向世界,将我国经济和全球贸易结合得更深。

税改取消了政策红利,淘汰了过去因为免税产生的泡沫。此后各大电商的竞争,也能看出各家真正的实力如何,行业竞争的本质将回归真正解决用户痛点。经过练内功的一年,跨境电商将迎来一个更健康有序的春天。

观点之三:新政初期过于严格,需要时间调整

丰趣海淘创始人兼CEO任晓煜:新政延期,证明了三点:

第一,跨境综合税的方向是正确的,这也是我们一直提倡的。把利用原来行邮税的免税额度的所谓政策红利来做跨境电商的水分挤出去,还原商业的本质,这样的商业形态才能真的做大做强。

第二,对商品白名单和实施细则,事实上在新政实施初期显得过于严格,也过于倾向于一般贸易的监管方式,这需要更多的时间来做优化和调整,并进一步放大电商业务可追踪、可溯源的优势,寻找在行邮包裹和一般贸易中间的合理的监管方式。

第三,新政并没有影响到用户的热情,事实上整个海淘或者跨境电商市场在2016年有了更有力的增长,只不过大部分流通还没被纳入跨境试点城市的海关口岸。

观点之四:跨境进口电商的未来与政策都需要深入探讨

天猫国际总经理刘鹏:跨境电商零售进口监管过渡期延长,体现了政府对跨境电商的重视,愿意拿出更多时间更深入地研究切实可行的政策。作为平台,我们也愿意一同探讨跨境电商的未来。

观点之五:新政延期有力促进海淘健康有序发展

拼多多CEO黄峥:新政延期很好地说明了国家对海淘业务的重视和大力支持,这将有力地促进整个行业更加健康有序地发展。政策的不断完善,必将更加有利于行业的健康发展,有利于维护消费者的利益,有利于企业间的良性竞争和优胜劣汰。

观点之六:新政延长 释放红利

宝宝树美囤妈妈CEO邵小波:"四八新政"一度让跨境电商行业呈现断崖式下跌,此次二次延长,无疑是在释放政策红利,刺激跨境商品进口消费,促进新消费。

观点之七:让跨境进口电商平台有时间、有空间积极准备

聚美优品创始人兼CEO陈欧:在税改执行的过渡期里,跨境电商可以暂不考虑通关单

和正面清单的相关事宜，获得更多的时间、空间去积极准备、应对之后的政策执行。

一直以来，国家对待跨境电商支持的态度都是毋庸置疑的，无论是税改政策的颁布乃至之后的推迟，都是在不停地修正、适应，促进行业更加规范化、秩序化地发展。接下来跨境电商仍然充满着各种可能，比如政策更加开放、监管方式变更等都或将成为现实。

观点之八：为实现监管模式的平稳过渡做更充分的准备

蜜芽CEO刘楠：第一，新政延期正表明了国家对跨境电商依然是扶持的态度。第二，这个政策的延迟，给了政府部门更多的时间来充分了解跨境电商企业以及跨境进口行业，了解各试点城市现行监管做法以及相关国家跨境电商零售进口的做法。第三，跨境进口企业也会更强化自律，切实加强商品质量安全风险防控，加快适应规范的监管要求，共同营造有利于跨境零售进口健康发展的社会环境，为实现监管模式的平稳过渡做好充分准备。

六、跨境进口型电商十大模式案例分析

1. "保税进口+海外直邮"模式——天猫国际

天猫在跨境这方面通过和自贸区的合作，在各地保税物流中心建立了各自的跨境物流仓。它在宁波、上海、重庆、杭州、郑州、广州6个城市试点跨境电商贸易保税区、产业园签约跨境合作，全面铺设跨境网点；规避了基本法律风险，同时获得了法律保障，压缩了消费者从下订单到收货的时间，提高了海外直发服务的便捷性；使得跨境业务在"灰色地带"打开了"光明之门"。监测显示，2014年"双11"，天猫国际（见图5-5）一半以上的国际商品就是以保税模式到达国内消费者手中的，是跨境电商的一次重要尝试。

图5-5 天猫国际页面

分析点评：这种模式可以大幅降低物流成本，提高物流效率，给消费者带来更具价格优势的海外商品。但值得一提的是，目前"保税进口"模式的相关政策还不是特别明朗，因此未来走向还有待观察。

2. "自营+招商"模式——苏宁海外购

模式概述："自营+招商"模式就是要最大限度地发挥企业内在优势，在内在优势缺乏或比较弱的方面进行招商，以弥补自身不足。苏宁选择该模式，结合了它的自身现状，在传统电商方面发挥它供应链、资金链的内在优势，同时通过全球招商来弥补国际商业资源上的不足。苏宁进入跨境电商，成为继天猫、亚马逊之后该市场迎来的又一位强有力的竞争者。苏宁海外购页面如图5-6所示。

图5-6 苏宁海外购页面

分析点评：苏宁如能利用好国际快递牌照的优势建立完善的海外流通体系、充分利用自有的支付工具以及众多门店优势，其进军跨境电商市场的前景就更加值得期待。另外，国外品牌商借助苏宁进军我国市场也会有更大的发挥空间。

3. "自营而非纯平台"模式——京东全球购

模式概述：京东在2012年年底时上线了英文版，直接面向海外买家出售商品。2014年年初，京东宣布国际化提升，开始采用自营而非纯平台的方式。2015年4月，"京东全球购"上线，是京东建设的跨境购物平台。京东控制所有产品的品质，确保发出的包裹能够得到消费者的信赖。其初期主要依靠品牌的海外经销商拿货，今后会尽量和国外品牌商直接合作。2018年11月，京东全球购更名为"海囤全球"。京东"海囤全球"（2019年）页面如图5-7所示。

第五章　跨境进口电商

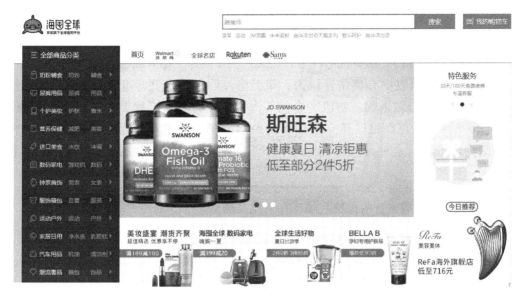

图 5-7　京东海外购页面

分析点评：京东海外购从目前来看已经布局，仍在等待未来进一步的发力。京东的海外购并不是走全品类路线，而是根据京东会员需求来进行商品开发。与其他电商如天猫国际、亚马逊、1 号店相比，京东在开展海淘业务方面的优势还未显现，海淘业务将"深耕细作"，等待收获。

4."直营+保税区"模式——聚美优品

模式概述："自营"模式就是跨境电商企业将直接参与到采购、物流、仓储等海外商品的买卖流程，对物流监控、支付都有自己的一套体系。

目前，河南保税物流区已为聚美优品开建上万平方米自理仓，聚美优品和河南保税物流中心在 2014 年 9 月完成对接。保税物流模式的开启会大大压缩消费者从下订单到收货的时间，加之海外直发服务的便捷性，聚美优品"海淘商品"购买周期，可由 15 天压缩到 3 天，甚至更短，并保证物流信息全程可跟踪。聚美优品页面如图 5-8 所示。

图 5-8　聚美优品页面

分析点评：中国电子商务研究中心主任曹磊认为聚美做海淘有三大优势：用户优势（黏性强、消费习惯好、消费能力高、购买频率高）；品类优势（体积小、毛利率高、保质期久、仓储物流成本低）；品牌优势（上市公司、资本雄厚、品牌商整合）。

中国电子商务研究中心莫岱青认为，聚美海外购在物流上打速度战，整合全球供应链的优势，直接参与到采购、物流、仓储等海外商品的买卖流程当中，或独辟"海淘""自营"模式。它利用保税区建立可信赖的跨境电子商务平台，提升供应链管理效率，破解仓储物流难题，是对目前传统海淘模式的一次革命，让商品流通不再有渠道和国家之分。

5. "海外商品闪购+直购保税"模式——唯品国际

模式概述：2014年9月，唯品会的"唯品国际"频道（见图5-9）亮相网站首页，同时开通首个正规海外快件进口的"全球特卖"业务。唯品会"唯品国际"全程采用海关管理模式中级别最高的"三单对接"标准，"三单对接"实现了将消费者下单信息自动生成用于海关核查备案的订单、运单及支付单，并实时同步给电商平台供货方、物流转运方、信用支付系统三方，形成四位一体的闭合全链条管理体系。

图5-9 唯品国际页面

分析点评：莫岱青认为，相较以往海淘的反复跟单、缴税等困扰，唯品会的跨境电商模式让产品与服务更加阳光化、透明化。

6. "自营跨境B2C平台"模式——亚马逊海外购、1号店海购、顺丰海淘

模式概述：亚马逊要在上海自贸区设立仓库，以自贸模式（即保税备货）将商品销往中国，这种模式目前还在推进中。海外电商在中国的保税区内自建仓库的模式，可以极大地改善跨境网购的速度体验，因此备受期待。亚马逊海外购如图5-10所示。

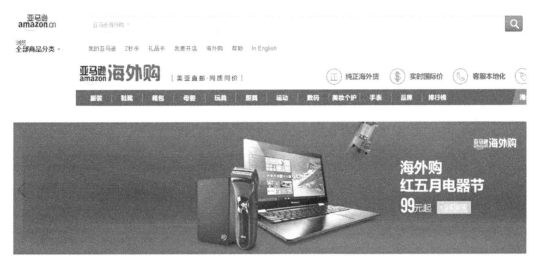

图 5-10　亚马逊海外购页面

据了解，1号店的进口商品是通过上海自贸区的保税进口模式或海外直邮模式入境，可以提前将海外商品进口至上海自贸区备货。除此之外，1号店的战略投资方沃尔玛在国际市场的零售和采购资源整合优势将利好"1号店海购"业务。1号店海购页面如图 5-11 所示。

图 5-11　1号店海购页面

2015年1月9日，顺丰主导的跨境B2C电商网站"丰趣海淘"（见图5-12）正式上线。提供的产品涉及美国、德国、荷兰、澳大利亚、新西兰、日本、韩国等海淘热门国家。"丰趣海淘"提供商品详情汉化、人民币支付、中文客服团队支持等服务，提供一键下单等流畅体验。目前上线的商品锁定在母婴、食品、生活用品等品类。货物可在5个工作日左右送达。

图 5-12 丰趣海淘页面

分析点评：莫岱青认为，保税进口模式在备货时占用的资金量大，对组织货源的要求高，对用户需求判断的要求高，而且这类模式会受到行业政策变动的影响。

7. "直销、直购、直邮"的"三直"模式——洋码头

模式概述：洋码头（见图5-13）是一家面向我国消费者的跨境电商第三方交易平台。该平台上的卖家可以分为两类，一类是个人买手，模式是C2C，另一类是商户，模式是M2C。它帮助国外的零售产业跟我国消费者对接，就是海外零售商直销给我国消费者，我国消费者直购，中间的物流是直邮。该模式体现三个直：直销、直购、直邮。

图 5-13 洋码头页面

分析点评：洋码头作为跨境电商的先行者，向第三方卖家开放，因此也面临着与亚马逊、京东、苏宁等电商的正面较量。洋码头想要立足，需要在海外供应商、产品体验、用户体验以及物流方面下足功夫。

8. "垂直型自营跨境 B2C 平台"模式——蜜芽宝贝

模式概述：垂直型自营跨境 B2C 平台是指平台在选择自营品类时会集中于某个特定的领域，如美妆、服装、化妆品、母婴等。

蜜芽宝贝（见图 5-14）以"母婴品牌限时特卖"为主导，每天在网站推荐热门的进口母婴品牌，以低于市场价的折扣力度，在 72 小时内限量出售，致力于打开跨境电商业务。中国母婴电商网监测数据显示，蜜芽宝贝用户已经超过百万，2014 年 10 月 GMV 超过 1 亿元，月复购率达到 70% 左右。

图 5-14 蜜芽宝贝页面

中国电子商务研究中心研究发现，蜜芽宝贝的供应链分为四种模式：第一，从品牌方的国内总代采购体系采购；第二，从国外订货直接采购，经过各口岸走一般贸易形式；第三，从国外订货，走宁波和广州的跨境电商试点模式；第四，蜜芽宝贝的海外公司从国外订货，以直邮的模式报关入境。

分析点评：莫岱青认为，这类跨境的电商平台因其自营性，供应链管理能力相对比较强，从采购到货物到用户手中的整个流程均由自己把控。但是值得注意的是，这种模式前期需要比较大的资金支持。

9. "导购返利平台"模式——55 海淘

模式概述：55 海淘网（见图 5-15）是针对我国消费者进行海外网购的返利网站，其返利商家主要是美国、英国、德国等 B2C、C2C 网站，如亚马逊、eBay 等，返利比例 2%～10% 不等，商品覆盖母婴、美妆、服饰、食品等综合品类。

跨境电商概论

图 5-15　55 海淘页面

分析点评：导购返利模式是一种比较轻的电子商务模式，技术门槛也相对较低，可以分为引流与商品交易两部分。这就要求企业在 B 端与境外电商建立合作关系，在 C 端从用户处获取流量。目前来看，55 海淘在返利额度上有一定优势，但与商家合作方面的特色还未完全体现出来。

10．"跨境 C2C 平台"模式——淘宝全球购、美国购物网

淘宝全球购（见图 5-16）是淘宝网奢侈品牌的时尚中心，全球购帮助会员实现"足不出户，淘遍全球"的目标，于 2007 年建立。全球购期望通过严格审核每一位卖家，精挑细选每一件商品，为淘宝网的高端用户提供服务。

图 5-16　淘宝全球购页面

美国购物网（见图 5-17）是专注代购美国本土品牌商品，涵盖服饰、箱包、运动鞋、保健品、化妆品、名表首饰、户外装备、家居母婴用品、家庭影院等。该网站批发零售兼顾，主打直邮代购。代购的商品均由美国分公司采用统一的物流配送——纽约全一快递，从美国发货直接寄至用户手中，无须经过国内转运。

图 5-17 美国购物网页面

第二节 跨境进口电商案例之一：洋码头

一、洋码头简介

1. 我国海外购物平台领军者

洋码头成立于 2009 年，是我国知名的独立海外购物平台，拥有近 4000 万用户。洋码头极具创新性意义地创立海外场景式购物模式，通过买手直播真实的购物场景，让我国消费者足不出户，轻松、便捷地享受一站式全球购物，实现引领我国消费全球化。

2. 开创性建立"买手制"的海外购物平台

洋码头在全球 44 个国家和地区拥有超过 2 万名认证买手，买手入驻洋码头平台需要通过严格的资质认证与审核，如提供海外长期居住、海外身份、海外信用、海外经营资质等多项证明材料。同时，他们能够全力服务于我国市场，将世界上潮流的生活方式、优质的商品、文化理念通过"动态的场景式直播"和"优质的个性化服务"分享给我国消费者。

3. 直播频道：体验真实的海外"血拼"现场

遍布全球的买手每天都会直播在世界各地的卖场、奥特莱斯、百货公司、精品店等现场购物实况，分享全世界的优质商品。它通过海外直邮的方式，将全球商品及时、快速地送达用户手中。

4. 特卖频道：全球热销货物精选

精选、组合全球热销商品，提供丰富的、特定生活场景下的商品选择，品类涵盖服装鞋包、美妆护肤、母婴保健、食品家居等。它通过保税发货的方式，让我国消费者更快速地收到全球热销商品。

5. "聚洋货"频道：品质洋货一站团

"聚洋货"频道引入经过严格认证的海外零售商直接对接国内消费者，精选全球品牌特卖，品类涵盖服装鞋包、美妆护肤、母婴保健、食品居家等。洋码头还自建有国际物流服务平台，在海外部署三大分拨物流中心，保证以其低成本的国际订单配送服务，快速、合法地帮助海外零售商和国内消费者完成交易和购物；同时专门设立国内退货服务中心，方便退货，让国内消费者体验海外直邮一站式购物，同步全球品质生活；不仅如此，"聚洋货"频道还拥有海外库存保证。

6. 笔记社区：全方位的全球购物分享社区

这里有用户分享的个性购物笔记、买手分享的心情故事和全球潮流资讯等。大家可以在这里讨论和分享自己的生活理念，畅享海外购物的乐趣。社区会定期推出专题，传递最新的流行时尚资讯；更有来自全球各地爱秀爱美的用户，实时"晒出"扫货战利品，分享其购物心情和攻略。在这里，用户可以即时刷新海外的"新奇特"，找到志同道合的朋友，享受海外购物的乐趣。同时，在社区中也活跃着一批达人，达人们定期分享自己在穿衣搭配、美妆护肤等方面的心得，并推荐相关海外商品；如果有更多疑问，用户还可以通过评论与达人互动。分享与互动，不仅激起了大家对海外商品的兴趣，也提高了用户对洋码头的黏着度。

7. 自建物流：贝海国际——跨境物流解决方案专家

为保证海外商品能安全、快速地运送到我国消费者手上，洋码头在行业内率先建立起专业的跨境物流服务体系——贝海国际，致力于为跨境电子商务全球物流提供解决方案，更好地服务我国消费者。贝海国际高效整合国际航空货运及我国入境口岸的资源，并与中国海关总署、中国国家邮政总局、入境快件口岸等政府部门及相关组织展开深入合作，推出在线系统制单、海关电子申报、在线关税缴纳、全程状态追踪等服务，为目前境外至我国日益增长的跨境进口电子商务市场提供高效、正规、合法的国际个人快件包裹入境申报配送服务。

截至目前，贝海国际在海内外建成 12 个国际物流中心（纽约、旧金山、洛杉矶、芝加哥、拉斯维加斯、墨尔本、悉尼、法兰克福、伦敦、巴黎、东京以及杭州），服务覆盖全球20个国家和地区。贝海国际与多家国际航空公司合作，保证每周超过40个国际航班入境，大大缩短了国内用户收到国际包裹的时间。时效方面，海外直邮，用户最快7天内收到包裹；保税仓发货，用户最快3天收到包裹，体验达到最佳。

> **扩展阅读**
>
> 洋码头买手折扣的秘密
>
> 2万名居住在全球各地的优质买手汇聚在洋码头，他们分布在纽约、巴黎、伦敦、悉尼、东京、首尔等城市，掌握世界潮流，同时洞悉我国消费者心理和国内市场需求，将世界每个角落的优质商品第一时间带到国人手中。
>
> 身居英国的丹丹是洋码头上的一名职业买手，主营奢侈品牌包袋，不到一年已经建立了近20人的团队，在洋码头积累了2万余名"粉丝"。她的买手团队经常出入英国比斯特折扣村，这是英国人气最火的购物地点之一，汇聚了130多个世界名牌。他们和其中90%的品牌店铺的店员建立了朋友关系，各种特权、折扣也随之而来。当别人还在为了限购而头疼的时候，他们早已和店员提前订好了货，批量采购的数量甚至达到了代理商的级别。
>
> 在新货上架或是打折季来临前，买手们还能享受提前挑选好货的特殊待遇。丹丹透露，在洋码头一天的交易额能抵得上一个品牌单店交易额的2倍。
>
> 买手们手握Gucci（古驰）、LV（路易威登）、Prada（普拉达）、BV、Chloe（蔻依）等国际一线大牌的VIP卡，享受专属额外折扣，甚至许多断货、限量、极难购买的商品，买手们都能有这样的资源帮用户买到。
>
> 目前，越来越多的买手建立了专业化运作的团队，选品、扫货、打包、发货、客服等环节一应俱全，为用户提供一站式贴心服务。
>
> 在资深买手牛哥看来，买手模式已演变为贸易的概念。跨境电商说到底就是打破不同国家之间的差价，现在的买手更像小型贸易商。这种差价不单单存在于我国与美国之间，欧洲与美国之间也有差价，只要有关税的存在，只要有不同产地的厂商存在，就必然会有差价。

二、洋码头跨境消费保障体系2.0

1. 全球货源保障

（1）洋码头商家/买手认证保障

第一，商家资质认证标准。入驻洋码头的商家必须是我国大陆以外资质的实体，需要提供营业与零售资质证明、银行对账单、法人身份证明，并交纳保证金。

第二，买手资质认证标准。入驻洋码头的买手必须是在海外长期居住的华人或者外国人，需要提供完整的个人信息、海外身份证明、海外信用证明和海外居住证明。

(2) 商品源头可追溯

消费者可以全程监控商品从源头发货到手中的全部信息。此外,当码头还设有统一仓储和海外验货中心。

2. 海外物流保障

(1) 海外直邮

洋码头以海外直邮为主要发货方式,旗下贝海国际物流中心已覆盖20多个国家。

(2) 专业航空运输

洋码头海外直邮以航空运输为主要运输路径,每周近40个全球物流航班会从世界各地飞往国内。空运对比其他运输方式更安全、更标准、更专业。

(3) 清关合规

洋码头承诺合法合规清关,保障消费者的权益。清关流程如下:检验检疫——→入境申报——→清关查验——→放行配送。

3. 本土售后保障

(1) 本土退货

选择跨境网购的消费者,在收到商品后,或因为质量问题、包装破损、与描述不符等原因,一直存在希望方便退货的需求,洋码头消费保障2.0在本土服务上做了升级。

洋码头带有"本土退货"标志的商品在我国的退货服务,确保商品未经使用和完好的前提下,接受7天无理由退货。退货流程为:选择退货——→提交审核——→快递回仓——→拿到退款。

(2) 本土客服

作为平台类电商,因为时差等原因,消费者不能及时联系到卖家,因此在消费者遇到问题时,洋码头客户管家会先行协助解决,避免因时差、距离带来的买家与卖家沟通不畅。

扩展阅读

跨境电商已入中场阶段更重服务和效率

洋码头创始人兼CEO曾碧波公开表示,经过上半场的政策红利,跨境电商已经迈入中场阶段,将更加注重服务体验以及效率的提升,"中场将对供应链的宽度、高效赋能产业链上游有更大的挑战,练好内功之后才好迎接下半场的消费红利时代"。

提升全球商品多元化是关键

2014年被不少业内人士称为"跨境进口电商的元年",国内保税仓兴起,传统零售商、海内外电商巨头、创业公司、物流服务商、供应链分销商等纷至沓来,以保健品、母婴产品、化妆品三大主流类目商品成为保税仓的"常客"。消费者通过各类跨境平台下单购买，不仅享受着税收优惠，以更低的价格购买更好的商品，也能在短时间内便可用上来自国外的商品。这一阶段被称为"政策红利"的上半场，培养推动了行业的整体爆发，以保税为主的跨境电商企业都以商品深度为目标，注重保税仓储，但这样的政策红利正在不断消减。

结束这一局面的是跨境电商整体规模的扩大以及两年后的"四八新政"。在消费升级之下，用户消费更加注重满足自身的个性化需求，对商品品类、品牌丰富度及新品更新速度的关注度在不断提高，这无疑是对跨境电商企业模式和运营能力的更大考验，也是对供应链宽度整合的更大挑战。

今年以来，多家综合型平台发力升级供应链。网易考拉海购，已先后与数十家国际知名品牌签订深度合作协议，并在欧洲、澳大利亚等地举办招商会；天猫国际，则在不断引进更多的国际商超，德国超市巨头 ALDI 已进驻天猫国际……

在曾碧波看来，税改新政的出台可以看作跨境电商行业进入第二阶段——中场的分水岭。进入中场之后，各企业更加注重修炼内功，准确洞察消费者需求，提供更多更好的海外商品。

赋能产业上游，提升服务体验

中场阶段，用户对海外商品的认知度和服务体验要求逐渐提高，同时，更多的海外品牌和零售商开始意识到我国市场的巨大潜力。

近年来，二三线城市人群的海外购物消费增长迅速，已逐步跻身于海外消费主力人群。据洋码头数据显示，去年上半年二三线城市销售额同比上涨速度已远超北上广深。曾碧波认为，高效赋能上游产业，整合多环节资源是跨境中场阶段面临的一大机遇，"上游产业对我国市场的重视和渗透，需要全行业一起努力，从组织商品进入销售到物流到售后，整个链条都需要行业付出巨大的努力，教育和赋能上游产业链，让它们更懂得我国市场和我国消费者。"

跨境电商为海外品牌和零售商提供了连接我国消费者的桥梁，上半场中，这些企业依靠国内巨头企业大量采购货物囤在保税仓打开我国市场，接下来所要面对的是快速反映国内用户需求及持续性的服务体验。同时，面对国内日益增长的海外商品需求，且商品从国外流通到我国，涉及仓储、运输、通关等多个复杂环节，提高流通效率也成为跨境电商企业提升服务体验的一大挑战。

洋码头手握全球多元商品、买手赋能体系、极致物流体验"三板斧"

洋码头从创立之日起，就坚持买手商家制和跨境直邮的原则，并在发展过程中，不断赋能全球买手商家，为国内消费者更好地提供各项服务。

在消费升级大背景下，国内消费者消费呈现价格敏感度越来越低、海外购物商品需求多元化的特点。据了解，消费者在海购中最热门的三大品类依次是服装、美容护肤产品、箱包。显然，用户需求的多元化和多样化已经成为发展趋势，人们对于跨境购物已不仅仅局限于传统母婴、美妆、保健三大品类。

自去年以来,洋码头就已开启全球买手培育计划,从认证入驻到成长发展建立了一整条完整的规范体系,通过理论指导与实际操作相结合的培训机制,不断推进买手商家的专业化发展,为建立跨境产业生态奠定基础。

据了解,洋码头买手商家培养计划注重服务品质的提升与买手商家服务的打造。认证方面,除了对已有的身份、信用等证明审核保证商品纯正海外来源外,还要确保买手的商品采购能力和备货能力,为购物体验把好第一道关。同时,洋码头通过大量调研和分析数据,及时了解国内消费动态,并以此为依托为全球买手商家提供选品、清关、营销、服务等全方位的培训,加深对我国市场的了解。

一年来,洋码头作为跨境直邮的领头羊也在时效、成本等方面取得了关键性进展。去年黑五期间,洋码头官方国际物流还能达到平均时效 5 天,保持着高速、稳定的直邮优势。

其实,洋码头在跨境直邮领域深耕多年,打通了上下游产业链,在税改新政颁布之后,更是凭借多年积攒的资源合理配置的经验,将物流成本一降再降,运输时效一提再提。有业内人士分析,跨境直邮已经成为洋码头的绝对优势,是实现跨境电商中差异化突围的决定因素。

(资料来源:中国新闻网,2017 - 9 - 14。)

第三节 跨境进口电商案例之二:网易考拉

一、网易考拉简介

网易考拉是网易旗下以跨境业务为主的综合型电商,于 2015 年 1 月 9 日公测,销售品类涵盖母婴、美容彩妆、家居生活、营养保健、环球美食、服饰箱包、数码家电等。网易考拉以 100% 正品、天天低价、7 天无忧退货、快捷配送,为用户提供海量海外商品购买渠道,希望帮助用户"用更少的钱,过更好的生活",助推消费和生活的双重升级。

网易考拉主打自营直采的理念,在美国、德国、意大利、日本、韩国、澳大利亚等地设有分公司或办事处,深入产品原产地直采高品质、适合我国市场的商品,从源头杜绝假货,在保障商品品质的同时省去诸多中间环节,直接从原产地运抵国内,在海关和国检的监控下,储存在保税区仓库。除此之外,网易考拉还与海关联合开发二维码溯源系统,严格把控产品质量。

网易考拉媒体型电商的媒体基因、与网易大平台共享的海量用户,以及包括资金、资产及资本市场资源在内的资本优势,成为网易考拉区别于其他电商平台的持续核心优势。

二、网易考拉的七大竞争优势

作为"杭州跨境电商综合试验区首批试点企业",网易考拉在经营模式、营销方式、诚信自律等方面取得了不少成绩,获得由中国质量认证中心认证的"B2C 商品类电子商务交易服务认证证书",认证级别四颗星,是国内首家获此认证的跨境电商,也是目前国内最早获得最高级别认证的跨境电商平台之一。

作为一家媒体驱动型电商,网易考拉是网易集团投入大量优质资源打造的战略级产品,改变了商家和消费者之间信息不对等的现状,并凭借自营模式、定价优势、全球布点、仓储优势、海外物流优势、充沛资金和保姆式服务七大优势,仅一年就跻身跨境电商第一梯队,并成为增长速度最快的电商企业之一。

1. 自营模式

网易考拉主打自营直采,成立专业采购团队深入产品原产地,并对所有供应商的资质进行严格审核,并设置了严密的复核机制,从源头上杜绝假货,进一步保证了商品的安全性。网易考拉已与全球大量优质供应商和一线品牌达成战略合作。

2. 定价优势

网易考拉主打的自营模式拥有自主定价权,可以通过整体协调供应链及仓储、物流、运营的各个环节,根据市场环境和竞争节点调整定价策略。网易考拉不仅通过降低采购成本控制定价,还通过控制利润率来控制定价,做到不仅尊重品牌方的价格策略,更重视我国消费者对价格的敏感和喜好。

3. 全球布点

网易考拉坚持自营直采和精品化运作的理念,在旧金山、东京、首尔、悉尼、香港等地成立了分公司和办事处,深入商品原产地精选全球优质好货,规避了代理商、经销商等多层环节,直接对接品牌商和工厂,省去中间环节及费用,还采用了大批量规模化集采的模式,从而实现更低的进价,甚至做到"海外批发价"。

4. 仓储优势

保税的模式,既可以实现合法合规,又能降低成本,实现快速发货,所以供跨境电商使用的保税仓是稀缺资源。

网易考拉在杭州、郑州、宁波、重庆四个保税区拥有超过 15 万平方米的保税仓储面积。2019 年 6 月 17 日,面积达 34 万平方米的网易考拉 1 号仓在宁波出口加工区举行开仓仪式。目前,网易考拉已经成为跨境电商中拥有保税仓规模最大的企业。

网易考拉初步在美国和我国香港地区建成两大国际物流仓储中心,并将开通韩国、日本、澳大利亚、欧洲等国家和地区的国际物流仓储中心。

5. 海外物流优势

虽说没有自建物流，但在物流的选择上，网易考拉把物流配送交给了中外运、顺丰等合作伙伴，还采用了更好的定制包装箱，让用户享受"相对"标准化的物流服务。

网易考拉已建立一套完善的标准，通过与中外运合作整合海外货源、国际运输、海关国检、保税园区、国内派送等多个环节，打通整条产业链。

6. 充沛现金

丁磊在公司内部表示，"在网易考拉上的资金投入没有上限"。网易考拉借助网易集团雄厚的资本，可以在供应链、物流链等基础条件上投入建设，同时也能持续采用低价策略。

虽然网易考拉有网易的雄厚资金做后盾，但其一开始并没有大动作，反而花了大半年的时间，主要集中精力做基础准备工作，如拿地建仓、外出招商、梳理供应链。

7. 保姆式服务

对于海外厂商，网易考拉能够提供从跨国物流仓储、跨境支付、供应链金融、线上运营、品牌推广等一整套完整的保姆式服务，消除海外商家进入中国市场的障碍，使它们避开了独自开拓中国市场会面临的语言、文化差异、运输等问题。网易考拉的目标就是让海外商家节约成本，让中国消费者享受低价。

新闻链接

比海运快，比空运便宜，网易考拉海购⊖青睐跨境专列

2017年9月26日，网易考拉海购宣布首次在重庆以铁路专列形式完成进口贸易物流。价值500万美元的41节火车皮的欧洲母婴产品通过专列拉到了网易考拉海购位于重庆的保税仓。这不是跨境电商首次使用列车作为物流工具。随着国家对欧亚铁路运输的推动，越来越多的欧洲商品搭载着开往我国的列车摆上我国跨境电商的货架。

列车运输有什么优势？

2016年6月，跨境电商有棵树旗下的海豚供应链也利用欧亚铁路，搭上"义新欧"列车把德国产原装进口奶粉运回国内。中铁也看到了跨境电商的发展趋势。2017年6月，中铁表示，中铁快运与俄铁、俄联邦客运及其物流公司达成合作协议，将建立中俄跨境电商物流平台。

网易考拉海购跨境电商物流总监陶然认为，列车运输将成为跨境电商物流的重要补充，

⊖ 网易考拉海购于2018年6月更名为网易考拉，因此2017年的新闻中的称呼仍是网易考拉海购。

和航空、海运相比，列车是价格和时间综合成本的最佳选择。

从事国际物流业务的乔达中国的华东华北区总经理杨醒强表示，此前，进入西南地区的跨境商品大多是先通过海运到达上海，再使用长江航运抵达重庆，一般需要四五十天的时间，而现在通过列车直接开到重庆只需要 20 天时间，而这次网易考拉海购专列因为有重庆海关的支持，快速过关，只需 17 天时间。

保税仓和海外仓如何选择？

那么，这是否意味着"列车＋保税仓"的模式将成为跨境电商物流的主要方式呢？陶然表示，使用列车运输对跨境电商企业的销量提出了更高的要求，列车是跨境电商物流的更好的补充，特别是对西南地区的内陆城市。

渝新欧（重庆）物流有限公司市场部经理陈颖透露，目前跨境电商的产品占到了公司运量的 20% 左右，这个量还在往上涨。不过她表示，跨境电商也存在一些挑战，最重要的就是政策问题，"目前海关政策还不是特别明朗，所以未来怎么发展，还不一定。"

事实上，物流一直是跨境电商发展的关键，直接影响成本和效率。除了通过"海陆空"方式把跨境商品运到国内保税仓，目前包括网易考拉海购在内的电商平台、邮政 EMS 在内的第三方物流企业也在尝试在海外建仓。

陶然表示在哪里建仓是根据业务需要，海外仓主要用于那些长尾产品，比如销售量比较小的产品，或者新上市、季节性的产品，这样能够提高效率，降低风险。"我们会先利用海外仓在海外试销，如果达到一定标准就会转为国内保税仓运营。"而国内保税仓的优点是价格低，运作效率更好，主要适用于那些已经成熟的爆款产品。

（资料来源：王敏杰，亿邦动力网，http://www.ebrun.com/20160225/166904.shtml。）

三、网易考拉的进口电商新玩法

1. 玩法之一："祥龙"＋"瑞麟"

由于跨境物流链路长、涉及面广、加上和外国人打交道等问题，网易考拉前期遇到了不少挑战。团队想到的解决方案，是从源头上去解决行业现存的问题，提升整体物流效率。基于此，网易考拉联合业内仓储物流管理企业科箭软件科技与海仓科技，共同开发智能化管理系统"祥龙"与云 TMS 系统"瑞麟"。其中，"祥龙"系统可以进行三维测量、智能指引入库、机器人拣选、红外线称重等操作，可提高商品入库速度。

云 TMS 系统"瑞麟"有三个特点：第一，订单全程可视化；第二，异常处理主动化；第三，运费结算自动化。例如，原本如果在配送的时候出现订单异常，用户发现了问题后，需要先向网易考拉的客服平台进行咨询，网易考拉接到咨询后，再反馈到快递公司，随后由快递公司的网点告知具体情况后才能进行处理。而"瑞麟"平台可以实时监控订单信息，在发现异常后，系统会自动推送给负责配送的快递企业，从而做到在消费者发现问题前进行主动服务。

"祥龙"和"瑞麟"两个系统投入使用后,通关的时效由 99.17% 提升到 99.86%,生产及时率从 98.12% 提升到 99.99%,配送及时率从 85.68% 提升到 96.51%(行业的标准则是 90%),次日达的兑现率从 66.65% 升到 99.36%。通过"祥龙"与"瑞麟"的投入使用,网易考拉在浙江、上海的周边 48 个区县能做到次日达,每年服务客户 246 万,票均提速 8 小时。

2. 玩法之二:重金保税仓

对于走 B2C 自营模式的网易考拉来说,能否做到物流"次日达",很大程度取决于保税仓的区域面积及布局。网易考拉采用了行业普遍采用的"多地分仓"形式,布局杭州、宁波、郑州、重庆四地。不过,重金布局这些保税仓后,跨境进口税收政策就成了特别关注的问题。

对此,杨海明认为:虽然政策有所波动,但消费者对海外品质商品的诉求是没变的。长期而言,随着客单价和客品数的提高,人们对新税率的适应度会慢慢加强。从数据上来看,目前网易考拉的平均客单价为 400 元,比之前提升了 150%;其次,如果只单一做线上(订单),保税仓可能会受限于政策的变动。因此,团队正在和合作伙伴商议共享仓储,未来除了线上,货品也可以走线下渠道。

第四节 跨境进口电商案例之三:蜜芽宝贝

一、蜜芽宝贝简介

蜜芽宝贝是我国首家进口母婴品牌限时特卖商城,总部在北京,于 2011 年创立,创始人为刘楠。团队核心成员来自百度、京东商城、苏宁红孩子、当当网等成熟互联网公司,拥有独立的技术研发团队,销售渠道包括官方网站、Wap 页和手机客户端。

蜜芽宝贝为妈妈们提供简单、放心、有趣的母婴用品购物体验,拥有逾 50 万名会员,每天在网站推荐热门的进口母婴品牌,以低于市场价的折扣力度,在 72 小时内限量出售。

2013 年 12 月年,蜜芽宝贝获得真格基金和险峰华兴投资,2014 年 6 月获得由红杉资本领投、真格基金和华兴险峰跟投的 2000 万美元融资,2014 年 12 月 15 日由 H Capital 领投,上轮投资人红杉资本和真格基金继续跟投 6000 万美元。蜜芽宝贝主仓库位于北京大兴,面积超过 6000 平方米,并拥有德国、荷兰、澳大利亚三大海外仓,以及宁波、广州两个保税仓,在母婴电商中率先步入"跨境购"领域。

二、蜜芽宝贝的成长

1. 起步淘宝

2011年,蜜芽宝贝的创始人刘楠在淘宝上拥有一家四皇冠的小店,此时她是一名全职妈妈。"那时候我还算个网红,微博粉丝也不少,整天穿着连衣裙带着孩子在海外旅游、拍照片,推荐一种生活方式,然后一堆粉丝就跟着你买买买,挣钱再轻松不过了。"刘楠回忆自己开淘宝店的初衷,很单纯,就是想让孩子用上最好的东西。出于这个美好的愿望,她一边搜罗全世界好用的东西,一边团结了一批志同道合的妈妈们,在母婴圈里的影响力越来越大。

刘楠本能地感觉到,一股新势能正从暗涌转化为涓流,直至成为不可逆转的浪潮——中国的新生代妈妈们不再满足于老一辈的育儿经验,在给宝宝购物时也更青睐于海外的优质商品。她们用谷歌、亚马逊来搜索自己想要的育儿用品,海淘、代购顺势兴起。虽然当时的物流很不稳定,且动辄要被海关课税,但这股潜力已不容小觑。令人满意的价格和速度得到海外的好东西,成了这个消费群体最核心的诉求。

2. 从蜜芽宝贝到蜜芽

蜜芽宝贝的创业目标是成为中国第一的孕婴童公司。我国每年有1800万新生儿,是全球最大的儿童市场,从妈妈备孕开始到孩子长到7岁,这个人群有近1.5亿的人口(2016年),直接的和衍生的需求巨大,但却几乎没有为这个人群的整体需求提供优质服务的孕婴童公司。

刘楠谈起一段经历:那时她在夏威夷参加中美创业者的会议。会上,她看到美国创业者的展示都很酷炫,而中国人都在展示外卖、上门按摩、打车等。这让她感觉到,中国人连基础的衣食住行都没能发展好。美国那边的消费习惯早已升级了,基础行业发展机会渺茫,年轻人要从创意、文化上挖掘项目。中国有着这么多不完善的方面,倒也是个机会。80、90后人群伴随着互联网长大,为什么十年前天天上淘宝买三四十元的东西,现在却要海淘、代购呢?因为成家立业了,想给孩子买好的东西。这就是这两代人的需求差别。

而后,蜜芽宝贝改名为"蜜芽",其品牌寓意提升了一层。如果说蜜芽宝贝是针对1~3岁的婴幼儿市场,那现在的蜜芽就能够让消费者愿意托付生儿育儿的全部过程。比起致力于无所不包、无所不有的全平台购物网站,蜜芽更希望成为提供一套完备生活方式和知识体系的平台。而它也正在以此为基础,将商品品类拓展至美妆、家居、食品等相关门类。

3. 痛点切入

有过海淘经历的人都知道,早年的海淘体验非常差。如果品牌商想在中国卖货,往往需要找一个经销商,经销商下面还有零售商,等货物送到消费者手里,早已缴过各种各样的手续费。而这一系列网络的铺设时间又极为漫长,大概需要15个月左右。漫长的等待加高昂的成本,成为海淘一族最闹心的问题。

经过一番准备,2015年3月,蜜芽举办了一场"纸尿裤疯抢节",把进口品牌的纸尿裤价格直接砍半,产生了巨大的冲击力。人们都感到不可思议:一个小垂直电商怎么能做出这样颠覆性的事情呢?事实上,蜜芽巧妙地抓住了跨境政策的风口:作为最早一拨涉足跨境贸易的电商,蜜芽利用保税区的优势,将原本15个月的渠道铺设时间压缩到了15天,并快速建立起自己的供应链——在北京、宁波、重庆、香港、郑州多地布点设仓,和当地政府一起探索和完善整个跨境电商的监管制度。

在构建了经营模式雏形、把控住物流后,蜜芽旋即与世界级知名品牌展开直接合作。因为先前这些大品牌都是靠总代理、经销商出货,而选择一家跨境电商直接对接,在当时蜜芽算得上首创。蜜芽要求做到永远要比别人快3~6个月的时间找到创新的商品,始终围绕"为妈妈和孩子提供最好的东西"。

4. 蜜芽的用户

我国的妈妈们非常喜欢去探讨到底什么商品适合她们,什么商品最实惠等问题。她们对育儿方面的知识需求是非常强烈的,大多数人是第一次当妈妈,所以非常谨慎,希望能够得到指引。基于此,蜜芽的眼光并不局限于在单一垂直领域的深耕细作,为了将用户与商品联系得更加紧密,"社交+电商"的模式横空出世,成为口碑营销的升级版。

"蜜芽圈"便是这么一个供妈妈们分享育儿心得和知识及推荐商品和服务的社区。据蜜芽战略发展副总裁彭琳琳介绍,蜜芽40%的消费者曾在蜜芽圈里贡献过内容,这种参与度是相当令人瞩目的。为了避免泛社交平台可能带来的无意义注水和争执,蜜芽圈在不停地推出有针对性的、围绕育儿购物的话题,通过线上线下各类活动,不断培养用户形成良好的使用习惯,使蜜芽圈成为母婴用户的切入商品和内容的流量入口。

蜜芽圈2.0版本上线之后,DAU(日活跃用户数量)增长迅速,已经超过30万,引进的内容网红、大的IP用户以及蜜芽圈原生的草根网红已经超过800人。许多妈妈在蜜芽圈就育儿相关的衣食住行进行讨论,并且持续地将优质的内容分享到体系外的微信、微博、朋友圈等,通过优质内容的产生达到增强用户黏性及获取新客的目的。

5. 生态蜜芽

正如"学英语就去新东方"一样,为了使"生娃养娃上蜜芽"成为人们脑海中一种根深蒂固的观念,蜜芽一直在不断探索更多的可能。如果蜜芽的妈妈们能够通过蜜芽圈在线上买到物美价廉的商品,线下又能得到很好的婴童服务,蜜芽的"护城河"就会比其他单纯的电商平台深得多。

蜜芽开始搭建生态系统,垂直电商是新的契机。构建一个孕婴童的新生态,除了商品,还能提供游乐场、玩具,甚至餐厅,这将有质的飞跃。于是,蜜芽也尝试和幼儿园、私立医院逐步合作,同时也为妈妈们提供创业平台,让妈妈们通过简单的渠道拿到蜜芽的货,再通过社交网络卖给亲朋好友,成为一个轻松的创收方式。蜜芽创始人刘楠认为,蜜芽不希望成为一家独大的垂直电商，而致力于打造一家行业公司，能够和全行业链条上的其他公司、机构展开亲密的合作，构筑起独具特色的母婴大生态体系。蜜芽的宣传图片如图 5-18 所示。

图 5-18 蜜芽的宣传图片

第五节 跨境进口电商案例之四：蜜淘

一、蜜淘简介

蜜淘的前身为 CN 海淘，上线于 2014 年 3 月份，由一批经验丰富的年轻人创立，创始人谢文斌曾任职于阿里巴巴旗下的天猫。CN 海淘主打海淘手机购物，通过简单的下单与支付，使国内用户不需要经过繁杂的转运就可以购买到海外正品。另外，CN 海淘推出的 0 代购、价格透明、全程跟踪等服务也开创了海淘领域的新标杆。

蜜淘主推海外品牌限时特卖模式，通过海外品牌厂家、正规代理商、国内专柜等可信的进货渠道采购，并在采购部专门设置自身的质检员。同时，它也将与国内转运公司、海外仓库、保税区等深入合作，采取海外直邮、保税区清关、海外转运、国内进口直发等模式来方便用户购买海外正品。

1. 发展历程

2013 年 10 月，北京背篓科技有限公司成立。

2014 年 3 月，蜜淘前身 CN 海淘正式发布 iPhone 和 Android 客户端。

2014 年 4 月，奶粉节单天销量突破 100 万元。

2014 年 6 月，上线海淘专场特卖。

2014 年 7 月，CN 海淘更名为"蜜淘"。

2014 年 7 月，获经纬创投千万美元 A 轮融资。

2015 年，与京东、天猫、聚美优品等展开价格大战。

2016年2月，公司倒闭。

2. 服务流程

第一步，CN海淘下单后，CN海淘直接通知海外商家下单并发货。

第二步，CN海淘专员根据下达的已支付订单信息，从对应的海外商家采购对应商品，并通知客户订单已经确立执行。

第三步，海外商家商品发货后，CN海淘会将海外商家物流单号回执给客户，此时客户可以跟踪订单商品在海外的物流配送信息。

第四步，海外商家会把客户下单的商品发到CN海淘在国外的仓库，然后通过国际直邮的方式运送到客户手上，此时客户可以通过物流跟踪查看订单物流状态。

第五步，商品到达我国境内后由中国海关清关，通常需要5~10天的时间。

第六步，报关清关完成后，国内物流公司把客户购买的商品快速配送到客户下单的地址。

二、谁"杀死"了蜜淘

2014年，跨境电商都在做同一件事情：野蛮生长。随着早期圈地完毕，汹涌的掘金者必然面临着贴身肉搏。身处风口浪尖的蜜淘最终倒下，有三个重要原因。

1. 爆款做法不被业内看好

洋码头相关负责人表示，爆款不能成为一种模式。跨境电商本身能做爆品的产品并不多，做爆品又需要平台持续补贴让利，后续商品跟不上、供应链支撑不了，平台会很难。爆品只能成为平台营销、拉新的方式，除了低价促销吸引用户外，还能满足用户什么样的需求才是爆品思维的关键。

宝贝格子CEO张天天认为，推爆品没有错，需求点切实存在，这也是最降低用户获取成本的方式，但归根结底平台还是要回归到解决更多用户需求痛点上，而不是单纯打爆品。

蜜淘的爆品特卖思维并未获得想象中的成功，当时蜜淘的月交易额只有几十万元，增长速度也只有30%~50%。

2. 频繁大促导致推广黑洞

2014年11月，蜜淘获得了祥峰投资、经纬创投等投资机构达3000万美元的投资。为了提高销售，蜜淘随即加入了地铁刷广告的营销大军，当月黑色星期五之后，蜜淘特卖产品销量翻倍增长。

有媒体报道称，每次大促前，蜜淘都会投入几千万元做广告，蜜淘飞速发展的转折点就发生在那个时候。数据显示，当时蜜淘客户端活跃用户接近100万，累计递送包裹近20万个，月交易流水突破1000万元，员工数量发展到60人。

随后，蜜淘举办了"520激情囤货节"和"618电商大促"，面对与主流电商的挑战，蜜淘并不怯场，打出保税区商品全网最低价的口号，叫板京东、天猫、聚美优品、唯品会等，承诺物流速度体验绝对远超京东、天猫。然而看起来滋润的光景并未持续太长时间。2015年初，跨境电商市场走进了价格战的死胡同。以蜜芽为首的跨境电商举起了第一杆降价大旗，同样是跨境电商的洋码头在拿到1亿美元B轮融资后，也高喊着要加入到"价格战"的战场中。包括网易旗下的网易考拉海购、京东、阿里、聚美等前后脚都进入了同一个战壕。

在资本、流量、品牌背书等资源都雄厚的巨头面前，蜜淘的优势开始变弱。蜜淘在库存上能压1000万元、2000万元的货就已经算不错了，但某些大公司在保税仓库中的货就有10亿元。一旦进入大促的怪圈，平台就需要通过不断的大促刺激销量。不幸的是，大多数情况下，价格战会受到资本市场的制约。而蜜淘的C轮融资却迟迟未能公布，这也让蜜淘开始掉队海淘创业大军。烧钱的前提是有很强供应链，又是有特色的服务，但是如果是在同质化竞争很严重的情况下，做这个事其实是没有意义的。一直没有备好粮草却对大促乐此不疲的蜜淘很可能在那个时候就注定了结局。

3. 错误转型韩国购

2015年9月，蜜淘主动放弃了全品类的全球购运营思路和价格战的营销手法，退守到了韩国购的小而美市场。

张天天认为，跨境电商与双边贸易不同，双边贸易做好任何一个国家都能做大，而跨境电商讲求互联网的去中间化，用户对海外商品的需求也是多元化的，这个过程中，做专也没问题，但要根据市场的竞争和格局来定，现在的局势做单一国家不太行得通。

对于跨境电商来讲，蜜淘选择把用户群体定位在"韩范用户"理论上并没有错，但过去日韩市场上，无论跨境、保税、一般贸易还是"水货"都不计其数，与历史沉淀下来的这些未知者的竞争，毫不亚于跨境电商平台高举高打的明战。

蜜淘从望京SOHO T2算不上大的办公区浩浩荡荡地搬到了望京SOHO T3，租下了一整层的办公区。由于蜜淘从全球购业务转型韩国购，很多业务部门不做了，公司大幅裁员，与此同时，公司将于年后解散的消息在内部扩散开来。2015年年底，搬家不足半年的蜜淘提前退租。2014年的蜜淘风光无限，几乎拿到了所有创业团队期望甚至羡慕的资本"战果"。它一年内斩获了三轮融资，天使轮、A轮、B轮，最终却止步在了C轮门前，不禁令人唏嘘。

三、蜜淘失败给业界的启示

跨境电商该如何避免类似蜜淘的失败，创业跨境电商又该如何与巨头阿里、京东对抗，不被潮流击败而良好发展呢？

1. 烧钱不烧心

从对蜜淘的分析中我们看到，蜜淘其实有很好的发展前景。从"618"叫板京东，到黑色星期五公布营业数据,在一年内接二连三获得融资,可以看出它有意和巨头叫板的心态。在获得大笔融资之后,蜜淘也选择了互联网最快速最有效的获客形式——烧钱,但是因为受到互联网寒潮的影响,导致蜜淘补给不足,以致出现后来的局面。"烧钱"或许是可以的,但在经营心态上,还是要立足市场。

2. 不忘初心做海淘

做商业的"初心"始终还是解决客户需求痛点。跨境进口电商被客户诟病较多的问题,从早期海淘的假货横行、产品来源没有保障,到后来用户体验不佳、物流不给力等,始终层出不穷如果谁能够处理好这些问题,谁就能够成为跨境电商的领头羊。但这只羊不好当,一旦稍有不慎,将导致失利。

第六节 跨境进口电商新零售

一、新零售的概念

新零售是相较传统零售而言的,新零售是企业以互联网为依托,通过运用大数据、人工智能等先进技术手段,对商品的生产、流通与销售过程进行升级改造,进而重塑业态结构与生态圈,并对线上服务、线下体验及现代物流进行深度融合的零售新模式。

一些商界大佬也对新零售做出解读。马云认为,新零售就是以大数据为驱动,通过新科技发展和用户体验的升级,改造零售业形态。简单来说,新零售是以消费者体验为中心的数据驱动的泛零售业态。未来的10年、20年,没有电子商务这一说,只有新零售。线上线下和物流必须结合在一起,才能诞生真正的新零售。刘强东认为,我们处在一个变革的时代,第四次零售革命的实质是无界零售,终极目标是在"知人、知货、知场"的基础上,重构零售的成本、效率、体验。雷军也认为,新零售是用互联网思维做线上线下融合的零售新业态,本质就是改善效率,释放老百姓的消费需求。

传统零售是以"货"为核心,主要基于"货"来做商品进销存管理,关键词是"成本""效率"。新零售则是经营"人",包括卖的人和买的人,关键词是"用户体验"。传统零售系统是以商品为核心,从订货到生产、销售的整个线路管理,主要围绕商品的进销存来做管理,比较少触达顾客的前端。新零售系统则贯彻以人为本的理念,围绕人、用户来进行系统管理,从"经营商品"到"经营人"的观念改变,将成新零售的依据。

二、跨境进口电商的发展机遇

2016年11月11日,国务院办公厅印发《关于推动实体零售创新转型的意见》(国办发〔2016〕78号),明确了推动我国实体零售创新转型的指导思想和基本原则。同时,在调整商业结构、创新发展方式、促进跨界融合、优化发展环境、强化政策支持等方面做出了具体部署。《意见》在促进线上线下融合的问题上强调，建立适应融合发展的标准规范、竞争规则，引导实体零售企业逐步提高信息化水平，将线下物流、服务、体验等优势与线上商流、资金流、信息流融合，拓展智能化、网络化的全渠道布局。

2017年"新零售"概念的推广与普及，给曾被电子商务重创而奄奄一息的传统零售带来了转机。同样，探索运用"新零售"模式来启动消费购物体验的升级，推进消费购物方式的变革，构建零售业的全渠道生态格局，必将成为传统电子商务企业实现自我创新发展的又一次有益尝试。当线上线下深度融合，当多元场景成为零售的主战场，当各种零售数据从多渠道扑面而来，后端的零售系统就会成为市场争夺的核心利器。拥有一套合适的技术系统，成为实体商家最慎重也最关注的决策，跨境进口电商也是如此。

与此同时，跨境进口电商也迎来了发展的行业机遇。

第一，进口商品消费需求增长。随着人们生活水平的提升，出国出境人数逐步攀升，在全球化贸易的推动下，国人对进口商品有了更多的了解和期待。

第二，进口跨境政策利好。2018年3月24日，海关总署会同口岸管理各相关部门出台《提升我国跨境贸易便利化水平的措施（试行）》，就进一步优化口岸营商环境、提升我国跨境贸易便利化水平，提出18条针对性举措。

第三，国家保税区开放。国家现有保税区超过30个，这有助于加快物流流通速度，推动进出口贸易的持续增长，提升对外开放水平。

第四，保税直邮商品急需全新的销售方式。传统跨境电商多为代购、零散型，在智能科技、互联网的推动下，跨境电商区域趋于标准化，营销更多样化。

三、跨境进口电商的新零售模式

为了提升顾客的购物体验，跨境电商一方面可以通过开设跨境体验店，通过门店扫码、线上商城等全渠道全场景营销，优化顾客体验；另一方面可借助新零售系统对接物流与海关，加快三单对碰（"三单"是指电商企业提供的报关单、支付企业提供的支付清单、物流企业提供的物流运单）以提高通关速度，提高经营效率。同时，还可通过多元零售场景与分销渠道，销售全球商品，全渠道向顾客进行营销。跨境电商新零售示意图、跨境进口电商全渠道零售模式分别如图5-19和图5-20所示。

图5-19 跨境电商新零售示意图

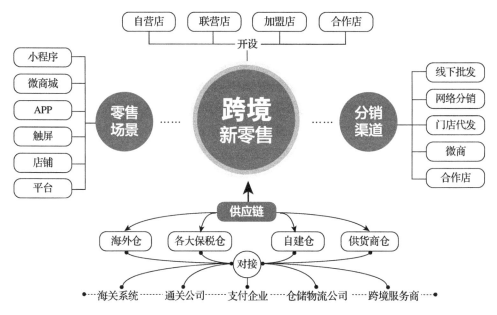

图 5-20　跨境进口电商全渠道零售模式

1. 全渠道全场景运营

可以开设跨境体验店，通过多元零售场景和分销渠道，给顾客提供全面体验。

1）顾客数字化：散客—小程序；普通会员—微商城；超级会员—APP。
2）零售场景：店中店触屏购；店铺现货购；网购平台购；样品卡片购；社交分享购。
3）分销渠道：线下批发；网络分销；门店代发；微商；合作店。

通过门店扫码、线上商城等全渠道全场景营销，可以优化顾客体验并提升信任度。

2. 对接仓储物流：对接多渠道供应链，丰富跨境商品品类与服务

通过后台 ERP 系统对接海外进口跨境商品，同时引入国产优质商品，丰富跨境商品品类与服务。对接仓储物流示意如图 5-21 所示。

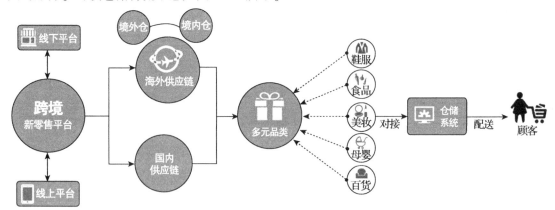

图 5-21　对接仓储物流示意图

3. 对接报关程序

对接报关程序需要对接支付机构、物流公司、通关平台，三单合一集中申报，如图 5-22 所示。

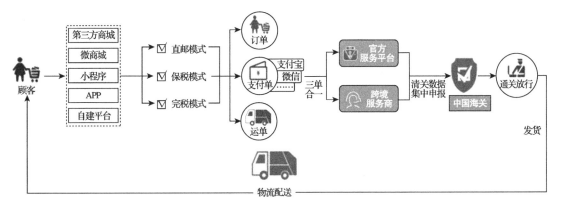

图 5-22　对接报关程序

扩展阅读 1

海外直采＋O2O 新零售体系，这家跨境电商要引领购物新方式？

跨境进口商品在我国经历了代购的萌芽、跨境电商平台的培育，再到多个自贸区的开放；从一开始的实体店到全民电商，再到电商与线下相结合的 O2O 模式，如今我们已经步入电商 3.0 时代。跨境电商的兴起，让进口美妆护肤、日化产品、保健品与食品等跨境商品，逐渐成为人们生活中不可或缺的必需品，消费者足不出户，照样能乐购全球。

2019 新年伊始，IFD（爱贩多）——全球美肤品牌小驿首家跨境电商 O2O 新零售店面向社会大众，亮相时尚天河商业广场。爱贩多——全球美肤品牌小驿（S2B2C），隶属广东森大国际贸易有限公司，从森大强大的供应链中精选出具有绝对优势的美妆、护肤、日化三大品类开设实体店，属于美妆、护肤、日化类的中高端全球性购物品牌。

经历多年的跨境电商风云变革，爱贩多深知服务在企业经营中的重要性，而传统的电商或实体店铺服务根本无法真正满足消费者购买进口商品的需求。所以，在传统服务基础上，爱贩多将整个服务体系贯穿线上线下，实现线上到线下、线下回归线上的立体循环互动与优缺互补，一切从用户体验出发，实现更直观、更高效的购物体验。

未来，O2O 体验店必然会升级成为用户体验服务及持续沟通交流的中心，拥有线下店可以提高消费者对商品的信任度。相对传统的跨境电商而言，O2O 体验店"看得见、摸得着"的商品品质和服务导购更受欢迎。这一更趋于人性化的方式大大优化了用户消费体验。

爱贩多"海外直采＋O2O 新零售体系＋高额 VIP 会员补贴"相结合的模式，也受到了业内同行的高度关注,并获得中国国际跨境电商行业联盟、广州市跨境电商行业协会及香港跨境电商行业协会等社会组织与行业机构的认可与支持。

据介绍,爱贩多全球美肤品牌小驿未来将在全国56个城市开设2000个以上线下精品门店,同时还将入驻天猫国际、京东全球购、唯品会、小红书等国内知名电商主流平台,并设有独立的微信商城。至2020年,爱贩多拟覆盖全国56个城市的3000万海淘消费人群。

(资料来源:周佩文,《南方都市报》2018-12-31。)

扩展阅读2

跨境电商开启"新零售时代" 多地试水保税线下自提门店

据2019年2月1日经济之声《天下财经》报道,春节将至,不少人纷纷加入海淘年货的行列,要么是人肉背回来,要么就是等待快递漂洋过海。而如今,购买跨境商品又多了一种新的方式。国内首家位于城市中心区的保税线下自提店近日落户杭州,跨境电商的新零售时代是否就此开启?

阿里抢先在杭州市区布局保税线下自提店

天猫国际跨境新零售相关工作人员介绍,位于杭州核心商圈的跨境保税线下自提门店已经做好开门迎客的准备。根据昨天内测的情况,消费者只要通过一个"扫码"动作,就可在数秒内完成线上下单、身份验证、跨境支付、三单(物流信息、交易信息、支付信息)比对、缴税等一系列合规购买流程,稍等清关后即可当场取走现场选中的跨境商品。

据了解,目前天猫国际完成的内测首单是一盒来自瑞士的巧克力,像是食品、保健品、美妆、母婴用品等这些受到国内消费者热捧的跨境商品,将成为日后保税线下自提店的主打商品。

某保税线下自提门店经理陶思思认为,保真、低价和便捷是保税线下自提店的三大优势:"第一是保真。我们所有商品都是保税区担保出去的,可以追溯源头;第二是这种模式消除了很多中间交易环节,最终的商品价格很有竞争力;第三则是便捷,看得见、摸得着,所购即所得,不需要人肉从国外扛回来,也不需要忍受等快递的煎熬。"

跨境电商+新零售,1+1是否大于2

记者梳理,像是类似的保税线下自提店已经在多地试水,如河南郑州的中大门保税直购体验中心早在去年8月就开始试营业、网易考拉也在近期宣布将在杭州开出自己的跨境电商线下直营店。

天猫国际跨境新零售相关工作人员表示,在此之前,关于跨境电商的线下自提模式,业内一直在探索,但存在用一般进口商品代替跨境商品或没有合法依据等问题。对消费体验来说,有的把提货场所限制在位置偏远的保税区内;有的只能现场看,扫码线上下单后,再快递到家,不能满足即时获得感;有的类似临时店铺,不具有固定经营场所,未取得店铺营业执照,属于不合规行为。

对于行业内跃跃欲试的跨境电商保税线下自提模式,中国电子商务研究中心主任曹磊认为,这将有助于跨境电商借助渠道下沉的新零售,提升消费者的购物体验,从而迎来发展的第二春。

曹磊说:"跨境电商加线下自提这种模式应该说是跨境电商的一个全新突破。过去,用户在线上是摸不着商品的,另外再加上海内外商品的标准差异,跨境电商有很大的瓶颈。而新零售模式下的跨境电商,可让消费者在正规跨境渠道以合规的方式购买到海外直采的可溯源正品。在过去的一年,整个电商行业最热的就是跨境电商和新零售,两者一加一可以产生大于二的效果,这也代表了行业发展的一个主流趋势。"

曹磊同时提醒,O2O模式的自提店业内早前就有所尝试,但后来受制于品类不足、网点有限未能得到充分发展。跨境电商的线下自提门店应该在打造全品类、布局全城区的方向上有所发力。

海关总署专家:对于线下自提模式需创新监管

海关总署研究中心副主任苏铁在接受《经济之声》独家专访时表示,跨境电商保税线下自提模式在一定程度上提升了综合的购物体验,"消费者在实体店可以看到实物,然后再决定是否去采购;另外即买即提,实际上这是在售后服务上做升级。"

同时,苏铁指出,面对跨境电商保税线下自提的新模式,相关政府部门应该创新监管,如海关方面正在依托大数据等新技术进行"智慧监管"的改革,"通过这些大数据,我们可以进行商品溯源,同时可以更加及时有效地采取多种风险管理的办法。"

(资料来源:刘柏煊,央广网,2018-02-01。)

习 题

一、选择题

1. 以下哪个是跨境进口电商自营B2C型?(　　)
   A. 京东全球购　　　　　　　　　　B. 网易考拉海购
   C. 优盒网　　　　　　　　　　　　D. 淘宝全球购
2. 跨境网购用户在地区分布上,前三地区分布在(　　)。
   A. 广东、上海、北京　　　　　　　B. 上海、浙江、江苏
   C. 广东、浙江、北京　　　　　　　D. 河北、北京、上海

二、判断题

1. 中国跨境进口电商在 2016 年受到"四八新政"的影响，增长受到阻碍。（ ）
2. 跨境网购用户的"主力军"集中在 26~35 周岁的青年群体，因为他们的消费能力强、需求大。（ ）
3. 蜜芽宝贝是我国首家进口母婴品牌限时特卖商城，它的员工都是 0~3 岁宝宝的家长。（ ）
4. 网易考拉海购获得由中国质量认证中心认证的"B2C 商品类电子商务交易服务认证证书"，认证级别四颗星。（ ）

三、简答题

1. 2016 年，我国跨境网购用户规模持续增长，但逐渐趋于平缓，达 0.42 亿人，同比增长 82.6%。跨境网购用户不断增长的原因主要有什么？
2. 简述蜜淘的失败给业界的启示？
3. 简述跨境进口电商新零售模式。

第六章

跨境电商物流

引 例

2016年跨境电商进入3.0时代。跨境电商1.0、2.0时代，我国跨境电商卖家更多靠的是以廉价模式吸引客户，粗放式发展。在跨境电商3.0时代，客户更注重的是产品的品质和品牌，以及购物体验。随着越来越多的传统外贸企业参与到跨境电商市场，跨境电商已经成为我国增长速度最快的外贸出口渠道。对于我国跨境电商的发展，国家不断从政策层面扶持，电商平台持续优化平台政策，整个业界都在努力推动跨境电商的发展，但目前我国跨境电商最大的痛的就是跨境电商的物流体验。

FedEx 于2018年1月1日宣布提高运价，DHL、UPS、美国邮政、法国邮政、荷兰邮政等多国邮政、快递企业也上调了运费。从2018年4月1日起，亚马逊对于标准尺寸和超大尺寸的物品，每月库存仓储费用每立方英尺（1英尺^3≈0.028米^3）将增加0.05美元，还远远不止这些……业界常说，跨境电商最终拼的是物流，那跨境电商应如何降低跨境物流成本？慎重选品，巧妙设计包装，熟悉运输路线，与物流机构合作、争取折扣，精心规划头程运输，最大限度避免分仓，实际发货数量不要太过饱和，多种物流结合运营，控制发货次数、优化物流计划，产品互相搭配销售，选择合适的物流商或者货代，等等，都是跨境电商在实践中摸索出来的技巧。

学习目标

(1) 了解跨境电商物流的定义。
(2) 掌握跨境电商物流的主要模式。
(3) 认识与了解跨境电商物流规则及退货程序。
(4) 了解主流跨境电商平台的物流新花样。

第一节 跨境电商物流概述

一、跨境电商物流的定义

物流作为供应链的重要组成部分，是对商品、服务及相关信息从产地到消费地的高效、低成本流动和储存进行的规划、实施与控制的过程,目的是为了满足消费者的需求。电子商务与物流相伴共生,电子商务物流是利用互联网技术,尽可能把世界范围内有物流需求的货主企业和提供物流服务的物流公司联系在一起,提供中立、诚信、自由的网上物流交易市场,促进供需双方高效达成交易,创造性地推动物流行业发展的新商业模式。跨境电商离不开跨境物流,跨境电商物流与电商物流的不同之处在于交易的主体分属于不同关境,商品要跨越不同的国界才能够从生产者或供应商到达消费者。通俗地来说,跨境物流就是把货物从一个国家或地区通过海运、空运或陆运的方式送到另一个国家或地区。

二、跨境电商物流的作用

首先,跨境电商物流是跨境电商的重要组成部分。通常情况下,贸易活动由信息流、资金流、物流三部分构成,物流在跨境电商业务中承载着货物转移和交付功能,是跨境电商不可或缺的组成部分。离开了物流,跨境电商交易将无法实现。区别于传统的国际物流,跨境电商物流有着反应快速化、功能集成化、作业规范化、信息电子化、服务系统化等特征;相较于国内物流,跨境电商物流具有广阔性、国际性、高风险性、高技术性、复杂性等特征。

其次,跨境电商物流是跨境电商的核心环节之一。在跨境电商贸易过程中,物流发挥着重要的作用,是跨境电商发展的核心链条。目前,国内的跨境电商物流一般都通过第三方物流发货,第三方物流在跨境电商发展中发挥着举足轻重的作用。较大的电子商务平台一般采取专线物流或者海外建仓的方式降低物流成本,而一般中小型电商的物流则选择邮政小包和国际快递等方式。

最后,跨境电商物流是跨境电商成功的关键因素。当前跨境电商贸易发展速度如此之快,但国际物流发展还没有跟上节奏,物流不仅直接关系到跨境电商的交易成本,还关系到买家对卖家的满意度、购物体验和忠诚度。因此,安全、高效的跨境电商物流将大大改善跨境电商卖家的消费体验。

三、跨境电商物流存在的问题

伴随着我国跨境电商市场的发展和各项政策出台,我国跨境电商从业者如雨后春笋,行业呈现繁荣景象。跨境电子商务的快速发展给物流带来了潜在的巨大市场。与此同时,我国跨境电商物流也存在不容忽视的问题。

1. 跨境运输时间长

根据 Focalprice 的客户满意度调查,客户对跨境电商最大的抱怨集中在物流方面,而物流周期长又是客户抱怨的重点。跨境贸易自身的特点使得物流的产业链和环节更长,加上清关和商检的周期,导致我国跨境电商物流周期要远远长于国内电商物流。在跨境物流上,运输与配送时间问题突出，短则半个月一个月，长则数个月，遇到购物旺季，如圣诞节，物流时间会更久。许多电商止步于物流配送，加上清关和商检的时间，跨境物流的周期则更长，这已成为制约我国跨境电商发展的一道屏障。

2. 跨境包裹难以全程追踪

我国电商物流近年来快速发展，基本上实现了包裹的实时追踪查询，但对于跨境电商的物流，尤其境外配送段，商品物流难以追踪。如果是在欧美等发达国家，跨境商品的追踪问题可能还没有那么严重，但在一些小语种国家或者是极不发达地区，则很难查到包裹的投递情况。

要想解决好跨境包裹的追踪问题，必须提高在境外段物流配送信息化水平，实现与国内段物流配送信息的对接工作，这才是包裹跨境追踪首先要解决的问题，这显然是一项长期的系统工程。

3. 跨境物流清关障碍

跨境电商物流发展最大的问题就是通关问题。各个国家海关政策不同，对进出境货物的审查程序也不同，有些国家海关申报手续烦琐、申报时间长、费用支出也非常高。此外，海关对于申报不合格商品一律采取滞留方式，这样就会导致消费者无法按时收货。

对于大多数国家的海关来说，实现跨境电商企业与海关系统无缝对接难度很大，需要投入大量的人力和物力，而能否实现海关的系统化管理关乎全球跨境电商的进一步发展。对于各国海关来说，一方面，电子商务的发展，海外购物越来越多，大量的货物出入境给海关监管与征税带来很大的难题；另一方面，海关提高通关效率直接影响了跨境电商的发展，电商企业对海关快速提高通关效率、规范结汇及快速退税等要求的呼声越来越高。如何建立健全与跨境电商进口税制机制相适应的海关征税系统，真正实现跨境交易与购物的便捷性，是跨境物流企业和海关今后共同努力的方向。

4. 跨国交易的差异

跨境电商涉及跨国交易，无法回避当地的政治、知识产权、区域习惯、政策变化等因素。政变和政局动荡、高赋税高福利、宗教信仰、某些国家的排外政策和地方保护主义等诸多因素，对跨境电商物流都会产生较大的影响。

5. 退换货物流难以实现

跨境电商物流环节多，涵盖了许多层面，物流链中的每个点都可能会出现退换货物流，退换货极大限制了跨境电商的发展。电子商务自身的特性导致退换货的比例较高，不管是产品质量问题，还是物流过程中的商品错发或丢失，都会造成退换货。而跨境电商物流由于还涉及报关报检等特殊程序，使得退换货物流更加困难。

第二节 跨境电商物流的主要模式

一、邮政物流模式

邮政物流是指各国邮政部门所属的物流系统，包括中国邮政速递物流分公司的 EMS、ePacket、中国邮政航空大包小包等。据不完全统计，我国出口跨境电商 70% 的包裹都是通过邮政系统投递的，其中中国邮政占据 50% 左右。因此，目前跨境电商物流还是以邮政的发货渠道为主。邮政网络基本覆盖全球，比其他物流渠道都要广。这主要得益于万国邮政联盟和卡哈拉邮政组织（KPG）。不过，邮政的渠道虽然比较多，但也很杂。在选择邮政包裹发货的同时，必须注意出货口岸、时效、稳定性等。

1. EMS

EMS 是中国邮政开办的特快专递邮件服务，不仅国内有，国际上也与其他国家有来往。由于 EMS 的跨境物流是中国邮政与其他国家和地区邮政合办的，因此在邮政、海关、航空等部门享有优先处理权，这也是与其他商业快递不同的地方。

EMS 国际快递的投递时间（不包括清关时间）一般为 3~8 个工作日。其资费标准、规格限制、跟踪查询、操作注意事项等内容可登录 http://www.ems.com.cn 了解。

（1）EMS 的主要优点

1）投递网络强大，覆盖面广，价格比较合理，按实计重（不计抛重）。

2）不用提供商业发票就可以清关，并且具有优先通关权，对于通关不过的货物可以免费运回国内（其他快递一般要收费）。

3）适合走小件以及对时效要求不高的货物。

4）寄往南美、俄罗斯等地具有绝对优势。

（2）EMS 的主要缺点

1）相比商业快递，速度偏慢一些。

2）不能一票多件，大货价格偏高。

3）查询网站信息滞后，一旦出现问题，只能做书面查询，查询时间较长。

2. ePacket

ePacket 俗称 e 邮宝，又称 EUB，是中国邮政速递物流股份有限公司旗下的国际电子商务业务。ePacket 整合邮政速递物流网络资源，与主要电商平台合作推出速递业务，目前可以发往美国、澳大利亚、英国、加拿大、法国、俄罗斯、以色列、沙特、乌克兰等国家。

由于各国规定不同，ePacket 的资费标准、规格限制、跟踪查询、操作注意事项等内容可登录中国邮政快递网站 http://www.ems.com.cn 或拨打客服热线 1183 查询 ePacket 相关信息。

ePacket 的主要特点：

1）不受理查单。

2）不提供邮件丢失、延误赔偿。

3）不承诺投递时限。

3. 中国邮政大包

中国邮政大包的全称为"中国邮政航空大包"（China Post Air Parcel），简称"航空大包""邮政大包"或"中邮大包"。

中国邮政大包的资费标准、规格限制、跟踪查询、操作注意事项等内容可参考 http://11185.cn/index.html 以及 http://intmail.183.com.cn/。

中国邮政大包的主要优点有：

1）覆盖面广，可发往全球 200 多个国家和地区。

2）价格低廉，以首重 1 千克、续重 1 千克的计费方式结算，价格比 EMS 低，不计算体积、重量，没有偏远附加费。

3）通达国家多，清关能力强。

4）运单操作简单、方便。

5）对时效性要求不高而稍重的货物，可选择使用此方式发货。

中国邮政大包的主要缺点有：

1）部分国家限重 10 千克，最重也只能 30 千克。

2）妥投速度慢。

3）查询信息更新慢。

4. 中国邮政小包

中国邮政小包的全称为"中国邮政国际小包"（China Post Air Mail），简称"航空小包""空邮小包"或"中邮小包"，以及其他以收寄地市局命名的小包，如"北京小包""上海小包"。国际小包可以分为平邮小包和挂号小包两种。

中国邮政小包属于性价比较高的物流方式，适合寄送物品重量较轻、量大、价格要求实惠而且对于时限和查询便捷要求不高的产品。其资费标准、规格限制、跟踪查询、操作注意事项等内容可参考 http://11185.cn/index.html 以及 http://www.17track.net/cn/report-post.shtml。

中国邮政小包的主要优点有：

1）运费比较便宜，由于部分国家运达时间不长，因此性价比较高。

2）清关能力强，通关时享有绿色通道，比商业快递要简单很多。

3）覆盖面广，中国邮政小包本质上属于民用包裹而不属于商业快递，因此能邮寄的物品比较多。

中国邮政小包的主要缺点有：

1）限重 2 千克（阿富汗限重 1 千克），如果包裹超出 2 千克，就要分成多个包裹或另选其他物流方式。

2）运送时间过长，如送达俄罗斯、巴西等国家的时间甚至超过 40 天。

3）部分国家不支持全程跟踪，中国邮政网站只能跟踪国内部分信息，借助其他网站查询则有诸多不便。

5. 其他邮政小包

邮政小包是使用较多的一种国际物流方式，依托万国邮政联盟网点覆盖全球，在不同国家和地区，邮政所提供的邮政小包服务或多或少存在一些区别，主要体现在不同区域会有不同的价格和时效，以及对于承运物品的限制不同。

因此，需要与多个物流渠道的货运代理公司建立联系，以确保能尽快了解到各类渠道的最新信息，多个渠道组合使用。例如，泰国小包这个月爆仓了，马上换新加坡小包；若新加坡爆仓了，可以再换菲律宾小包。

一些常用国际小包的特点如下：

1）新加坡小包：价格适中，服务质量高于邮政小包一般水平，并且是目前常用的手机、平板电脑等含锂电池商品的运输渠道。

2）瑞士小包：欧洲线路的时效性强，但价格较高。欧洲通关能力强，欧洲申根国家（1995 年全面生效的《申根公约》成员国，目前已超过 30 个国家）免关税。

3）瑞典小包：欧洲线路时效较快，俄罗斯通关及投递速度较快，且价格较低。它是投往俄罗斯首选的物流方式，而且在某些时段安检对带电池的产品管制还没有那么严格，可用于寄递带电产品。

二、国际快递模式

国际快递指的是以国际商业快递巨头——DHL、TNT、UPS 等为主导的国际物流。这些国际快递商通过自建的全球网络，利用强大的 IT 系统和遍布世界各地的本地化服务，为跨网购的用户带来极好的物流体验。下面就它们各自的优缺点进行比较分析。

1. DHL

DHL 又称敦豪航空货运公司，1969 年成立于美国旧金山，现总部位于德国。DHL 是全球快递行业的市场领导者，也是全球第一的海运和合同物流提供商。在我国，中外运敦豪是 DHL 与中国对外贸易运输总公司合资成立的国际快递公司。

DHL 的资费标准、规格限制、跟踪查询、操作注意事项等内容可登录中外运敦豪官网 http://www.cn.dhl.com 查询。

DHL 的主要优点有：

1）覆盖面广，可寄达 220 多个国家和地区、12 万多个目的地，去北美、西欧有优势，适宜走小件。

2）一般 2~4 个工作日可送达，去欧洲国家 3 个工作日，去东南亚国家 2 个工作日。

3）网站更新及时，解决问题速度快。

主要缺点有：

1）走小货价格较贵，不合算，适合发 5.5 千克以上，或者介于 21~100 千克的货物。

2）物品限寄要求多，许多特殊商品是拒收的，另有部分国家不提供包裹寄递服务。

2. TNT

TNT 成立于 1946 年，是全球领先的快递服务供应商，为企业和个人提供全方位的快递服务，总部设在荷兰的阿姆斯特丹。TNT 快递在中国、欧洲、南美、亚太和中东地区拥有航空和公路运输网络。

TNT 的资费标准、规格限制、跟踪查询、操作注意事项等内容可登录其官网 www.tnt.com 查询。

TNT 的主要优点有：

1）送达国家多、网点全、速度快，2~4 个工作日可通达全球，送达西欧一般不超过 3 个工作日。

2）通关能力强，可提供报关代理服务。

3）可及时、准确、免费实时查询货物，无偏远派送附加费。

4）在欧洲和西亚、中东及政治、军事不稳定的国家有绝对优势。

5）纺织品类大货到西欧、澳大利亚、新西兰有优势。

6）有正规发票，可以送达沙特阿拉伯。

其主要缺点有：

1）要算体积、重量，对所运货物的限制也比较多。

2）价格相对较高。

3. UPS

美国联合包裹 UPS 成立于 1907 年，是全球最大的快递承运商和包裹递送公司之一，总部设在美国佐治亚州亚特兰大。UPS 拥有全球特快加急、全球特快、全球速快（俗称"红单"）、全球快捷（俗称"蓝单"）四种快递服务，其费用从高到低，相应地，速度从快到慢。全球速卖通主要采用后两种快递方式。

UPS 的资费标准、规格限制、跟踪查询、操作注意事项等内容可登录 http://www.ups.com 查询。

UPS 的主要优点有：
1）一般 2~4 个工作日可送达，送达美国只要 48 小时。
2）速度快，服务好。
3）强项在美洲等线路，特别是美国、加拿大、南美、英国、日本，适合发快件。
4）货物可送达全球 200 多个国家和地区，可以在线发货，在全国 100 多个城市可上门取货。
5）查询信息更新快，遇到问题解决及时。

其主要缺点有：
1）要计算产品包装后的体积、重量，适合发 6~21 千克或者 100 千克以上的货物。
2）对托运物品的限制比较严格。
3）运费较高。

三、国内快递模式

国内快递模式主要是指由顺丰和"四通一达"为主导提供的跨境电商物流。在跨境物流方面，"四通一达"中，申通和圆通布局较早，但也是近期才发力拓展。比如美国申通在 2014 年 3 月才上线，圆通也是 2014 年 4 月才与 CJ 大韩通运合作。而中通、汇通、韵达则是刚刚开始启动跨境物流业务。

顺丰的国际快递业务相较成熟些，下面主要介绍顺丰速运 SF Express。

SF Express 跨境物流可送达美国、澳大利亚、韩国、日本、新加坡、马来西亚、泰国、越南等。截至 2017 年年末，其国际快递服务已覆盖 53 个国家，其中东南亚片区覆盖范围超过 90%；国际小包服务网络触及全球 225 个国家和地区。SF Express 提供四种快递服务，即顺丰即日、顺丰次晨、顺丰标快、顺丰特惠。其中，涉及跨境物流的为后两种。

顺丰标快从我国寄至韩国、日本、新加坡、马来西亚、美国、泰国、越南、澳大利亚等需要 3~5 天。SF Express 的主要优点是国内网点分布广，价格有一定的竞争力；其缺点是国际线路少。

四、专线物流模式

跨境专线物流一般是通过航空包舱方式运输到国外，再通过合作公司进行目的国的派送。专线物流的优势在于其能够集中大批量到某一特定国家或地区的货物，通过规模效应降低成本。因此，其价格一般比商业快递低。

在时效上，专线物流稍慢于商业快递，但比邮政包裹快很多。市面上最普遍的专线物流产品是美国专线、欧美专线、澳洲专线、俄罗斯专线等。也有不少物流公司推出了中东专线、南美专线、南非专线等。目前提供专线物流服务的公司有很多，常见的有下面几个。

1. Special Line-YW

Special Line-YW 即航空专线-燕文，俗称燕文专线，是我国大型物流服务商，总部位于北京。燕文专线目前开通了南美、俄罗斯、印度尼西亚等专线。

燕文南美专线小包：通过调整航班资源一程直飞欧洲，再根据欧洲到南美航班货量少的特点，快速中转，避免旺季爆仓，大大缩短妥投时间。

燕文俄罗斯专线小包：与俄罗斯合作伙伴实现系统内部互联，一单到底，全程无缝可视化跟踪；国内快速预分拣，快速通关，快速分拨派送，正常情况下俄罗斯全境派送时间不超过 25 天，人口 50 万以上的城市派送时间少于 17 天。

燕文专线的资费标准、规格限制、跟踪查询、操作注意事项等内容可登录 http://www.yw56.com.cn 查询。

燕文专线的主要特点是：时效快，尤其是运送到南美地区更有优势；交寄便利，目前在我国深圳、广州、东莞、佛山、汕头、义乌、金华、杭州、上海、苏州、北京、福州、厦门、泉州、青岛等地区可以免费上门揽收；但由于部分目的国路途遥远、气候寒冷，所以对包装材料要求较高，尤其强调结实耐寒。

2. Russian Air

Russian Air 即中俄航空专线，是一家专门从事中俄航空物流专线服务的企业，成立于 2013 年 10 月，总部位于黑龙江省哈尔滨市，目前已开通 Ruston（俄速通）专线。

俄速通主要经营发往俄语系国家的物流，推出的服务有俄罗斯航空小包、俄罗斯航空大包、俄罗斯 3C 小包、乌克兰小包、乌克兰大包、白俄罗斯航空小包挂号、俄速通云仓哈尔滨边境仓、俄速通云仓莫斯科海外仓、大货商品等。

俄速通的资费标准、规格限制、跟踪查询、操作注意事项等内容可登录 http://www.ruston.cc/customer/xiaojianchaxun.php 查询。

俄速通的主要特点有：经济实惠，计量以克为单位，无起重费；邮寄范围广，境外递送环节全部由所在国邮政承担，投递范围可覆盖全境；物流信息 48 小时内上网，货物全程可视化追踪；送达时效性强，从过去的近 2 个月缩短到目前的 16～35 天，其中 80% 以上可在 25 天内妥投，最短只需 13 天；寄送方便，在我国深圳、广州、义乌、金华、杭州、宁波、上海、苏州、北京、山东等地区可以上门揽收，其他地区的卖家目前仍需自行发货至集货仓。

3. Aramex

Aramex 快递，即中外运安迈世，在国内又称"中东专线"，是发往中东地区的国际快递的主要渠道。公司成立于 1982 年，总部位于阿联酋的迪拜。

Aramex 的运费包括基本运费和燃油附加费两部分，其资费标准、规格限制、跟踪查询、操作注意事项等内容可登录 http://www.aramex.com 查询。

Aramex 的主要优点有：

1）在中东地区清关速度快，寄往中东、北非、南亚的运费是 DHL 的 60% 左右。

2）速度快，3～5 天可以送达。

3）无偏远费，送达全球各国都无须附加偏远费用。

其主要缺点有：

1) 只在中东地区优势比较明显，而在别的国家和地区则不存在这些优势。
2) 对托运货物的限制也较多。
3) 操作烦琐，单票货物申报不得超过5万美元。

4. 其他专线物流

芬兰邮政：速优宝-芬兰邮政是速卖通和芬兰邮政（Posti Finland）专门为全球速卖通卖家推出的2千克以下的小件物品出口业务，寄送范围为俄罗斯、白俄罗斯全境邮局投递区域。

中俄快递-SPSR：中俄快递-SPSR的服务商SPSR Express是俄罗斯最大的商业物流企业之一，也是俄罗斯跨境电商领军企业。速卖通卖家可通过中俄快递—SPSR经我国北京、上海、香港等地把货物送达俄罗斯全境。

中外运—西邮标准小包（CORREOS PAQ72）：采用国际商业快递干线运输和商业通关，正常情况下20～25天可以实现西班牙大陆地区妥投，派送范围为西班牙全境。

AliExpress无忧物流：运送范围达全球250多个国家和地区，可寄送普货、带电产品、非液体化妆品，不支持纯电产品、液体、粉末。

五、海外仓物流模式

海外仓是指在本国以外的国家和地区建立的海外仓库；海外仓储服务是为卖家在销售目的地进行货物仓储、分拣、包装和配送的一站式控制与管理服务。目前，我国卖家建立海外仓的主要国家是美国、英国、德国、俄罗斯、澳大利亚、加拿大等。

跨境电商卖家之所以选择海外仓物流模式，是因为海外仓可以改变传统的跨境电商物流方式，实现海外物流的本地化运输；可以改善服务，提升海外客户的体验，提高重复购买率；可以从客户所在国发货，从而缩短订单周期，确保货物安全、准确、及时到达终端客户手中；仓储置于海外有利于海外市场价格的调配，从而降低海外竞争的激烈程度；可以结合国外仓库当地的物流特点，扩大跨境货物的运输品类，降低跨境物流费用。

海外仓物流一般包括头程运输、仓储管理和本地配送三个部分。头程运输是指商家选择传统的国际海运、空运或国际快递等一般贸易出口的方式将货物发往海外仓库；仓储管理是指商家通过物流商的信息系统，远程操作海外仓储货物，实时管理库存；本地配送是指海外仓储中心根据订单信息，对货物进行包装、分拣、派送，通过当地邮政或快递将商品配送给客户。

海外仓物流模式虽然解决了小包时代成本高昂、配送周期漫长的问题，货物基本没有质量和尺寸的限制，运输成本最低，客户体验好；但也存在需要提前备货，垫付资金多，有库存就有可能会有滞销的情况，所以最好选择库存周转快的热销单品。海外仓方式对卖家在供应链管理、库存管控、动销管理等方面提出了更高的要求。

以上五大模式基本涵盖了当前跨境电商的主要物流模式，跨境电商卖家首先应该根据所售产品的特点（尺寸、安全性、通关便利性等）来选择合适的物流模式。例如，大件产品（如家具）就不适合选择邮政包裹渠道，而更适合海外仓物流模式。

第三节 跨境电商物流规则及退货

跨境电商物流必须遵守相应的网上交易规则，即国际物流网规。下面从不同的跨境电商平台来具体了解物流规则。

一、全球速卖通

1. 全球速卖通物流规则解析

全球速卖通卖家须按照如下物流政策选择物流方式。

（1）俄罗斯

订单实际支付金额大于5美元的订单：允许使用标准类、快速类物流服务，不可使用经济类物流服务（即无挂号平邮）及简易类物流服务发货。

订单实际支付金额大于2美元且小于5美元的订单：允许使用线上简易类物流服务、标准类和快速类物流服务，不可使用经济类物流服务（即无挂号平邮）及线下简易类物流服务发货。

订单实际支付金额小于2美元的订单：允许使用线上简易类物流服务、线上经济类物流服务、标准类和快速类物流服务，不可使用线下经济类物流服务（即无挂号平邮）及线下简易类物流服务发货。

（2）美国

订单实际支付金额大于5美元的订单：允许使用标准类物流服务中的"E邮宝""AliExpress无忧物流-标准"（特殊类目商品除外）及快速类物流服务，其他标准类物流服务及经济类物流服务不可使用。

订单实际支付金额小于5美元的订单：允许使用标准类、快速类物流服务及线上经济类物流服务，线下经济类物流服务（即无挂号平邮）不可使用。

（3）西班牙

订单实际支付金额大于5美元的订单：允许使用标准类物流服务中的"AliExpress无忧物流-标准"（特殊类目商品除外）及快速类物流服务，其他标准类、简易类物流服务及经济类物流服务不可使用。

订单实际支付金额小于5美元的订单：允许使用线上经济类物流服务的"中外运西邮经济小包"、线上简易类物流服务、标准类物流服务及快速类物流服务，线下简易类物流服务及线下经济类物流服务不可使用。

（4）法国、荷兰、智利

订单实际支付金额大于5美元的订单：允许使用标准类物流服务中的"AliExpress无忧物流-标准"（特殊类目商品除外）及快速类物流服务，其他标准类及经济类物流服务不可使用。

订单实际支付金额小于 5 美元的订单：允许使用线上经济物流服务、标准类及快速类物流服务，线下经济类物流服务不可使用。

（5）巴西、乌克兰、白俄罗斯

所有订单不可使用经济类物流服务发货。

（6）除俄罗斯、美国、西班牙、法国、荷兰、智利、巴西、乌克兰、白俄罗斯之外的其他国家

订单实际支付金额大于 5 美元的订单：允许使用标准类及快速类物流服务，经济类物流服务不可使用。

订单实际支付金额小于 5 美元的订单：允许使用标准类、快速类物流服务及线上经济类物流服务，线下经济类物流服务不可使用。详情见表 6-1。

表 6-1 全球速卖通卖家物流政策一览表

收货国家	订单实际支付金额（美元）	物流服务等级							
		经济类		简易类		标准类		快速类	
		线下发货	线上发货	线下发货	线上发货	线下发货	线上发货	线下发货	线上发货
俄罗斯	>5	不可用	不可用	不可用	不可用	可用	可用	可用	可用
	≤2~5	不可用	不可用	不可用	可用	可用	可用	可用	可用
	≤2	不可用	可用	不可用	可用	可用	可用	可用	可用
美国	>5	不可用	不可用	—	—	E邮宝、AliExpress无忧物流-标准可用，其他不可用（E邮宝不支持寄送的特殊类目除外）		可用	可用
	≤5	不可用	可用	—	—	可用	可用	可用	可用
西班牙	>5	不可用	不可用	不可用	不可用	AliExpress无忧物流-标准可用，其他不可用（无忧物流不支持寄送的特殊类目除外）		可用	可用
	≤5	中外运西邮经济小包可用，其他不可用	不可用	不可用	可用	可用	可用	可用	可用
法国、荷兰、智利	>5	不可用	不可用	—	—	AliExpress无忧物流-标准可用，其他不可用（无忧物流不支持寄送的特殊类目除外）		可用	可用
	≤5	不可用	可用	—	—	可用	可用	可用	可用
巴西、乌克兰、白俄罗斯	所有订单	不可用	不可用	—	—	可用	可用	可用	可用

(续)

收货国家	订单实际支付金额（美元）	物流服务等级							
		经济类		简易类		标准类		快速类	
		线下发货	线上发货	线下发货	线上发货	线下发货	线上发货	线下发货	线上发货
其他国家	>5	不可用	不可用	—	—	可用	可用	可用	可用
	≤5	不可用	可用	—	—	可用	可用	可用	可用

注：1. 海外仓发货不在此政策范围内。
2. 卖家发货所选用的物流方式必须是买家所选择的物流方式，未经买家同意，不得无故更改物流方式。
3. 卖家填写发货通知时，所填写的运单号必须真实并可查询。

2. 退货纠纷处理

交易过程中买家提起退款申请，即进入纠纷阶段，须与卖家协商解决。全球速卖通纠纷提交及协商流程如图6-1所示。

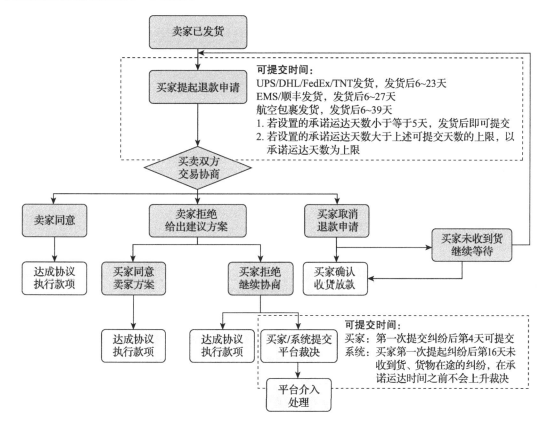

图6-1 速卖通纠纷提交及协商流程

（1）买家提起退款申请

1）买家提交退款申请的原因有：未收到货；收到的货物与约定的不符。

2）买家提交退款申请时间：卖家填写发货追踪号以后，根据不同的物流方式买家可以在不同的期限内提起退款申请。商业快递（UPS、DHL、TNT）：发货后 6 ~ 23 天；EMS/顺丰：发货后 6 ~ 27 天；航空包裹发货：发货后 6 ~ 39 天。

3）买家端操作：在订单的详情页中，买家可以看到按钮"Open Dispute"，单击该按钮就可以提交退款申请，当买家提交退款申请时纠纷即产生。提交后，买卖双方可以就退款申请进行协商解决，协商阶段平台不介入处理。

（2）买卖双方协商

买家提起退款申请后，需要卖家进行确认，卖家可以选择同意纠纷内容进入纠纷解决阶段，或者拒绝与买家进一步协商，处理页面如图 6 - 2 所示。

图 6 - 2 速卖通买卖双方交易协商页面

若卖家同意买家提起的退款申请，可单击"同意纠纷内容"进入纠纷解决阶段。买家提起的退款申请有以下两种类型。

①买家未收到货，申请全额退款：卖家接受时会提示卖家再次确认退款方案，若同意退款申请，则退款协议达成，款项会按照买家申请的方案执行退款。

②买家申请部分退款不退货：卖家接受时会提示卖家再次确认退款方案，若同意退款申请，则退款协议达成，款项会按照买家申请的方案执行部分退款及部分放款，确认页面如图 6 - 3 所示。

③买家要求退款退货：若卖家接受，则需要卖家确认收货地址，默认为卖家注册时候填写的地址；若不正确，则单击"修改收货地址"进行修改，如图 6 - 4、图 6 - 5 所示。

图6-3 买家申请部分退款不退货确认页面

图6-4 买家要求退款退货确认页面

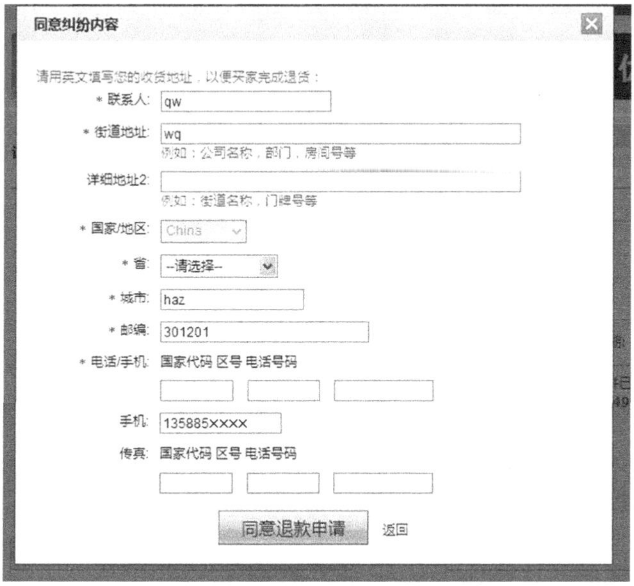

图6-5 买家修改收货地址确认页面

卖家确认了收货地址后,需要等待买家退货,买家需在10天内填写退货单号;若10天内未填写,视为买家放弃退货,系统直接放款给卖家。卖家确认收货地址后,到买家填写退货订单号的30天内,卖家均可以选择放弃退货,则系统直接退款给买家,如图6-6和图6-7所示。

图6-6 卖家放弃退货页面

图6-7 卖家放弃退货确认页面

若买家已经退货，填写了退货单号，则需要等待卖家确认，如图6-8所示。

卖家需在30天内确认收到退货。若确认收到退货，并同意退款，则单击"确定"按钮，速卖通会退款给买家，卖家操作页面如图6-9所示。

图6-8 等待卖家确认页面

图6-9 确认收货同意放款页面

若卖家在接近30天的时间内，没有收到退货，或收到的退货货不对版，可以提交至平台进行纠纷裁决，平台会在2个工作日内介入处理，卖家可以在投诉举报平台查看状态及进行响应。平台裁决期间，卖家也可以单击"撤诉"按钮撤销纠纷裁决，操作页面如图6-10、图6-11所示。

若30天内卖家未进行任何操作，即未确认收货，未提交纠纷裁决，系统会默认卖家已收到退货，自动退款给买家。

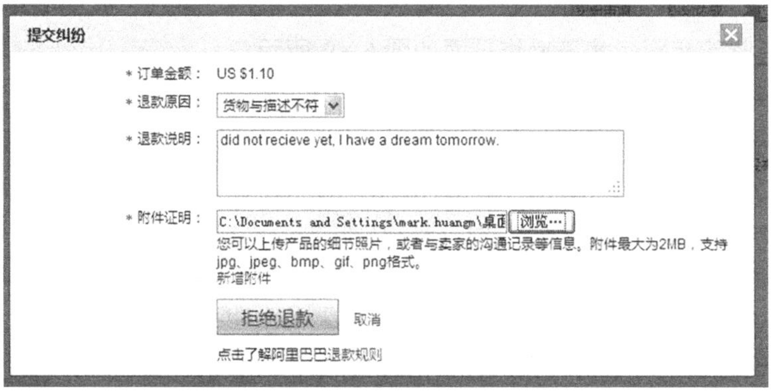

图 6-10　卖家提交纠纷页面

图 6-11　卖家撤销纠纷裁决页面

若卖家不接受买家的退款申请，可以单击"拒绝纠纷内容"按钮并填写卖家建议的解决方案（操作页面见图 6-12，这里所填写的退款金额和拒绝理由均是卖家给出的解决意见，若买家接受，则退款协议达成，若不接受，还须继续协商）。

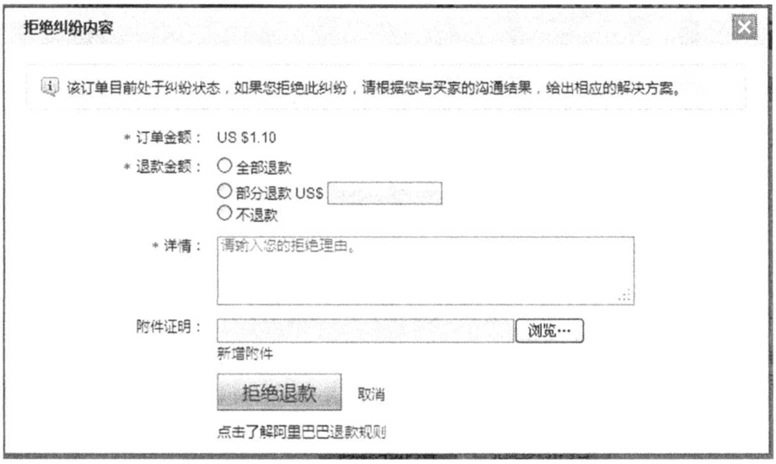

图 6-12　卖家不接受退款申请时需做的处理

①买家若未收到货提起退款申请,拒绝时的附件证明为必须上传。卖家可以提供发货底单、物流公司的查单、物流官方网站的查询信息截图等证据,证明已发货及当前物流状态。

②买家提起货不对版的退款申请,拒绝时的附件证明为选填,卖家可以提供产品发货前的图片、沟通记录、重量证明等证据,证明已如实发货。

拒绝退款申请后,需要等待买家确认,如图6-13所示。若买家接受卖家的方案,则退款协议达成,款项会按照双方协商的方案执行;若买家不接受卖家的解决方案,可以选择修改退款申请,再次与卖家确认,继续协商。

图6-13 等待买家确认

(3) 买家取消退款申请

买卖双方协商阶段,买家可取消退款申请。若买家因为收到货物取消了退款申请并确认收货,则交易结束进入放款阶段;若买家因为其他原因取消退款申请(如货物在运输途中,愿意再等待一段时间),则继续交易流程。

注意:第一,买家第一次提起退款申请的第4天若还未达成一致意见,买家可以提交至平台进行纠纷裁决;同时若双方一直在协商中,买家未提起纠纷裁决,从买家第一次提起退款申请算起的第16天,系统会自动提交到平台进行裁决。建议卖家主动积极与买家协商,尽快解决纠纷。第二,买家提起退款申请后在提交至平台进行纠纷裁决前有取消退款申请的权利,若买家在纠纷中存在一定误解,建议卖家积极与买家沟通,双方达成一致,买家如取消退款申请,则交易继续。

二、亚马逊

1. 亚马逊卖家退货处理

亚马逊越来越受到青睐，传统企业也好，电商运营企业也好，纷纷投入亚马逊，但各种各样的退货问题确认让很多卖家在处理的时候很困惑。

如果客户收到货物后不满意想退货，首先要与买家进行沟通，如是实物与描述不相符等原因，再想办法进行解决，如果客户坚持退货，产品退回的运费将由买家自己承担，当卖家收到买家的退货之后，再退款给买家。

如果是国内自发货，客户收到货后想要退货，货值不高时，可以干脆赠送给买家，跟买家协商让其留好评；货值高时，建议按照正常的程序，联系海外仓公司，让买家退货到当地地址，海外仓公司收到货物后，再办理退款。如果在当地有可靠的朋友，建议可以跟朋友协商，让买家把货物寄到朋友的地址，后期若有该产品的订单，再请其帮忙发走。

FBA①订单引起的退货问题，货会退回至亚马逊仓库，然后由亚马逊处理。如果退回来的货物没有破损可以联系亚马逊重新贴标签再次销售；如果已经损坏，亚马逊会提示卖家这个产品已经不可再销售，卖家可以让亚马逊销毁，还可让第三方海外仓公司运回国内，或者让可以提供维修退货服务的第三方海外仓公司帮忙处理。

佣金方面，退货时，卖家要求退货，亚马逊会返还之前收的佣金和其他费用吗？

亚马逊会扣下20%的佣金，退回80%的佣金给卖家，不管是部分退款还是全部退款都会这么操作。

2. 亚马逊退货流程

一般退货流程：

①买家提交"退货申请"。

②卖家在卖家平台的"订单"—"管理退货"中查看退货申请及退货原因。

③卖家根据"亚马逊产品退货政策"，在卖家平台的"订单"—"管理退货"中处理退货申请。

④如关闭申请，亚马逊会向买家发送邮件通知，邮件内包含卖家关闭申请的原因。

⑤如批准退货申请，系统会将卖家的退货地址通过邮件形式发送给买家，卖家等待买家退货。

⑥卖家收到退货，在"管理退货"或者"管理订单"页面操作订单退款。

---

① Fulfillment by Amazon，是指卖家把自己在亚马逊上销售的产品库存直接送到亚马逊当地市场的仓库中，客户下订单后，由亚马逊系统自动完成后续发货。

卖家如何处理退货申请：

卖家可以在卖家平台，单击"订单"—"管理退货"查看并处理买家的退货申请。根据退货申请的状态，卖家可以进行以下三种操作。

第一，批准退货申请：如果接受买家的退货申请，单击"批准退货申请"按钮。批准买家退货申请后，系统会将退货地址和退货说明通过邮件形式发送给买家。

请注意：这一步仅批准买家将退货商品发送给卖家，货款不会自动退给买家。另外，在"管理退货"页面上批准退货申请不会影响卖家绩效。

第二，关闭申请：如果不接受买家的退货申请，建议卖家先与买家协商沟通达成一致意见后，再请单击"关闭申请"按钮。在卖家提交关闭申请后，亚马逊会向买家发送邮件通知，邮件内包含关闭申请的原因。

请注意：买家可以取消退货申请，而卖家只能关闭申请。如果买家一直不寄回退货商品或是不退货了，对于已批准的退货请求，卖家无须做任何操作。

第三，进行退款：如果卖家已经收到买家退货商品或允许买家保留商品，应单击"进行退款"按钮对商品进行退款。

三、eBay

下面以 eBay 美国站 2017 年的退货政策为例介绍，核心为提供免费退货时不允许收取手续费。

1. 提供更方便的退货流程

eBay 将退货政策信息显示在物品信息的"退货政策"字段中，买家可以更方便地看到，也能够让卖家更方便地处理退货事宜。应将退货政策信息添加在结构化数据（下拉菜单）区域。

2. 提供免费退货政策的好处

如果上架的商品支持免费退货政策，eBay 将通过以下方式增加其曝光量：
1）向买家提供按免费退货政策搜索和过滤物品的选项。
2）当买家访问商品页面时，突出显示免费退货政策信息。
3）在 eBay 的营销活动中推广支持免费有退货政策的物品。

自 2017 年秋季起，如果买家退回的物品受损或缺失零件，卖家可以仅向买家提供出售物品价格 50% 以下的退款。

3. 提供免费退货政策时将不允许再收取退货手续费

免费退货政策意味着买家可以免费退货，无须承担任何额外费用。

如果卖家不提供免费退货政策，仍然可以选择向买家收取 10%、15% 或 20% 的退货手续费。但自 2018 年起，买家仅可看到"最高 20%"的退货手续费信息。

4. 自动接受退货请求

为了让卖家的买家能够更方便地完成退货流程，自 2017 年 10 月起，退货请求将有条件地被自动接受。当买家承担退货运费时，eBay 将自动接受退货请求，并向买家提供退货运单。如果卖家提供免费退货政策，或者由卖家承担退货运费，只有当卖家未能在三个营业日内回复买家提出的退货请求时，退货请求才会被自动接受。

自动接受退货请求将使买家能够快速、高效地将物品寄回给卖家，并且更快地收到退款。卖家也将可以节省时间，并更快地收到 eBay 退回的成交费。

如果卖家不要求买家将物品寄回，则可以手动控制退货流程。

5. 常见问题

（1）为什么卖家不能在物品说明中添加退货政策信息？

以结构化数据形式（下拉菜单）提供的退货政策信息可以让买家更方便地找到商品。这些信息经常与物品说明或政策详情字段（My eBay—政策）中的信息重复或相互矛盾。因此，eBay 规定卖家不能在物品说明中添加退货政策信息，以确保可以向买家提供更佳的购物体验。

（2）可以在哪里显示有关退货政策的其他详情？

大多数情况下，买家只需访问退货政策页面，从结构化数据（下拉菜单）区域选择"详情"即可充分了解退货政策。这些信息会突出显示在使用桌面或移动设备浏览页面的买家面前。卖家可以使用退货政策详情字段（My eBay—政策）添加相关信息（如"快递取货""适用退货门店"等），以便买家在购买前查看。

（3）卖家是否可以选择"不接受退货"？

可以。但如果不提供免费退货政策，商品无法享受 eBay 新营销工具提供的优惠。

（4）卖家是否必须提供 30 天或 60 天免费退货选项？

否。卖家有多种退货选项，但 eBay 建议提供 30 天或 60 天免费退货选项，因为这两种情况正在成为电子商务行业的标准。

（5）eBay 将采取哪些措施防止买家滥用退货系统？

eBay 将采取以下措施防止买家滥用免费退货政策：

1）及早发现可能滥用卖家退货政策的买家，阻止他们启动退货流程。

2）提供有关可接受退货方面的明确指南。

3）明确界定后果，包括对不遵守 eBay 退货政策标准或滥用退货平台的买家采取限制措施。

（6）如果由卖家承担退货运费，卖家为什么不能再向买家收取退货手续费？

许多消费者希望除了退货运费外（买家以任何理由退货），卖家不要再向买家收取退货手续费。因此，eBay 希望向买家提供符合行业标准的最佳购物体验。并且，部分买家认为

eBay 的退货政策很复杂，令他们感到困惑。通过简化退货政策，可以提升买家购物体验，增加买家的购物信心，从而促进卖家销售量增长。

（7）如果买家退回的物品受损或损坏，卖家应该怎么做？

如果卖家提供免费退货政策（卖家承担退货费用，并且不向买家收取退货手续费），若物品退回时受损或损坏，卖家可以仅退回部分货款。

（8）更新退货政策最简单的办法是什么？

如需更新退货政策，可转到 My eBay（My eBay—账户—业务政策）。在创建或更新物品刊登时，单击"退货选项"即可。

（9）自动接受退货请求如何能够改进退货流程？

买家始终希望能够更快速地退货。为加快退货流程，当买家想退货并愿意承担退货运费时，eBay 将省略退货流程中的一个步骤，自动接受退货请求。快速接受退货请求现在已成为电子商务行业的标准，新政策将使 eBay 成为更具竞争力的在线市场平台。

（10）如果卖家提供免费退货政策，eBay 是否会自动接受退货请求？

如果商品支持免费退货政策，eBay 将不会立即自动接受退货请求。卖家将有 3 个营业日的时间手动接受退货请求，并为买家选择退货运单选项。在这种情况下，卖家将负责承担该运单的成本。如果卖家未在 3 个营业日内同意买家的退货请求并为买家选择退货运单选项，eBay 将自动同意退货请求，并在适用的情况下提供退货运单。

（11）退货请求在什么情况下符合 eBay 的自动接受条件？

要符合 eBay 的自动接受条件，退货请求必须满足以下标准之一：

1）买家不再想要这个商品（退货理由代码包括"不合适""改变主意""找到了更低的价格""只是不喜欢它了"或者"订错物品"）。

2）退货请求符合商品的退货政策。

3）国内退货请求，将在美国境内运送。

4）由买家承担退货运费。

5）是退货请求，而非换货或调货请求。

（12）eBay 是否会代表卖家接受买家提出的"物品与描述不符"退货请求？

eBay 不会代表卖家立即接受买家以下列任何理由提出的"物品与描述不符"退货请求：

1）不能正常工作或者有缺陷。

2）与描述或图片不符。

3）物品发错。

4）零件或配件缺失。

5）送达时已损坏。

6）看起来不是正品。

但如果卖家提供了免费退货政策，或者买家声称商品"与描述不符"，而卖家未在三个营业日内给予回复，买家的退货请求将自动被接受，并向买家提供退货运单（如适用）。卖家也可以在您的退货偏好设置页面上设置自动退货规则，自动接受买家提出的"物品与描述不符"退货请求。

（13）如果退货运单不适用于某笔交易，应该怎么做？

在部分情况下，退货运单将不适用，买家和卖家将需要做出其他运送安排。举例来说，在退货请求被接受后，买家可能需要自己从邮局获取退货运单，将物品寄回给卖家。

（14）eBay 是否会代表卖家自动接受不符合卖家退货政策（或不符合 eBay 退款保障政策）的退货请求？

如果买家的退货请求不符合卖家的退货政策或 eBay 退款保障政策，eBay 不会自动接受此类退货请求。卖家需要自行审查和接受此类退货请求。

（15）能否选择不加入自动接受退货请求流程？

不能。如果卖家提供了退货政策，eBay 则希望确保退货流程尽可能顺利、快速地完成。如果买家以"不想再要您的物品"为由请求退货，而该退货请求符合退货政策，买家的退货请求将被自动接受。

（16）退货运费将由谁承担？

关于退货运费由哪方承担的问题，取决于卖家的退货政策。举例来说，如果卖家注明了"买家支付"退货运费，在买家想退货的情况下，买家需要支付将物品退回产生的运费。如果卖家提供了免费退货政策（"卖家支付"退货运费），在买家使用退货运单的情况下，eBay 将向卖家收取退货运费。

（17）如果买家将原物品退回，要求卖家"换货"或"调货"，卖家应该怎么做？

如果卖家在退货政策中向买家提供了要求"换货"或"调货"这一选项，而不是全额退款，买家在提出退货请求时可以注明他们的偏好。"换货"和"调货"的请求将不会被自动接受，卖家需要手动接受此类请求，并与买家协商详细的解决方案。

（18）卖家愿意提供全额退款，但不希望买家将物品退回给卖家（例如在退货运费可能高于物品实际价格的情况下）时，是否可以自动全额退款？

可以。卖家可以使用 eBay 的退货偏好设置页面和自动退货规则，自动向买家退款。

第四节　主流跨境电商平台的物流新举措

一、主流跨境电商平台发力物流

受制于地理因素，物流环节是出口电商最大的痛点与准入门槛。单件商品运费高、递送速度慢、破损和丢包率难以控制等问题成为发展瓶颈。大多数在线交易中，产品销售产生的利润很少，大量附加利润是从商品的运输和交付中获得。于是，各大平台相继发力物流支持，意图抢占跨境电商交易上风。

1. 亚马逊

亚马逊在提升平台服务上下了很大功夫，物流更是其不可忽视的一环。2019年5月，亚马逊在英国和意大利推出了一项新的送货服务，顾客可以从当地合作的零售商柜台上取包裹。这是亚马逊首次在美国本土市场以外推出的一项名为"Counter"的新服务。亚马逊已经与英国零售商Next Plc达成合作，在这家服装连锁店遍布英国的500多家门店开设柜台，顾客将能够在那里提取部分在亚马逊购买的商品。在意大利，它与书店运营商Giunti和其他商店建立了类似的合作关系。亚马逊表示，之所以选择在欧洲推出这项服务，是因为顾客需要便捷的点击提货服务，以及在线零售的高度渗透。

2. eBay

近年来，eBay在我国持续升级跨境电商的物流基础，2016年推动物流伙伴开发通往墨西哥、巴西、智利等国家的物流线路，以及通往法国、意大利、西班牙的国际经济型物流服务。同时，eBay还会推动物流伙伴在更多国家推出海外仓，海外仓的布局让大件商品的出口量明显上升。

eBay从2019年6月26日开始，推出从中国发往澳大利亚和加拿大的经济型服务，目前类似的服务已覆盖48个国家。经济型服务的要求是到达目的国的平均物流时效为10~15个工作日，追踪节点是"门"到目的国入境半程追踪。

3. 速卖通

速卖通的物流升级也在加紧进行中。速卖通推荐卖家使用时效更快、物流信息全程可跟踪的标准类、快速类物流。2019年4月28日，速卖通在广州举行2019商家峰会，宣布未来一年将进一步构建多元化的物流和支付解决方案，包括在全球18个国家拓展94个海外仓，对俄罗斯、欧美等重点市场的支付渠道全覆盖，引入分期付款，且首次面向商家推出人民币报价体系等。

二、电商物流的新玩法

据行业人士分析，物流已经成为跨境电商行业的下一个竞争点——得物流者得天下，失物流者失人心，也难怪各方势力如此重视。那么，未来的电商物流还有什么新玩法呢？

网络零售已经占到社会零售总额的12%，据阿里研究院预测，到2020年，整个网络零售将会超过10万亿元，在社会零售总额中的占比将超过20%，5~8年之后，全年包裹量将超过1000亿件。按照阿里研究院就业测算模型，届时电商物流从业人员将超过500万人。

未来，工厂生产的需求稳定的标准产品，物流将逐渐向仓配模式转型，这是一个不可抗拒的趋势。随着平台经济的发展，"平台+个人"商业模式不断演化，仅靠专职的物流从业人员是解决不了问题的，电商物流势必走向社会化物流、共享物流之路。

未来一定会有一个临界点，当人工成本超过机器成本之时，大规模迭代就会迅速发生。在仓储、分拣、干线运输和末端配送上，很多企业都开始了自动化实践。例如，亚马逊在仓储运营上投入应用的 KIVA 机器人；顺丰、"通达系"开始投入的全自动分拣中心；DHL、UPS 等试验试点的无人机配送项目；英国 STARSHIP 试验的末端配送机器人等。从现状来看，仓储分拣等智能机器人已经进入实际应用阶段，末端配送还需时日，不过，末端配送才是主要物流成本产生环节。

随着大数据应用对供应链的改变，物流路径也会发生变化，全国的产业布局也在发生着变化，目前很多货物都是从品牌商仓库发出去的。数据打通后，未来这些货物将直接从工厂发货，做到物流路径最优，货物不动数据动。互联网在一定程度上缓解了消费差别的现状，在线上，二线、三线城市跟一线城市的消费是同步的，在线下则是有梯度的，首先是北上广大城市消费，然后逐步向二线、三四线城市扩散。例如，通过数据分析预测，未来县城消费者在网上购买雅诗兰黛这样的高级化妆品的人数，比一线城市消费者的购买还要频繁，因为她们在当地买不到，这是一个很重要的趋势。

大数据的应用可能将使工业经济时代的经典库存问题成为历史，通过菜鸟天网系统，品牌商完全可以做到海量 SKU 智能分仓，降低综合物流成本，提高消费者体验。对于非标品，主要是长尾端非标品，如为工厂生产，很可能是单点发全国，货源地发全国，这也会带来物流路径和仓储的变化；对于手工作坊和个人生产的个性化产品，随着消费升级和 C2B 的发展，这类商品市场可能扩大，但物流模式仍然会保持不变。

未来，物流资源将像云计算资源一样，按使用付费，告别现代物流的农业化时代。每个人，每辆车，以及每个闲置的仓储资源，这些碎片化的运输和仓储资源，通过互联网连接起来形成的网络资源，均有可能成为重要的物流参与环节。这方面，很多创业公司在进行探索，美国优步已经开始送货了，亚马逊也在探索出租车送货的模式。云端物流会成为未来的一个主要模式，未来的每一辆车，每一个物流快递人员，都是社会化的，他们就像云端的水、电、煤气一样，随时取用。任何一个企业，不仅是电商企业，只要有配送需求，就可以到云端获取这些资源。当然，这背后需要一个协同化的社会网络提供支持。

社会化物流必然会面临交易成本难题，未来平台上 1000 万商家、几百万社会物流实际操作者，如果没有协同和联动机制，是无法想象的；也难以想象，一个包裹经历了数十个不同主体的环节，中间会发生多少故事。社会化供应链的协同本质上是一个信息对称问题，菜鸟已经在尝试通过打通供应链各环节的数据的方式，来促进联动，推动各参与方形成稳定预期。2015 年"双十一"，菜鸟牵头各大物流快递企业提前一日揽收，即是新型产业联动的典型案例。未来，这个联动机制不仅是技术的、数据的，更应该是规则的、机制的，通过一系列统一的规则，将作业流程、行业服务和主体责任标准化、有效化。

扩展阅读

各国海运的规定

海运出口要注意的事项实在是太多了，比如提单的填写、包装的要求、禁止进口的商品等，下面总结了一些突出的注意事项。

（1）海运出口巴基斯坦

卡拉奇港务局规定，对进口纸袋包装的炭粉、石墨粉、二氧化镁及其他染料等，必须打托盘或适当装箱，否则不予卸货。另外，巴基斯坦不接受悬挂印度、南非、以色列、韩国国旗的船舶靠港。

（2）海运出口沙特阿拉伯

沙特阿拉伯政府规定，所有运往沙特阿拉伯的货物不准经亚丁转船。

（3）海运出口阿拉伯联合酋长国

迪拜和阿布扎比港卫生当局规定，凡进口食品，必须注明失效期，并随船带有卫生健康说明书，否则港方不予卸货。

（4）海运出口马尔代夫

未经国内事务部允许，不准进口硫酸、硝酸盐、危险动物等；未经对外事务部允许，不准进口酒精饮料、狗、猪或猪肉、雕像等。

（5）海运出口加拿大

加拿大政府规定，去该国东岸的货物，冬季交货最好在哈利法克斯和圣约翰斯，因为这两个港口不受冰冻影响。

（6）海运出口阿根廷

阿根廷法律规定，收货人遗失提单必须向海关申报，经海关同意后由船公司或由船公司委托代理签发另一套提单，同时向有关机构递交一份声明认定原始提单失效。

（7）海运出口坦桑尼亚

坦桑尼亚港务局规定，凡运往达累斯萨拉姆港交给坦桑尼亚或转运到赞比亚、扎伊尔、卢旺达和布隆迪等国的货物，需在包装上显著位置刷上不同颜色的十字标志，以便分类，否则船方将收取货物分类费。

（8）海运出口吉布提

吉布提港口规定，在该港转运的货物，所有文件及包装唛头上应明确填写最终目的港，如 WITH TRANSHIP-MENT TO HOOEIDAH。但必须注意，不能将上述内容填在提单目的港一栏内，而只能在头上或提单其他空白处标明，否则海关将视作吉布提本港货，而且要收货人交付进口税后才放行。

(9) 海运出口肯尼亚

肯尼亚政府规定,凡对肯尼亚出口货物均需在肯尼亚的保险公司投保;不接受 CIF 条款。

(10) 海运出口科特迪瓦

科特迪瓦阿比让海关规定,提单和舱单所列货物名称应具体详细,不能以货类代替,如不按此规定办理,承运人为此产生的海关罚款将由托运人承担;经阿比让过境去马里、布基纳法索等内陆国家的货物,提单和船务单据及货物运输包装上,均需注明"科特迪瓦过境"才能免税,否则要征收附加税。

(11) 海运出口尼日利亚

为防止不法商人套汇,尼日利亚中央管理部规定,所有进口货物发出前需经瑞士通用公证行分支代理机构检验合格,取得"CLEAN REPORT OF FINDINGS",收货人方可清关提货。

(12) 海运出口澳大利亚

澳大利亚港务局规定木箱包装货物进口时,其木材需经熏蒸处理,并将熏蒸证书寄给收货人。如无木材熏蒸证书,木箱将被拆除烧毁,更换包装费用均由发货人负担。

(13) 海运出口新西兰

新西兰港务局规定集装箱的木质结构及箱内的木质包装物和垫箱木料等必须经过检疫处理后方可入境。

(14) 海运出口斐济

斐济海关规定弹簧刀和旧衣服禁止进口。

(15) 海运出口伊朗

伊朗税法第 90 款规定,在伊朗港口装货出口,不论其在何处支付运费,均按运费的 50%征收运费税。进口货免征运费税。吉达和达曼港务局规定:凡经往该二港的货物必须在装运港打托盘,集装箱货物也要先打托盘后装箱;货物文件各项内容必须详细。

案例分析

速卖通实行物流改革:无追踪平邮将成历史

速卖通将于 2016 年 7 月 1 日采用新的物流方案发货政策,该政策明确规定除特殊类目商品外速卖通卖家均不允许使用线下经济类物流(即无追踪平邮)。升级后的速卖通物流政策将按国家的不同实施不一样的物流标准。

对于销往美国的订单,若支付金额大于或等于 5 美元时,速卖通将允许卖家使用标准类物流服务中的"E 邮宝""AliExpress 无忧物流"标准及快速类物流服务,其他标准类物流服务及经济类物流服务将不被允许(特殊类目商品除外)。若支付金额小于 5 美元时,将允许卖家使用标准类、快速类物流服务及线上经济类物流服务,线下经济类物流服务(无追踪平邮）不能使用。

而对于除美国外的其他国家，将允许使用标准类、快速类物流服务及线上经济类物流服务，线下经济类物流服务（无追踪平邮）将不被允许。买家在速卖通下单时，页面将仅展示符合物流政策的物流方式，若卖家不修改运费模块，可能会导致部分商品买家无法下单。调整情况如图6-14所示。

速卖通物流政策调整

收货国家	商品类目	订单实际支付金额	物流服务等级					
			经济类		标准类		快速类	
			线下发货	线上发货	线下发货	线上发货	线下发货	线上发货
美国	普通类目	大于或等于5美元	不可用	不可用	E邮宝、AliExpress无忧物流-标准可用，其他不可用	可用	可用	可用
		小于5美元	不可用	可用	可用	可用	可用	可用
	特殊类目	所有订单	不可用	可用	可用	可用	可用	可用
除美国外其他国家	所有类目	所有订单	不可用	可用	可用	可用	可用	可用

www.ebrun.com

图6-14 速卖通2016年7月1日物流新政调整

速卖通方面指出，线下经济类物流（无追踪平邮）不能查询到任何追踪信息，会影响买家在速卖通的购物体验，卖家也会面临更高的因未收到货引起的纠纷及投诉风险，并影响到卖家的各项商业经营指标。

对于这次新出台的物流新政，有卖家指出，速卖通禁用低价邮包产品后或会提高整体的产品价格，最直接的影响是会让店铺销量下降。实际上，据亿邦动力网了解，除了这次对物流发货方式做出硬性要求外，从2015年年末开始，速卖通就开始做出比较颠覆性的改革，并密集发布3条新政，希望把平台从过去的C2C模式转型为B2C。

在2015年12月7日，速卖通宣布正式启动全平台招商准入制度，在全平台范围内按不同的经营大类收取技术年费，并限定每个店铺只准选取一个经营范围进行经营。2016年，3月22日，速卖通正式发布通告，将对速卖通平台内卖家设立企业身份准入门槛，对于在8月15日前仍无法完成升级企业身份认证的个人身份认证卖家，速卖通将下架其在线商品并取消其平台的经营权限。此后，速卖通官方宣布速卖通平台全面实施产品商标化，有部分类目将不允许无商标产品存在，这部分类目下，商家在6月30日之后将不能发布无商标的产品。

加上这次的物流改革，速卖通已在征收年费、企业资质、品牌资质及物流方面对卖家提出更高的要求。对此，有资深的跨境电商业内人士指出，在从C2C快速转型为B2C过程中，速卖通的GMV（电商交易额）可能会下降。

"因为很多没跨过门槛而离开速卖通的卖家，他们的产品或店铺本来就积累了一定的买家基础，当这类店铺的产品被下架后，消费者实际上并不会很快地转移到留存的产品并进行购买，所以部分买家很可能暂时不买这类产品，就流失了。"

但是，也有卖家对速卖通的转型持乐观态度。若在转型过程中，速卖通能保持 GMV 不跌甚至上升，则能步入转型的快速通道，也会有越来越多的大卖家有意愿进入速卖通。

三、物流与供应链管理成为跨境电商新竞争力

2016 年 8 月 11 日，国内首个跨境电商物流云平台——网易考拉物流云正式上线。据了解，网易考拉联合多家跨境仓储物流企业，共同开发了智能化管理系统"祥龙"和云 TMS 系统"瑞麟"。其中，仓储管理系统"祥龙"负责整合商品仓储的相关信息，并对商品进行自动化调度管理；云 TMS 系统"瑞麟"则负责对接合作方系统，让包裹的实时信息数据实现全网在线。

过去，跨境电商大多将低价作为吸引消费者的利器，但这一竞争方式或将失效。近来多家跨境电商表示，相比于"免税时代"，随着税改新政落地，很多海购商品的价格会上涨，进而对部分对价格特别敏感的消费者产生直接影响，而这也带来了跨境电商物流方式选择的转变。

目前制约跨境电商发展的主要原因就是成本高、物流慢等问题。一直以来，跨境电商的物流供应链因为存在众多中间环节并且结算周期长，时常缺乏时效性，阻碍了送货速度的进一步提升。

"长期而言，跨境电商冲击一般贸易进口的趋势将不可逆转，税改新政只会加速行业的成熟。因为对跨境电商来说，真正的优势并不在于税收，而在于缩短了原有一般贸易进口的链条，加快了流通的效率，使得流通成本和时间都大大降低。"洋码头创始人兼 CEO 曾碧波在接受媒体采访时曾说，"跨境电商虽然依靠政策红利取得了快速发展，但税率优势显然不是核心竞争力，而发挥电商的本质，提升流通效率和创新模式才是跨境电商需要思考的问题。"

易观电商高级分析师卓赛君也表示，"未来，面对更激烈的战场，谁掌握了足够的品类资源，谁才掌握了更多的话语权，稳定的供应链将是跨境电商最核心的竞争力。"

业内人士认为，跨境电商的本质是让消费者享有全球优质、低价的商品。就消费者而言，对海外商品的需求是多样的，包含爆款标品和非标长尾商品，因而国外供应链往往呈现零散化、碎片化状态，且库存率较低，流转周期长，对国内市场需求不能及时响应；而对跨境电商来说，供应链的整合能力非常重要。为了给消费者提供更多元化的商品，供应链成为跨境电商最关键也最难的环节之一，堪称跨境电商的"生死线"。

事实上，如今的客户对物流有了新的要求，无论是消费者还是公司，都希望跨境电商的物流能更快、更准、更有效率。网易考拉物流总监杨海明说："中国电商和快递行业的双螺旋式生长，已经惯坏了消费者，他们对等待快递不再有耐心，72 小时基本上已是忍耐极限。但对在仓储物流和监管环节更为复杂的跨境电商来说，很少有平台有勇气和实力向消费者承

诺配送速度。"

在这种情况下，网易考拉开始通过社会化协作模式，联动多家主流仓储快递企业共同为消费者提供服务。杨海明介绍说，在网易考拉物流云平台上线前，网易考拉与快递公司的结算周期为1个月，但现在的结算趋向日结。另外，网易考拉利用新系统可以做到保税商品全国3天必达，偏远地区5天必达，并已在浙、沪两地推出"次日达"服务。

中国电子商务研究中心分析师姚建芳称，如果网易考拉物流云能够达到预期的效果，将大大加强网易考拉在跨境进口电商领域的物流配送优势。

习 题

一、选择题

1. 贸易活动是由（　　）三部分构成。
   A. 商流、信息流、物流　　　　　　B. 资金流、物流、信息流
   C. 资金流、物流、商流　　　　　　D. 商流、资金流、物流
2. 跨境电商物流模式有许多，其中我国出口跨境电商70%的包裹都是通过（　　）完成。
   A. 国内快递模式　B. 专线物流模式　C. 国际快递模式　D. 邮政物流模式

二、判断题

1. 跨境电商物流与电商物流的不同之处在于交易的主体分属于不同关境。（　　）
2. 海外仓物流模式解决了运输成本高昂、配送周期漫长的问题，而且客户体验好，所以跨境电商卖家选择海外仓模式更好。（　　）

三、简答题

1. 简述我国跨境电商物流存在的主要问题。
2. 查找亚马逊、eBay、速卖通最新出台的跨境物流政策。

第七章

跨境电商生态体系

> **引 例**
>
> 2018年3月16日，敦煌网与埃森哲联合发布《新贸易时代：重塑跨境B2B商业新生态》。该报告预测了跨境电商生态发展的三大趋势。趋势一：新贸易时代来临，激发新的商业活力；趋势二：跨境B2B商业潜力巨大，呈现新的商业特征；趋势三：跨境B2B商业生态圈被重塑，需积极拥抱新的生态圈。
>
> 以平台为核心服务的企业，应逐渐从"平台枢纽"向"新生态系统"演进，借助平台的张力和资源整合能力，联动供应商、服务商，帮助跨境B2B企业实现产品"全球本土化"：让同样的产品和服务能够跨越地域的界限，通过创建海外线下的"触角"获得一手的终端用户的需求，继而为企业提供增值的洞察服务。未来的竞争边界将是生态圈与生态圈之间实力的较量。B2B企业应时时关注生态圈动态，同时也应以开放合作的心态为生态圈主动共享资源。传统贸易壁垒依旧存在，技术壁垒、绿色壁垒和社会壁垒等新贸易壁垒对跨境贸易企业尤其是中小型企业更是一种制约；更加不确定的国际政治关系、金融生态的不断变化影响了部分产业走向全球化的速度和节奏，也重塑了产业链中新的商业模式、运营模式和合作方式等。

> **学习目标**
>
> （1）了解跨境电商供应链管理的特点与流程。
> （2）熟悉几种常见的跨境电商社交媒体营销。
> （3）了解跨境电商邮件营销的策略。
> （4）了解跨境支付及其跨境电商资金监管。

第一节 跨境电商供应链体系

一、跨境电商供应链管理的特点

1. 跨境电商供应链的定义

跨境电商供应链是跨境电商企业利用供应链开展跨境电子交易、跨境物流、跨境供应等活动,进而把供应商、海关、物流商和最终消费者等连接成一个整体的功能网链,如图7-1所示。

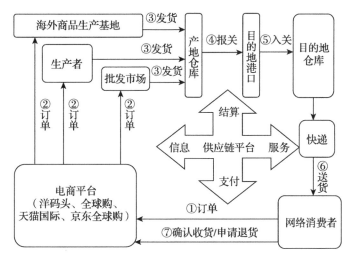

图7-1 跨境电商供应链

2. 跨境电商供应链管理的特点

(1) 更个性化的服务

电商企业在一定程度上实现了打破时间和空间的界限,使得生产和消费过程都变得和谐统一,而跨境电商也属于电商的模式,所以跨境电商企业的供应链是简单、高效、开放且灵活的。另外,企业经常能够通过消费者在电子商务中的信息交流,来获取很多关于消费者和市场需求的信息。

(2) 独特的管理方式

与一般企业相比,跨境电商企业采用的供应链管理方式的主动性与积极性更高,特别是跟传统的供应链比较,这种独特的管理方式能够显现出更加积极的作用。当环境不断变化时,员工就要自发地工作,仅凭几个高级企业领导人是不能够决定供应链管理规划的。

(3) 高度共享和集成的信息系统

因为跨境电商的交易活动是一个电子化、数字化以及网络化的过程,所以要使交易活动成功进行就必须依靠高度共享和集成的信息系统。有了这样的信息系统为基础,就能够以动态链接的形式来建立跨境电商企业的供应链管理,实现既高效又准确的信息运输。

(4) 高效的营销渠道

大数据的深入运用,将帮助电商企业全方位提升营销效率和效果,对企业进行指导。像这样通过先进的营销渠道进行营销,可以明显提高企业的运营效率。

二、跨境电商供应链管理流程

1. 供应商管理

供应商管理其实就是制定一系列的 KPI 标准来减少在管理过程中容易发生的风险和不确定性,保障后端的补给能够完美支撑前端的运营。它的存在一定是良性的、可靠的、可持续的。供应商管理可以从以下三个方面进行。

(1) 去重去同质化去长尾

先从产品端开刀,把公司现有供应商各方面数据全列出来,按产品分类梳理重复性产品、同质化产品,以产品销售、产品质量、货源方、供应商评分及价格为参考项来选择保留的产品,维护该产品的供应权,合并重复性产品 SKU,下架同质化产品,把一个品类做深做细,走局部精细化路线。对长尾产品进行分析,可以从上架周期、产品价格等维度进行分析,别急于下架,摸清楚概况再下手。这一举措估计 30% 的产品会被清理掉。

(2) 供应商整改

首先,供应商的存在是为了能保障产品的稳定供给及综合竞争力,应最大限度地要求货物出自一手货源,知名品牌代理及特例除外。类似于中间商、小加工厂、市场个体户等类型的供应商要加强审核,实地考察,杜绝无任何竞争力的供货商混入供应链体系。

其次,供应商经营品类信息有助于对供应商进行优化,例如,一个卖包袋的供应商不可能同时也卖平板电脑。对跨品类或者分类的供应商要重审,保留其真实经营的产品线,剥离跨类别的产品,让给其他真实经营且有竞争力的供应商。

(3) 供应商 KPI 绩效管理

制定管理供应商的管理制度标准很重要。供应商绩效管理应该从付款周期、质检不良率、退货率、逾期交货率、缺货率、客诉率、采购成本(市调或竞价)、响应时效等八个维度去实施考评。

企业应根据自身的实际情况,配置考核项的权重比例,严格按照考核标准对供应商进行月、季、年度考核,采取优胜劣汰的方式优化供应商管理,建立产品与供应商的梯队关系(主供应+备用),使供应商管理良性运转。

2. 物流管理

上一章主要谈的是跨境出口物流模式,本节主要从跨境进口电商的物流管理方面进行阐述。通常,跨境进口电商物流采用的发货模式主要有海外直邮模式和保税仓发货模式两种,对应着自建跨境物流+国内物流和保税仓+国内物流两种物流模式。

(1) 海外直邮模式

海外直营模式是跨境电商企业直接参与采购、物流、仓储等海外商品的买卖流程,海外直邮模式商品入境类似于个人物品直邮入境。

自建跨境物流+国内物流的模式相较保税仓发货模式而言,品类的选择更多,不需要在保税区内压货,主要是通过对平台上的买手商品和品牌做有效的背书,提升消费者购物体验。代表企业有洋码头、亚马逊等。

(2) 保税仓发货模式

保税仓发货模式分两段物流:国际段和国内段。商品完成国际段的运输后,要在保税仓进行拆包、检验、清关、分拣和打包,再用当地国内快递公司寄给消费者。我国"四八新政"之后,保税仓商品进行通关单申请被提前到商品进入保税区时即进行通关单申请。

保税仓+国内物流模式采取跨境直采、入库自营的模式,消费者下单后,平台从保税区清关发货,再通过第三方物流送货至消费者。代表平台有天猫国际、蜜芽宝贝、小红书、京东全球购等。

3. 通关管理

我国国内跨境电商进口业务的通关模式有三种:快件清关、集货清关、备货清关,如图7-2所示。

通关模式	优势	劣势	适合业务	有无海关单据
快件清关	比较灵活,有订单才发货,不需要提前备货	申报品名要求高,物流通关效率较低、量大时成本会增加	企业创业初期,业务量少	无
集货清关	无须提前备货、相比快件清关,物流效率高,成本低	需在海外完成打包操作,成本高,海外发货物流时间长	业务量迅速增长的企业,每周有多笔订单	有
备货清关	需提前批量备货,国际物流成本最低,通关效率最高,可及时响应售后服务要求	使用保税仓库有仓储成本,备货会占用资金	业务规模较大,业务量稳定的企业	有

图 7-2 跨境电商通关模式及优劣势

4. 选品策略

从本质上来说,选品策略决定着一个跨境平台的命运。平台选品时,最先思考的是它能否热卖。

以聚美海外购为例,聚美海外购选品主要有以下几个特点:向品牌商直接采货,以美妆和母婴类产品为主,倾向于价格较低的韩妆品牌;刻意避开国外的"爆款",而是根据用户消费数据筛选商品;采用少量单品限时销售,避开了拿不到品牌代理的尴尬。

2016 年以后,新政频出,门槛增高,市场竞争更加激烈。跨境电商行业从野蛮生长期步入洗牌期,但供应链始终是跨境电商发展的命门;未来,行业将从选品、物流、支付等多方向逐步规范,获得新生。

5. 支付先行

支付环节是真正产生现金流的环节，因此从供应链的角度来看，高效、安全、便捷地向海外购买者收取不同货币并接入本土支付方式，是跨境电商控制和优化资金流的重要环节。网络支付是跨境电商的基础设施，也是推动其国际化的必要支持。

我国跨境支付市场可以分为三大类：第一类是境内第三方支付机构，主要涉足跨境网购、出口电商市场，如支付宝；第二类是境内传统金融机构，它们凭借强大的银行网络，不仅支持跨境网购、出口电商，还覆盖了境外 ATM 取款和刷卡消费等业务市场，如银联；第三类是境外支付企业，提供全球在线收付款业务，如 PayPal。

我国跨境电商也主要通过以上三类企业的支付业务完成支付环节，特别是第三方支付的应用大大提升了跨境网购的交易效率，受到消费者的广泛青睐。在这样的市场环境下，有效管理多种支付方式成为跨境电商必须面对的又一挑战。

三、跨境电商供应链管理策略

1. 跨境电商供应链协同战略

跨境电商的供应链尚处于构建阶段，其商品主要来自境外线上线下零售企业或生产企业。跨境电商与这些企业维持了相对独立的状态。跨境电商可以采取供应链协同战略，通过收益共享合同，按照一定比例，将收益共享给供应商，以换取较低的采购价格。较低的采购价格可带来更多的市场份额，从而提高跨境电商的收益。

2. 跨境电商供应链整合战略

跨境电商的供应链结构冗长、提前期长，涉及多个第三方主体，导致供应链总体效率较低，影响了终端用户的购物体验，而供应链的整体竞争力也较低。为此，一些有实力的跨境电商可以选择供应链整合战略，将许多环节整合在一起，进行总体上的统筹规划，以实现高效的供应链运作。

目前采用跨境电商供应链整合战略的主要是亚马逊。亚马逊几乎整合了供应链的所有环节，从供应商（各地亚马逊网站），到物流仓储服务，到跨境支付，再到最终的零售平台（国内亚马逊），都由亚马逊构建的体系进行掌控。亚马逊还搭建了庞大的物流信息系统，实现了实时跟踪。因此，亚马逊的供应链是极其高效的，客户体验也非常好。亚马逊的供应链整合战略值得各大型跨境电商学习。例如，京东便可以将国内的实际经验拓展至跨境供应链领域，通过搭建海外仓、保税仓网络，培养自身的国际物流，实现跨境供应链的整合。

3. 跨境电商供应链分散化战略

面对国际政治经济形势的风云突变，跨境电商在供应链优化时还应该考虑风险管理。跨境电商的风险来自方方面面,供应链的分散化战略能够帮助跨境电商降低风险。当风险发生时,分散化的战略布局能将损失降到最低。供应链的分散化战略主要通过以下几条途径实现:由单一化的供应商结构向多元化的供应商结构转变;由集中式的仓库网络向分散式的仓库网络转变;由单一化的市场结构向多元化的市场结构转变。可以发现,分散化战略下的供应链结构的两端主体更加分散、更加多元化,仓储物流网络也更加复杂。

四、供应链整合能力成为跨境电商的核心竞争力

由于行业的竞争激烈,已有不少跨境电商平台因为货源、物流等原因离场,网易考拉、天猫国际、唯品国际和京东全球购等巨头靠已有的供应链还在场上。可以确定的是,新一轮洗牌即将开始,这轮的关键词是"供应链"。供应链的核心是货源与物流。跨境电商不同于国内电商可以直接调货,海外仓的建设保证了电商们可以在海外直接采购优质低价的商品,并依托国内现有的物流体系将商品送到消费者手中。现在跨境电商里节节攀升的企业,其共同特点是具有很强的供应链能力。企业首先要做的是选品,分析国外平台相关数据,了解国外的走向,清楚哪些商品是热销的,哪些商品在某些区域是空白的。

在后端,想要拥有供应链整合能力,除了自营以外,还要做很多的供应链+方面的业务。真正意义上的"跨境"更多的是跨境电商平台能够通过自营和直采的方式将国外优质的商品呈现到用户面前,跨境电商平台通过严把质量和商品产出源头来减少消费者购买国外商品时遭遇到的风险,让购物真正告别国界限制,从此"购无国界"。

对于跨境电商企业,未来谁的供应链整合能力更强,能将货源、物流、支付环环相扣,能在复杂的环境中发展成有恢复力和个性化的模式,谁就不仅能获得各种重要优势,而且能吸引更多忠实消费者。当然,谁会成为赢家,更取决于消费者的选择。

扩展阅读

跨境电商:得供应链者得天下

2018年4月17日下午,《每日经济新闻》电商沙龙在北京举行。宝贝格子CEO张天天、丰趣海淘CEO任晓煜、寺库CMO杨静怡、顺丰国际海外业务发展总监黄柳荃等行业高管,共同热议供应链在未来竞争中的重要性。

在宝贝格子CEO张天天看来,跨境电商行业的发展今后将是"得供应链者得天下",一旦解决了供应链、管理、品牌链、物流链、资金链,以及信息流、支付流、物流、售后流等问题,就具备了横向和纵向优化整合功能,只有这样才可能成为强者。消费者之所以热衷或者说愿意购买海外商品,原因无外乎四个,价格、品类、品质及功能、品牌的荣誉和历史,这四个原因共同促成了我国消费者井喷式地购买海外商品。

寺库集团CMO杨静怡指出,供应链不仅是商品层面的连接,更是信息层面的。电商所产生的相关信息数据,可以反过来帮助奢侈品品牌找到精准的消费人群。寺库与腾讯大数据层面的打通,可以连接高净值人群在寺库端的消费数据及腾讯端的社交娱乐数据,帮助高端

品牌全链条地描绘其目标用户的画像并精准找到这些人,实现品牌在供应链端的信息打通、实现在用户知晓与购买之间架起重要的数据桥梁。

"供应链"是三个字,大部分都是做到了"供应",没有做到"链",其实税改之后很多企业过得很痛苦,一些企业慢慢退到了海外,只干物流了。张天天在沙龙现场还表示,供应链涉及三个环节。第一是品牌链即品牌的价值。从跨境电商的角度讲,整合供应链的第一步,一定是往上游走,而不仅仅是停留在海外的扫货或者集货,以及不明来路的商品的采集,一定要对应到品牌商甚至是工厂,建立起强大的品牌链,这对于商品在零售环节的价格优势体现将是至关重要的。第二是物流链,在跨境电商交易的过程中,物流链条比国内长很多;第三,有了品牌链、物流链以后,需要的是资金链,跟品牌的对接在某种意义上很难有议价空间,所以没有强大的资金链很难撬动整个供应链。

顺丰国际海外业务发展总监黄柳荃表示,顺丰发展海外业务已有六七年时间,大概有几十个国家可以提供出口和进口业务,其中部分是自营,部分跟合作伙伴做。最近,顺丰也开始做一些冷链供应链,到最源头的货源地收货,帮国内的进口商直接从海外进口到中国来,进入加工中心切割,切好以启用冷链运输送到消费者手上。

当被问及跨境电商未来如何发展时,丰趣海淘 CEO 任晓煜表示,供应链管理将是未来的重中之重。对 C 端而言,良好的供应链可以起到正本清源的作用。在跨境电商领域,消费者最关注的还是商品是否是正品,品牌和流量都是后话。真正要做到正本清源,必须从供应链管理上入手,从源头和各个流通环节进行控制,才是真正的供应链管理。

(资料来源:夏冰,《每日经济新闻》,2018-4-17。)

第二节 跨境电商推广体系

一、跨境电商营销方式

1. 广告

电商是个流量生意,每个用户的价值都可以用货币来衡量。风险投资驱动的电商,本质就是花钱买时间,买流量和用户。对于初创型企业来说,时间效率最高的获取用户的方式是广告投放,电商会在广告上投入大量资金。广告投放无非两类:第一,以直接带动销售、注册用户等为目标的效果投放;第二,以扩大品牌影响力为目的的品牌投放。前者的核心是有效率地花钱买流量,有方法可循;后者的核心是天时地利人和的四两拨千斤,你可以努力,但不能控制。

2. 导航

各导航站大多与浏览器绑定,是流量入口,投资回报率高,但是规模大,适合有一定知名度的品牌投放。国内 360 和 hao123 两家基本垄断了 70% 的导航市场,其他导航还有猎豹导航、114、2345 等。

3. 搜索引擎推广（SEM）

基于用户搜索关键词的广告精准投放，是百度、谷歌等搜索引擎最核心的生意。其中"品牌专区"因与自身品牌关联度最高，投放销量几乎占整个 SEM 投放的一半。

4. 搜索引擎优化

搜索引擎优化（SEO）是专门利用搜索引擎的搜索规则，来提高网站在有关搜索引擎内自然排名的方式，从严格意义上来说，这并不算广告投放。但是为了获得搜索引擎的友好收录，往往需要在对站内做内容优化的同时，借助第三方公司做专门的优化。

5. 网站联盟

无论是用亿玛网、领克特等第三方联盟，还是自建联盟，这部分可以通过分成方式合作的长尾媒体，流量都绝对不容小视。

6. 新闻门户

如果关注品牌效应，新浪、网易、搜狐等门户网站依然是有公信力的不二之选，因访问量巨大，适合做大促或品牌活动的快速曝光，特别是汽车、地产、快消品等品类属性强的行业，依然会选择门户网站做最大量投放。

7. 客户端

尽管手机流量超越 PC，但是 QQ、VeryCD、迅雷、酷我、暴风等 PC 端应用仍然占有大量流量，并具有弹窗广告的特殊能力，适合需要快速投放的情况，比如"双十一"大促或新品广告。

8. 社交媒体

以微博、微信、推特等为代表的社交媒体，投放方式更加软性，精准性更好，能够第一时间把广告向"粉丝"推广，效果比硬广好，互动性强。小米等互联网品牌便很善于使用社交媒体开展"粉丝"营销。

巧用国外 BBS 推广自己的产品

第一，回帖和跟帖能增加可以增加店铺的曝光率，同时也会增加店铺的浏览量。最好是发精华帖，那会大大提高曝光率。

第二，设置个性签名或醒目店标。

第三，宣传很重要。宣传好也能给自己的店铺带来很好的广告效应。当然不能够发广告帖（发帖前先看论坛的发帖规则），不过可以充分地利用好每一个资源，在一些国外的 BBS 或社区，多做一些有创意的广告。例如，一张创意图片上加上自己店铺的水印等。

第四，论坛推广，多参加一些 BBS 或社区的活动，这样可以在更多活跃的人群面前提升曝光的概率，进一步扩大自己的潜在买家群体。

第五，事件营销，可以在国外的 BBS 或社区里，创造或参与一些事件的讨论，从而引起更多人的关注，换来不少点击。做网店推广一定要讲究效果，一点一点把推广效果积累起来才可以帮助自己的网店一天天发展起来。

二、社交媒体营销

社交媒体营销也称社会化营销或社会化媒体营销，就是利用社会化网络、在线社区、博客、百科或者其他互联网协作平台和媒体来传播和发布资讯，从而形成的营销、销售、公共关系处理和客户关系服务维护及开拓的一种方式。社交媒体营销工具包括论坛、微博、微信、博客、SNS 社区等。

适合跨境电商的社交媒体主要有 Facebook、Twitter、Instagram、Tumblr、YouTube、Pinterest、VK 等。

1. Facebook 的营销技巧

作为全球最大的社交网站，Facebook 是美国的一个社交网站，有着 21 亿月活跃用户，是外贸企业进行社交媒体推广的主要渠道。下面从六个方面介绍 Facebook 的营销技巧。

（1）二八法则

创建 Facebook 网页的时候，要注意内容的划分，不能只发广告，毕竟 Facebook 最主要的还是其社交属性。在策划内容的时候就可以按照二成的"硬推销" + 八成的非营销内容来规划。

非营销内容可以是有趣、有教育意义、对用户有价值的一些内容，尽量有正能量，并与用户的兴趣相符。八成的非营销内容的主要作用就是吸引用户，并为二成的营销内容打掩护。

（2）定点发布

不管是哪个平台，都有用户登录的高峰期，对于 Facebook 来说，比较好的时间是周末晚上的 12 点~1 点，这段时间大多数人都比较放松，喜欢在网上浏览。这个时候发的信息会被更多人看到，也会有更多互动。

不过，并不是每个群体的活跃时间都是相同的，具体发布时间还是要根据目标用户的活跃时间来定。

（3）多"@"粉丝

当粉丝发现自己被"@"的时候，通常会回复，这样就有助于拉近彼此的距离，也增加了内容的有机点击量。

(4) 及时回复

一个潜在消费者如果看到感兴趣的信息，会在 Facebook 上发起对话，如果没有得到及时回复，可能就会转向竞争对手。

及时回复信息能够提升"粉丝"的好感，也能在最快的时间里赢得销售机会。当然，对于 Facebook 系统来说，及时的回复对提高 Facebook 排名、赢得"粉丝"忠诚都是比较有利的。

(5) 分享用户生成内容（UGC）

90%以上的消费者在做出购买某产品的决定之前会参考 UGC。另外，将 UGC 纳入营销内容还可以让营销变得更有趣、更可信，所以平时要多收集用户生成内容。

(6) 了解 Facebook 的广告形式和优势

照片广告：照片广告可以蕴含很多品牌信息，展示品牌形象，而且其视觉效果比较容易吸引用户注意，是比较高效省时的广告类型。

视频广告：视频广告更有冲击力，更容易触动用户，在潜移默化中完成推广。一般来说，用户比较偏好看篇幅比较短（15 秒左右）的广告。

轮播广告：轮播广告可以展示更多图片或视频，有更多的空间来展示创意和商品细节。还可以构造一个小故事来讲述品牌发展，具有故事性的广告能够更好地吸引用户。

幻灯片广告：这种广告的优点是制作起来比较简单，而且可以在多种设备上播放。另外它的加载速度也比其他广告快很多，网速不好的用户也可以看到广告内容。

精品栏广告：精品栏广告可以跟全屏广告结合起来，用户被精品栏广告动态消息吸引并点击时可以跳转到全屏广告进行更深入的了解和互动，引导用户进行购买。

Messenger：通过 Messenger 广告，用户可以与商家进行对话，方便沟通互动，商家在增加"粉丝"黏性的同时，达到营销的目的。

Facebook 营销绝不是像发朋友圈那么简单，需要投入时间和精力去研究和尝试。

2. Twitter 营销

对于众多外贸商家而言，Twitter 是一个不得不重视的传播品牌和进入国际市场的重要平台。Twitter 作为 SNS 主媒体之一，以发送 140 个字符内的推文为主要形式，具有较好的实时性和时效性。

(1) 减少推文里的链接数量

有研究表明，不包含链接的推文更易产生粉丝互动。所以，不是你的每一条推文里都一定要包含链接，链接的精妙之处在于精而不是杂。当你限制了链接数量，你就会发现你的推文的粉丝参与度会有所提升。

因此，Twitter 营销者要多注意链接数量的问题，不要把过多的时间放在发掘好的链接上，这部分时间应该拿出来多和粉丝互动。另外，链接数量少更有益于和粉丝建立信任，这样当你偶尔发一条链接的时候，他们基于信任会认为你所发的链接也是高质量的，这样才真正发挥了链接的作用。

(2) 使用正确的"#"标签

要想使自己的 Twitter 获得更多的关注，可以使用"#"标签，这样也会加强和粉丝的联系。然而"#"的使用次数也是有讲究的，不可一味地为了加强吸引而滥用。可以使用两款易上手的标签工具：Hashtagify 和 RiteTag。

Hashtagify 可以帮助使用者寻找合适的标签。只需要在 Hashtagify 里的搜索栏中输入标签关键词，Hashtagify 就会生成符合这个关键词的标签。商家可以选择其中的一个或者几个成为自己的"#"标签，从而便于浏览者找寻到商家。

RiteTag 可检查标签的关联性。首先商家要进入 RiteTag 中，并授权它访问自己的 Twitter 账户。进入之后在"compose new tweet"中将第一步中选择的标签输入进去，这样就可以得到该标签的关联性。

(3) 发布有图片的推文

众所周知，有图片的推文比没有图片的更加有吸引力。想在一瞬间捕获浏览者的视线，关键在于要选择合适的图片。另外，如果可以将链接放在图片上，这样不仅减少了链接反复出现所造成的反感，也可在一定程度上让浏览者更愿意点击图片看到商家想让他们看到的链接。所以，如果必须放多条链接，那就可以选择用图片链接的方式进行。

(4) 使用合适的版式

在推文中，会有多种元素，如文字、图片、链接、标签及@（使用@时一定不可以将其放在推文的最开始，这样浏览者会潜意识地跳过，只有被@的那个人才会关注，这会降低关注度），这几种元素的搭配方法会对分享量产生一定的影响。

(5) 转发时引用其中最有价值的话

在 Twitter 上，为了丰富自己的主页，人们往往也会转发别人的推文。千万不要以为转发只是简单地点击一下按钮以及简单地附上一个表情或者几个文字就好了，在转发方面如果做得好，也是会利用他人的推文为自己获取流量的。

Twitter 的新功能"quote tweet"允许在转发时添加 116 个字符，商家完全可以在这里体现自己的思想和提供有价值的信息。最有效的方法是选取转发的文章中最有代表性和价值性的内容，这样才会让粉丝更想阅读并转发文章。

(6) 在最佳的时间发送推文

知道粉丝最喜欢在哪个时间段浏览 Twitter 是非常重要的。如果在他们最爱浏览 Twitter 的时间之前发布消息，商家的消息就会被其他用户的消息覆盖；如果是在之后发布，那他们可能已经关闭了页面去做自己的事情了。因此，知道粉丝最爱在哪个时间段浏览 Twitter，对提升流量和分享率是非常重要的。

(7) 分析数据，归类特点

Twitter 为广大用户提供了分析器功能（Twitter Analytics），在这里商家可以查看近期自己最热门的推文是哪几条，通过分析这几条热门推文的布局、内容等元素，就可以获得一套好的制作推文的方案。

同时商家还可以借鉴其他热门推文的优点，并和自己的优点相结合，这样就会创作出更受粉丝喜爱的推文。

现阶段 Twitter 的用户基数已经超过 5 亿人次，开展 Twitter 营销这种 SNS 营销方式，能够为商家的网站带来 SEO 推广以外的流量，使网站流量获取方式多样化，降低网站运营风险，同时还能够带来社区的互动和口碑，提升目标用户对于网站的信任度，进而提升网站总体的转化率。

3. Instagram 营销

Instagram（照片墙）是一款免费提供在线图片及短视频分享的社交应用，于 2010 年 10 月发布。它具有实时分享到新浪微博、Facebook、Twitter、Flickr、Tumblr 和 Foursquare 的功能，以及上传不受限、即拍即传即分享、通过接收和发送赞和评论与朋友互动等特征。2012 年 4 月，Facebook 宣布以 10 亿美元收购 Instagram。2018 年 12 月，世界品牌实验室发布《2018 世界品牌 500 强》榜单，Instagram 排名第 362。

（1）将 Instagram 与其他社交媒体账户连接

如果商家将 Instagram 连接到自己的 Twitter 和 Facebook 账户，那么，商家在 Instagram 上分享的任何图像，将自动发布到其他社交媒体账户上。人们可以点击这些分享查看商家的 Instagram，可以对其进行评论，或者关注商家的品牌。这样商家会得到更多关注和目标客户。

Instagram 与 Facebook 一样，在发布信息时可以选择受众，提高扩展目标客户的效率。

（2）重视 Instagram 的视频上传

Instagram 允许用户上传视频，当然需要保证视频简短而有趣，因为观众的注意力持续不会超过一分钟。商家可以将 Instagram 的视频嵌入自己的网站或博客里，这能为商家带来更多的点击与关注。

Instagram 上传的视频不能超过 15 秒，且需要用到 Hyperlapse，这是 Instagram 的独立应用。它能拍摄出延时视频，将很长时间的视频压缩在短时间内，从而让人体会到时间的流逝感，比如让人们在 15 秒内观看一次完整的日落。

（3）使用"#"标签

由于人们通过"#"标签排序图像，所以商家可以使用这项功能标记图片，以便得到更多新的关注。另外，商家还可以通过搜索相关的"#"标签找到可以关注的用户。需要注意的是，在"#"后面的文字不能存在空格，如#weddingdress，不能写成#wedding dress。

（4）回应评论

Instagram 的关注者都希望有人回应他们的评论与意见，所以提出一个观点后，一周内需要有规律地检查和回复。在别人关注你以后，你也可以关注他们，然后尝试与他们在其他的社交网站上联系。要注意选择关注对象，不要随便关注人。

（5）收集图片

商家不仅能在 Instagram 上上传自己拍的照片，还可以鼓励用户们将他们拥有的照片上传到自己的 Instagram，这是吸引关注的好方法，同时也能为商家带来更多精彩的图片。

商家还可以组织一个竞赛，并奖励上传最佳图片的用户。开展此类活动要注意与参与者之间开展互动，这是他们喜欢的，也是表现商家对此次活动重视的重要环节。

（6）塑造品牌内涵

如果贵公司的业务是关于婚纱的，那么上传美好幸福的婚礼照片和展示别人对它们的喜爱，比起上传一些产品照片，讲述公司的故事会让商家收获更多的关注。

（7）统计图片的喜好数量

如果商家关注那些人们点击的"喜欢"按钮，就可以更好地了解粉丝的喜好。这不仅可以帮助商家决定以后要发布的图片的类型，还可以为产品做一个小的市场调研。例如，发布同一款产品的两种不同色彩的图像，并询问粉丝更喜欢哪一张，得到喜欢更多的那张就是商家应该生产的产品。

注意不要提供太多的选择，那样用户会无法选择出自己想要的结果。

（8）有规律地更新信息

就像所有的社交媒体网站一样，坚持规律地更新是成功的关键。这会让商家的关注者知道该在什么时候期待新内容。

4. Tumblr 网站

Tumblr 成立于 2007 年，是目前全球最大的轻博客网站之一，也是轻博客网站的始祖。Tumblr 是一种介于传统博客和微博之间的全新媒体形态，既注重表达，又注重社交，而且注重个性化设置，是当前最受年轻人欢迎的社交网站之一。

Tumblr 是允许用户发表文字、照片、引用、链接、聊天、音乐和视频的轻量级博客，其服务功能和国内新浪博客等提供的方式类同。与 Twitter 等微博相比，Tumblr 更注重内容的表达；与博客相比，Tumblr 更注重社交。因此，在 Tumblr 上进行品牌营销时，要注意"内容的表达"。

比如，给自己的品牌讲一个故事，比直接在博文中介绍公司及产品效果要好很多。

有吸引力的博文内容，很快就能通过 Tumblr 的社交属性传播开来，从而达到营销的目的。跨境电商网站拥有众多的产品，如果能从这么多的产品里面提炼出一些品牌故事，或许能够达到产品品牌化的效果。

相关链接：史上最全的 Tumblr 营销大法，https://mjzj.com/article/40053，小北的梦呓。

5. YouTube 网站

YouTube 是一个全球最大的视频网站，早期公司位于加利福尼亚州的圣布鲁诺，注册于 2005 年 2 月 15 日，由美籍华人陈士骏等人创立。在 YouTube，每天都有成千上万的视频被用户上传、浏览和分享。

相比较其他社交网站，YouTube 的视频更容易带来病毒式的推广效果。因此，YouTube 也是跨境电商的一个不可或缺的营销平台。开通一个 YouTube 频道，上传一些幽默视频吸引粉丝，通过一些有创意的视频进行产品广告的植入，或者找一些意见领袖来评论产品宣传片，都是非常不错的引流方式。

YouTube 每月都有 10 亿的活跃用户，接近全球人口的 1/7。作为 YouTube 频道的拥有者，吸引这些活跃用户是增加频道订阅量的长远之计。但仅仅指望 YouTube 带来这些订阅者是不可能的。

相关链接：YouTube 视频营销八大策略，https://www.cifnews.com/article/27105 2017-06-29。

6. Pinterest 网站

Pinterest 是全球最大的图片分享网站之一，采用的是瀑布流的形式展现图片内容，无须用户翻页，新的图片不断自动加载在页面底端，让用户不断地发现新的图片。Pinterest 堪称图片版的 Twitter，网民可以将感兴趣的图片保存在 Pinterest，其他网友可以关注，也可以转发图片。索尼等许多公司也在 Pinterest 建立了主页，用图片营销旗下的产品和服务。

Pinterest 的图片非常适合跨境电商网站的营销，因为电商很多时候就是依靠精美的产品图片来吸引消费者。卖家可以建立自己的品牌主页，上传自家产品图片，并与他人互动分享。

在 Pinterest 上营销的技巧主要体现在：第一，营销策略中最重要的组成部分是图片；第二，目前的主流用户群体是 25～55 岁的女性；第三，与其他社交媒体平台链接；第四，Pinterest 是社交图片网而不是图片存储站；第五，数量真的很重要，新产品出来就要发布上去；第六，商家不是在推产品，而是在推一种生活方式；第七，发动群众的力量，利用好群体主体板（Group Board）；第八，当地时间下午 2～4 点和 8～11 点是发布信息的最好时机。

相关链接：2018 最新最全 Pinterest 营销攻略！教你打造完美社交营销账号，https://www.cifnews.com/article/32655 2018-01-30。

7. VK 网站

VK（原 VKontakte），为"接触"之意，是俄罗斯知名在线社交网络服务网站，拥有 70 多种语言，用户主要来自俄语体系国家，在俄罗斯、乌克兰、阿塞拜疆、哈萨克斯坦、摩尔多瓦、白俄罗斯、以色列等国较为活跃。目前，VK 在俄罗斯、乌克兰、波兰和其他东欧市场已经超越 Facebook 占据第一位，在全球社交网站中排名第 17 位。

由于其设计风格以及功能都与美国 Facebook 十分相似，因此 VK 也经常被称为"克隆 Facebook"。与大多数的社交网络相同，该网站的核心功能是个人信息和照片共享，状态更新，以及朋友间的联系。VK 也有用于管理网络社团和名人的网页工具。该网站允许其用户上传、搜索媒体内容，如视频和音乐。VK 具有先进的搜索引擎，能有效搜索到较为复杂的内容。

相关链接：俄罗斯最大社交媒体平台 VK 如何吸粉？https://www.cifnews.com/article/35459 2018-05-29。

三、搜索引擎营销

搜索引擎营销，英文为 Search Engine Marketing，可缩写为 SEM，就是根据用户使用搜索引擎的方式利用用户检索信息的机会尽可能地将营销信息传递给目标用户。简单来说，搜索引擎营销就是基于搜索引擎平台的网络营销，利用人们对搜索引擎的依赖和使用习惯，在人们检索信息的时候将信息传递给目标用户。搜索引擎营销的基本思想是让用户发现信息，并通过点击进入网站或网页进一步了解所需要的信息。在介绍搜索引擎策略时，一般认为，搜索引擎优化设计的主要目标有两个层次：被搜索引擎收录、在搜索结果中排名靠前。

1. 搜索引擎营销的价值

目前中国做网络营销的企业 80% 以上都选择搜索引擎营销。我国搜索引擎主要有 360 搜索、百度、搜狗、必应、有道等；国外的搜索引擎除了大家熟知的 Google，还有 Bing、Yandex 等。有调查显示，大部分网站 70% 以上的流量来自搜索引擎，搜索引擎可以给企业网站带来大量的用户，更重要的是这些用户都是通过搜索与企业相关的关键词进入网站的，也就是说这些用户大部分都是潜在客户。搜索引擎营销的价值主要体现在如下几个方面：①带来更多的点击与关注；②带来更多的商业机会；③树立行业品牌；④增加网站广度；⑤提升品牌知名度；⑥增加网站曝光度；⑦根据关键词，通过创意和描述提供相关介绍。

> **扩展阅读**
>
> 除了 Google，国外的搜索引擎还有这些
>
> 下面向大家推荐一些除 Google 外的常用国外搜索引擎。
>
> Bing（bing.com）：Bing 的中文品牌名为"必应"。作为全球领先的搜索引擎之一，必应也是北美地区数一数二的搜索引擎，做北美市场的企业千万不要错过 Bing。加上与 Windows 系统的整合，在没有 Google 的日子里，Bing 对大家是很重要的。
>
> Yandex（yandex.com）：2006 年年初每天访问 Yandex 的人数（包括外国访问者）达到 400 万人。Yandex 目前所提供的服务包括搜索、最新新闻、地图和百科、电子信箱、电子商务、互联网广告及其他服务。
>
> 除上面几大国外搜索引擎外，一些比较热门的当地搜索引擎有：
>
> 德国 Fireball（fireball.de）；奥地利 Lycos（lycos.com）；荷兰 Search（search.com）；英国 izito、SPLUT；法国 Orange、KOMPASS；丹麦 Jubii；芬兰 Eniro、Walhello；瑞士 Sharelook；挪威 Sunsteam Search；卢森堡 Luxweb；比利时 WEB WATCH；意大利 Excite、Tiscali、CuteStat；爱沙尼亚 NETI；葡萄牙 SAPO；保加利亚 GBG Search；摩尔多瓦 Zoznam；加拿大 AMRAY、Canadaone；墨西哥 Mexicoweb；阿根廷 Buscapique；秘鲁 Peru-info；乌拉圭 Reduy；巴西 Starmedia、UOL；洪都拉斯 In-honduras、Caribseek；巴拿马 Istmania；澳大利亚 Anzswers；新西兰 AccessNZ。
>
> （资料来源：雨果回答，https://www.cifnews.com/ask/article/502，2016-12-15。）

2. 搜索引擎营销的特点

与其他网络营销相比，搜索引擎营销有其自身的特点，主要体现在如下几个方面：使用

广泛；用户主动查询；便于获取新客户；竞争性强；动态更新，随时调整；投资回报率高；以企业网络营销的信息源为基础；传递的信息只发挥向导作用；以用户为主导；可实现较高程度的定位；需要适应网络服务环境的发展变化。

3. 搜索引擎营销的推广方式

互联网在不断发展，信息在以爆炸式的速度增长，要想在浩瀚的互联网信息中寻找到自己想要的信息，就要依靠搜索引擎。它可以为用户提供信息导航服务，让用户准确找到信息。从本质上来说，搜索引擎的工作原理属于技术层面的问题。目前搜索引擎的推广方式可以分为自然推广、竞价推广、混合竞价推广三种推广方式。

（1）自然推广

自然推广是指企业可以将要推广的信息通过网页等形式发布到搜索引擎，然后通过正当的 SEO（搜索引擎优化）技术使企业需要推广的关键词在搜索引擎中得到一个理想的排名。搜索引擎的收录原理是：搜索引擎都有一个或多个搜索程序——蜘蛛程序，这些"蜘蛛"负责检索互联网中的海量信息，然后将其收集到搜索引擎的数据库中，经过机器和人工的整理、分类，将有用的信息按照搜索引擎的算法有序排列，不同的搜索引擎算法不尽相同，但是关键词、链接、权重是所有搜索引擎共同的三个算法要素。

做好自然推广，肯定要做好 SEO，其实 SEO 工作就是围绕着关键词、链接、权重这三个要素来展开。

（2）竞价排名

自然推广固然免费，但是存在着很多不确定性，虽然 SEO 可以帮助企业得到一个好的排名，但是 SEO 不能保证百分之百成功，而且 SEO 不是一个短期就能收到效果的方法。企业可能等不了这么久的时间，正好竞价排名解决了这一问题。竞价排名就是搜索引擎根据企业的出价给其相应的排名，这样就省去了 SEO 的工作，企业很快可以得到一个排名，前提是企业需要付费，这里价格成了排名的唯一因素。

（3）混合竞价推广

搜索引擎在竞价排名的基础上，又推出了"混合竞价"方式，即在排序时除了考虑价格方面的因素，还同时考虑点击率的高低。这种方式不仅可以使得企业得到好的排名，而且能够提高网页匹配度，也提高了用户的体验。

扩展阅读

如何利用搜索引擎做好营销

现如今，更多的人通过搜索引擎搜索可以找到想要的任何信息，其中各种搜索问题包括社会、科技、衣食住行、商业等各个方面，因此利用搜索引擎做好商业化的网络营销就显得更为重要。

但是在做搜索引擎营销之前你要明白，自己的服务群体是什么样的？这些群体是否会经常上网搜索来获取信息？他们使用搜索引擎的频率是怎样的？

如果你的答案是肯定的，那么搜索引擎营销就适合你，否则就要慎重行事。

搜索引擎营销并非是大家理解的去做百度推广，这样理解的话显然是不够准确的甚至是业余的。

因为 SEM 是百度竞价和百度快照的结合体。单纯的竞价或者是搜索引擎优化犹如把鸡蛋放进一个篮子中。

百度的搜索结果有 5 个推广位即百度推广位，是点击付费的。同时还有 10 个快照位置。点击不扣费的就是人们常说的 SEO。搜索引擎营销实施过程如图 7-3 所示。

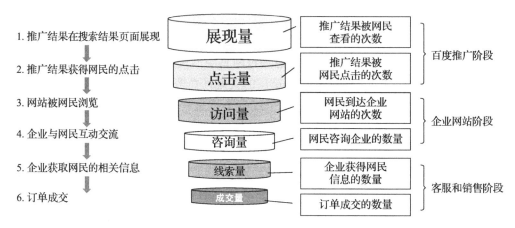

图 7-3 搜索引擎营销实施过程

搜索引擎营销是否成功，取决于能否在行业关键词搜索中霸屏。

什么是霸屏呢？

比如在百度搜索一个关键词，在搜索结果页面的信息里面，一家公司的信息能占据 50% 甚至更多，就可称为霸屏。

当然，做到霸屏之后也并非万事大吉了，因为公司虽然有了足够多的展现量和曝光率，但是却不能忽略搜索引擎营销漏斗这个重要的东西。这个漏洞从理论模型上共分 5 层：展现量、点击量、访问量、咨询量、订单量。

也就是说，如果只是单单展现量做得不错，而忽略了后面的几个层面，那么最终的转化率也无法保证。

所以，要想做好搜索引擎营销，一定要从这个营销漏斗去开展工作，保证每一层都能做好。

网站 SEO 优化如何实现百度霸屏？

百度霸屏并不是百度搜索结果首页全都是公司的信息就可以了，重要的是要让那些对公司最有价值、最能体现自身实力的信息出现在首页。

一般来讲，第一步就是做品牌词，提前布局，比如：官网、百度百科、百度地图、官方电话、百度知道、百度文库、视频、新闻、微博等。百度霸屏解析如图 7-4 所示。

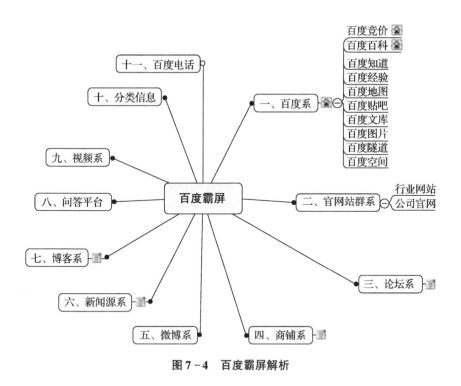

图 7-4　百度霸屏解析

这样的霸屏技术属于最正规的 SEO 操作手法，是一种 SEO 的高级思维的具象化，其本质在于：借助高权重第三方平台来做自己想要的关键词，因为第三方平台的高权重可以快速获取排名，从而产生品宣和引流的效果。

当然，也有很多公司靠技术进行泛站群、黑站、跳转来进行百度霸屏，但是这些技术不规范，不适合企业站来做。

(资料来源：胡水生，https://baijiahao. baidu. com，2018-3-17。)

四、电子邮件营销

电子邮件营销，英文为 Email Direct Marketing，可缩写为 EDM，是在用户事先许可的前提下，通过电子邮件的方式向目标用户传递价值信息的一种网络营销手段。电子邮件营销是利用电子邮件与目标用户进行商业交流的一种直销方式，是网络营销手法中最先使用的一种。

1. 电子邮件营销的特点

（1）范围广

据第 42 次《中国互联网络发展状况统计报告》，截至 2018 年 6 月 30 日，我国网民规模达 8.02 亿，普及率为 57.7%；手机网民规模达 7.88 亿，网民中使用手机上网人群的占比达 98.3%。面对如此巨大的用户群，作为现代广告宣传手段的电子邮件营销正日益受到人们的重视。只要拥有足够多的电子邮件地址，企业就可以在很短的时间内向数千万目标用户发布广告信息，营销范围可以是我国全境乃至全球。

(2) 操作简单、效率高

使用专业邮件群发软件，单机可实现每天数百万封的发信速度。操作不需要懂得高深的计算机知识，不需要烦琐的制作及发送过程，发送上亿封的广告邮件一般几个工作日内便可完成。

(3) 成本低廉

电子邮件营销是一种低成本的营销方式，所有的费用支出就是上网费，成本比传统广告形式要低得多。

(4) 应用范围广

广告的内容不受限制，适合各行各业。因为广告的载体就是电子邮件，所以具有信息量大、保存期长的特点，具有长期的宣传效果，而且收藏和传阅非常简单方便。

(5) 针对性强、反馈率高

电子邮件本身具有定向性，可以针对某一特定的人群发送特定的广告邮件，也可以根据需要按行业或地域等进行分类，然后针对目标客户进行广告邮件群发，使宣传一步到位，这样可使营销目标明确，效果非常好。

(6) 精准度高

由于电子邮件是点对点的传播，可以实现非常有针对性、高精准的传播。例如，既可以针对某一特定人群发送特定邮件，也可以根据需要按行业、地域等进行分类，然后针对目标群发邮件，使宣传一步到位。

2. 电子邮件营销的原则

(1) 必须基于用户的许可

电子邮件营销的目的是提升会员客户的活跃度，增加销售。我国邮件营销常被用于市场引流，通过向目标邮箱发送大量的非许可邮件，以达到增强曝光、吸引客源的目的。这就导致很多用户误以为营销邮件就是大量的垃圾邮件，甚至会开始排斥营销邮件。

(2) 让用户掌握自主选择权

如果用户不喜欢企业提供的服务，让他们有权利随时取消对企业的关注，在显眼的位置设置退订按钮，并尽量让退订操作简单，这样不仅能赢得用户信任，也能增强用户体验。这样做既可以舍弃对企业不感兴趣的用户，也可以避免过多用户将邮件标记为垃圾邮件，影响企业其他邮件的传播。

(3) 持续给用户带来价值

用户订阅某品牌的邮件，主要是希望收到自己感兴趣并觉得有价值的内容，可以是优惠信息，也可以是资讯，但绝不能是一成不变的服务推销或者"假打折"信息。用户只有先对邮件的内容感兴趣，才会持续关注，逐渐转变为忠实客户，继而转化为购买者。

(4) 不断优化、提高用户体验

一切以用户为中心的原则应该贯穿在邮件营销的一举一动中。如在邮件制作上，图文的设计风格、退订功能、便捷的链接操作等；在送达之前，需要对邮件接收地址进行"清洗"，细分联系人，争取精准地投放；在反馈阶段，以解决问题的态度积极与用户沟通，分析数据优化邮件内容等，都在优化的范围内。

3. 跨境电商邮件营销策略

由于人文环境因素的不同，跨境电商邮件营销与国内电商邮件营销相比存在很大差异，面对与国内行为习惯、风俗习惯及文化的差异，如果不懂它的使用规则和特点，往往也很难达到预期中的效果。试想，原本是应该给企业带来大量订单、维系客户忠诚度的重要渠道，最后却换来了大量客户的投诉和ISP（互联网服务提供商）的封杀，甚至影响品牌声誉，这会有些得不偿失。

(1) 合规收集客户信息和邮件地址

由于目标客户在海外，要获得客户的邮件地址、个人信息比较困难。在没有专业指导的情况下，一些跨境电商企业病急乱投医，从外部购买和采集客户数据，这样做的后果是，无论邮件地址正确与否，对一个完全未知的人发送邮件营销内容，无异于大海捞针，如果客户对你的产品没有兴趣，结果只能是进入黑名单。最重要的是，品牌形象受损，以后将会更难向对方开展营销。欧美等地是跨境电商的主要目标市场，用户一般都具有强烈的许可意识，对于未经许可发送到邮箱的电子邮件，多会心存不满。

(2) 及时管理现有数据

如果没有对已有的客户数据库进行有效的管理，将会导致总体的客户数据质量不高，发送到海外的邮件高硬退、高软退和低打开率。

因此，要针对客户数据按年龄、身份等自然属性或高活跃度、高频率购买等维度进行细分综合管理。要及时进行邮件地址去重、将错误地址删除等，做好基础的数据更新工作。因为大量无效邮件地址的发送，不仅会增加发送成本而且不能达到好的效果。

(3) 重视海外通道及规则

很多海外邮箱服务商，如Hotmail、Gmail等，会拦截没有固定IP的服务器发出的邮件，而且海外ISP在垃圾邮件、黑名单、投诉举报规则以及发送数据要求上更为严格，如果投诉过多还会被封平台。

如果企业的邮件经常被海外ISP拦截，邮件达到率不理想，自己又不具备资源和技术能力，可以考虑选择一家具有固定海外IP地址的邮件营销服务商，这样可以大幅提升投递效果。

(4) 针对海外消费者特点定制营销策略

由于风俗文化、消费习惯、经济发展水平等方面的不同，不同国家客户对营销信息的偏好也存在区别，因此要根据不同国家或地区制定相应的营销策略。跨境电商企业需要对目标市场的文化、风俗和节日、特殊喜好、消费习惯等了解清楚后，再参照用户的历史消费行为，去定制邮件内容及营销策略。

(5) 注重邮件内容及设计

经常看到一些外贸邮件没有标明品牌发件人，邮件标题毫无吸引力，主题也不明确，或者邮件整版充斥着让人眼花缭乱的产品及促销信息。Focussend 的相关研究显示，一封邮件从收件箱众多邮件中脱颖而出，获取用户注意的时间仅为 2 秒，在正式发送邮件之前，试着先发一部分进行测试，如果企业的邮件不能获得高的打开率、关注度，或者自己也觉得没有吸引力，那么真的需要在邮件内容及设计上下功夫了。

扩展阅读

Focussend 为跨境电商企业建议的邮件内容及设计秘诀

①选择有"煽动性"的语言，语意鲜明有个性，能引起用户响应。
②内容表述精短集中、使用主动语态、要点明确、紧跟行动号召按钮。
③主题行要求简短而有冲击力，包含重要优惠信息、利益点或新闻，同时邀请用户行动，营造紧迫感。
④注意规避容易引发国外垃圾邮件过滤器的垃圾邮件关键字及词语。

(6) 注重邮件发送质量

很多急于求成的跨境电商企业都寄希望于庞大的数据量、频繁的发送带来大量的订单，但往往事与愿违。千万不要认为发送频率越高效果越好，而是要根据用户自主订阅频率、用户历史行为等整体规划发送策略，并优化发送频率。

要想把邮件顺利送达海外用户的邮箱，首先要保证用户数据的有效性，这是关键所在，而数据是否为用户主动订阅也将直接影响到后续的邮件发送质量；其次要做好海外 ISP 的备案以及各种处理；最后邮件内容及设计要符合垃圾邮件规避规则。

扩展阅读

如何优化邮件标题进行电子邮件营销

电子邮件营销越来越被企业所重视是一个不争的事实。而邮件标题是一块敲门砖，只有能够吸引用户的兴趣的标题，用户才会打开邮件来阅读。那么怎样优化邮件标题才能吸引用户的眼球呢？

(1) 标题只注明主题

最好的标题告诉订阅者邮件的内容是什么，而最差的标题则试图通过邮件销售产品。在电子邮件营销中，不要让邮件标题读起来像是广告。标题中的商业味越重，邮件被打开的可能性就越小。

(2) 为何阅读邮件

邮件读者只对一件事感兴趣：邮件能为他们提供什么？所以在标题中要多写一些和读者

利益相关的内容，给他们更多的阅读理由。

（3）不要在标题中随便使用个性化词语

个性化对电子邮件内容来说是很重要的，但它并不适用于标题。垃圾邮件发送者会在互联网上窃取姓名，他们对收件人全部的了解就是名字和邮件地址，所以他们往往在标题上加上姓名，比如"Arthur Sweetser：这是专门为你提供的服务"。但是收件人也是聪明的，他们往往能轻松判别哪封邮件是垃圾邮件。如果你在标题中加入姓名，那你就很有可能被当作是垃圾邮件发送者。2008年MailerMailer的一份研究显示，和没有使用个性化标题的邮件相比，含有个性化标题的邮件的效果要差一点。使用个性化标题的邮件打开率是12.4%，点击率是1.7%；不使用个性化标题的邮件打开率是13.5%，点击率是2.7%。因此，在标题中不应该使用名字。不过，在邮件标题中使用地点字眼（比如城市名字）确实可以提升打开率。

（4）告诉用户你是谁

很多研究显示，将公司名称放进发件人行和标题行中能提高打开率。Jupiter Research研究公司发现，在标题中加入公司名称能使打开率从32%提高到60%，远远超过了不加入公司名称的标题。人们之所以打开你的邮件，一个很重要的原因是他们认出了你。有两种情况：他们认识发件人，并且认为过去收到的信息有价值；当然也有相反的，他们以前打开过你的邮件，但发现根本是在浪费时间，所以就把邮件删除了。发出去的邮件是否能够被打开，取决于公司的声誉和公司之前发送邮件的质量。你的标题应该在某种程度上囊括这两方面的识别。这种识别是很重要的，若收件人之前处理你所发邮件时获得了最佳体验，那他们会毫不犹豫地打开你的邮件。

（5）避免使用敏感字词

绝对不要在标题里使用大写字母，也不要使用感叹号。只要你的内容是真实的并且看起来不像垃圾邮件，大多数收件人都会给予回应。垃圾邮件标志性词语，如"免费"等，一定要排除在外，包括"free"等单词，永远不要低估邮件服务提供商所做的工作。但是有些不在垃圾词语清单上的词语也会大大降低标题的反应率，比如"帮助""折扣"和"催缴单"等。

五、联盟营销

联盟营销（Affiliate Marketing），通常是指网络联盟营销，实际上是一种按营销效果付费的网络营销方式，即商家（又称广告主，在网上销售或宣传自己产品和服务的厂商）利用专业联盟营销机构提供的网站联盟服务拓展其线上及线下业务，扩大销售空间和销售渠道，并按照营销实际效果支付费用的新型网络营销模式。

商家通过联盟营销渠道产生了一定收益后，才需要向联盟营销机构及其联盟会员支付佣金。由于是无收益无支出、有收益才有支出的量化营销，因此联盟营销已被公认为最有效的低成本、零风险的网络营销模式，在北美、欧洲、非洲及亚洲等地区深受欢迎。

1. 联盟营销的组成

联盟营销由联盟看板、佣金设置、我的主推产品、流量报表、订单报表、成交详情报表六个部分组成。

(1) 联盟看板

通过联盟看板功能模块能清楚地知道联盟营销近 6 个月的营销情况,包括联盟带来的订单金额、支付的佣金、投入产出比等。

(2) 佣金设置

每个类目要求的佣金比例都是不一样的,3%~50% 不等。一般加入联盟营销是所有产品都加入,所以在设置佣金比例时一定要考虑所有产品的利润率是否支持。

(3) 我的主推产品

联盟营销可以有 60 款产品作为主推产品,一定要充分利用好这一功能。主推产品和店铺的其他产品是不一样的,只有主推产品才能参加联盟专属推广活动,最好能选出店铺比较热销的产品,这样推广起来更有效果。

(4) 流量报表

通过流量报表,可以知道联盟营销近 6 个月内每天的流量状况,包含联盟 PV(页面浏览量)、联盟访客数、总访客数、联盟访客数占比、联盟买家数和总买家数。

(5) 订单报表

订单报表主要包含联盟营销每天带来的订单数、支付金额、预计佣金、结算订单数等。通过订单报表可以清楚地知道近 6 个月内联盟营销效果,即每天的订单数。需要注意的是,联盟带来的订单数不等于结算订单数,同样,联盟带来的订单销售额的佣金也不等于实际佣金,因为发生退款的订单数和订单金额会被排除在外。

(6) 成交详情报表

成交详情报表能清楚地反映联盟营销的效果以及在某个时间段内,联盟营销带来的每一笔订单和收取的佣金等。

2. 联盟营销的付费形式

根据商家网站给联盟会员的回报支付方式,联盟网络营销的付费可分为三种形式。

(1) 按点击数付费(Cost-Per-Click,CPC)

联盟营销管理系统记录每个客人在联盟会员网站上点击到商家网站的文字或者图片的链接(或者电子邮件链接)的次数,商家按每个点击多少钱的方式支付广告费。

(2) 按引导数付费(Cost-Per-Lead,CPL)

访问者通过联盟会员的链接进入商家网站后,如果填写并提交了某个表单,管理系统就会产生一个对应给这个联盟会员的引导记录,商家按引导记录数给会员付费。

(3) 按销售额付费（Cost-Per-Sale，CPS）

商家只在联盟会员的链接介绍的客人在商家网站上产生了实际的购买行为后（大多数是在线支付）才给联盟会员付费，一般是设定一个佣金比例（销售额的10%~50%不等）。

第三节　跨境电商支付体系

一、跨境支付的定义

跨境支付（Cross-border Payment）是指两个或两个以上国家或者地区之间因国际贸易、国际投资及其他事项所发生的国际债权债务，借助一定的结算工具和支付系统实现资金跨国和跨地区转移的行为。如我国消费者在网上购买国外商家产品或国外消费者购买我国商家产品时，由于币种的不一样，就需要通过一定的结算工具和支付系统实现两个国家或地区之间的资金转换，最终完成交易。

支付机构跨境外汇支付业务是指支付机构通过银行为电子商务（货物贸易或服务贸易）交易双方提供跨境互联网支付所涉的外汇资金集中收付及相关结售汇服务。

二、跨境电商的支付方式

跨境电子支付业务发生的外汇资金流动，必然涉及资金结售汇与收付汇。从目前支付业务发展情况看，我国跨境电子支付结算的方式是多种多样的。

1. 跨境支付购汇方式

（1）第三方购汇支付

第三方购汇支付主要是指第三方支付，是企业为境内持卡人的境外网上消费提供人民币支付、外币结算的服务。其中：一类是以支付宝公司的境外收单业务为典型的代理购汇支付，另一类是以好易联为代表的线下统一购汇支付。两种购汇支付方式的主要区别为：在代理购汇类型中，第三方支付企业只是代理购汇的中间人，实际购汇主体仍是客户；统一购汇支付则以支付公司名义购汇，购汇主体为第三方支付企业。

（2）境外电商接受人民币支付

境外部分电子商务公司为拓展我国电子商务市场，特别是一些电子支付公司为分享国内电子支付利润空间，同意使用国内银行卡办理人民币跨境电子支付。

（3）通过国内银行购汇汇出

通过国内银行购汇汇出即境内客户通过银行网银支付模式直接购汇汇出。

2. 跨境收入结汇方式

（1）第三方收结汇

第三方支付企业为境内企业收到的跨境外币提供人民币结算支付服务，即第三方支付工具收到买方支付的外币货款后，由第三方支付企业集中统一到银行办理结汇，再付款给国内卖家。

（2）通过国内银行汇款，以结汇或个人名义拆分结汇流入

此种流入方式可分为两类：一类是有实力的公司采取在境内外设立分公司，通过两地公司间资金转移实现资金汇入境内银行，集中结汇后，分别支付给境内生产商或供货商；另一类是规模较小的个体老板通过在境外亲戚或朋友收汇后汇入境内，再以个人经常项下名义结汇。

（3）通过"地下钱庄"实现资金跨境收结汇

这种流入结汇方式属于违法行为，但在目前的虚拟游戏产品交易中却有一定市场，应予以抵制。

二、多机构获第三方跨境支付牌照，跨境支付系统上线

目前我国跨境支付支持的方式主要有信用卡支付、银行转账、第三方支付和线下结算等，第三方支付机构跨境支付业务牌照的发放和人民币跨境支付系统的建立大大提高了资金支付和跨境清算的效率。我国第三方支付机构为跨境电商提供"购付汇"和"收结汇"两类业务。具体来说，购付汇主要是消费者通过电商平台购买货品时，第三方支付机构为消费者提供的购汇及跨境付汇业务；收结汇是第三方支付机构帮助境内卖家收取外汇并兑换人民币、结算人民币的业务，如图7-5所示。

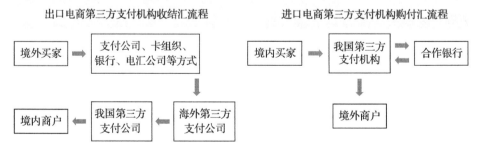

图7-5 跨境电商第三方支付流程

由央行组织开发的人民币跨境支付系统（CIPS）进一步整合了现有人民币跨境支付结算渠道和资源，满足了各主要时区的人民币业务发展需要，提高了跨境清算效率与交易安全性。该系统的建设分为两期：一期主要采用实时全额结算方式，为跨境贸易、跨境投融资和其他跨境人民币业务提供清算、结算服务；二期将采用更为节约、流动性的混合结算方式，

提高人民币跨境和离岸资金的清算、结算效率。2015年10月一期工程上线，具有覆盖面广、实时全额、一点接入、国际标准、专线接入等特征，如图7-6所示。2018年5月，二期工程全面开展，符合要求的直接参与者同步上线。

覆盖面广	实时全额	一点接入	国际标准	专线接入
• 运行时间覆盖欧洲、亚洲、非洲、大洋洲等人民币业务主要时区	• 采用实时全额结算方式处理客户汇款和金融机构汇款业务	• 各直接参与者一点接入，集中清算业务，缩短清算路径，提高清算效率	• 采用国际通道ISO 20022报文标准，便于参与者跨境业务直通处理	• 为境内直接参与者提供专线接入方式

图7-6 人民币跨境支付系统特点

三、跨境电商与支付业务存在的风险

1. 电子商务交易虚拟化存在非法交易风险

电子商务的虚拟性易为不法分子利用，欺诈、赌博、贿赂、洗钱、逃套汇以及逃漏税等非法交易很容易在网上进行，由此带来的对交易者利益和国内市场秩序的危害较为严重，部分电子支付机构有意或无意地充当了非法资金流动渠道。同时，支付机构对商户缺乏科学严密的审核程序，无暇就每天发生的大量电子交易数据辨别资金的真实来源与去向；国内相关管理部门对设立在国外的支付机构更是无法监管其客观情况，使得跨境欺诈和违法交易的风险防不胜防。

2. 虚拟账户和国际结算周期的存在形成了外汇资金沉淀风险

一方面，接受备付金的电子支付机构在接到买方支付命令或到期默认付款后才支付款项给卖方；另一方面，支付机构一般都会规定相应的结算周期，这使得交易资金不可避免地在支付机构停留，形成沉淀资金。在跨境电子商务中，由于物流环节多，国际结算账户的结算周期较之境内电子商务更长，因此资金沉淀更为显著。大量的外汇资金沉淀有可能引发流动性风险、信用风险和操作风险等。

3. 电子支付平台易引发洗钱风险与信用卡套现风险

在电子商务交易中银行、客户、买卖双方之间无实质性接触，这给核实交易主体带来很大难度，使得信用风险与洗钱风险易发、高发。一方面，相对于监管较为成熟的银行系统，第三方支付机构商户管理体系较差，其进行支付的交易更难以保障交易主体的真实性与合法性，特别是在C2C、B2C模式下，个人信息管理不严，交易是否真实难以核查，某些交易主体可能通过制造虚假交易来实现资金的非法转移并套现。另一方面，国际信用卡客户可以利用第三方支付平台"账户充值"功能，办理多家银行信用卡充值后，再通过转账到借记卡

实现套现。持有国际信用卡的个人或企业利用网上第三方支付平台入境套现时,为境外热钱流入提供了通道。

扩展阅读

跨境支付"大变局":连连支付打造跨境电商生态,发力供应链金融

2019年,"创新"仍是互联网产业的主旋律,跨境电商行业也将迎来更多机遇。而跨境电商在开展业务的同时也面临着不少挑战。从跨境电商的支付方式来看:一方面银行间通过电汇、信汇、票汇等传统国际结算工具进行汇款的方式已经难以满足高频次、小额化的中小企业跨境电商支付需求;另一方面,企业跨境支付存在外汇交易价格不透明、支付佣金成本高、支付到账慢且无法全额到账等痛点。

在国内支付体系相对稳定、人口红利逐渐消失的环境下,跨境支付方案提供商成为支付机构的新战场。公开资料显示,2012—2017年,我国出口跨境电商市场呈现高速增长的态势,自2012年的1.9万亿元增长到2017年的6.3万亿元,预计到2020年将超过12万亿元。随着市场规模的不断增长,阿里巴巴、Visa、连连、PingPong等纷纷开始布局跨境支付业务。2018年12月24日,阿里巴巴被曝出正在与英国跨境支付WorldFirst进行谈判,商讨以5.5亿英镑的价格收购后者。在4天之后的12月28日,Visa将以2.506亿美元收购英国跨境支付公司Earthport,发力跨境支付服务的消息也浮出了水面。

与此同时,在跨境支付行业深耕5年的连连支付也于2019年1月9日举办了"HELLO WORLD"跨境电商生态大会。连连支付CEO潘国栋在大会上透露,截至2018年年底,在跨境支付领域,连连累计服务跨境电商卖家超过39万家,累计跨境交易金额超过930亿元。

跨境支付是跨境交易中的基础环节之一,2018年作为"一带一路"倡议提出的第五年,"卖全球"一路高歌猛进,与此同时伴随着我国跨境电商行业走向成熟,跨境支付领域的玩家不断壮大。目前,跨境支付市场共有四类玩家:一是传统银行和卡组织,如Visa、万事达等;二是PayPal、World First、Payoneer等外资支付机构;三是支付宝、微信支付等国内支付巨头,以及连连支付等中小支付机构;四是PingPong等非持牌的跨境收款公司。

亿欧认为,在跨境支付玩家大规模"集聚"的时期,这些玩家一方面要深耕原有业务,将其做到极致,增强核心竞争力;另一方面要结合自身支付优势,建立基于支付的跨境电商生态,加强自身供应链优势,形成差异化竞争,布局未来。

值得关注的是,在"HELLO WORLD"大会上,连连支付方面不仅将过去5年跨境支付数据进行了公开,同时也发布了全球首个跨境电商服务在线交易平台LianLian Link。

LianLian Link是连连支付"330计划"第一个落地的项目,同时也是连连探索支付以外更多可能的新成果。公开资料显示,目前LianLian Link综合了卖家平台、服务商平台、开发者平台和供应商平台,通过聚合开店、选品、营销、物流、金融等全品类服务商,为跨境电商卖家提供一站式全链路服务。

据了解，LianLian Link 具有四大优势：一是聚集了全国数百万跨境电商卖家，只需要登录新平台，即可一站触达海量服务商、供应商资源，包括平台、供应商、分销商、品牌、贸易商等；二是 LianLian Link 具备全品类智能筛选功能，通过运用科技手段，对数据进行智能分析，可高效快捷地帮助卖家匹配优质的服务商，提高匹配效率及性价比；三是平台可提供多行业担保交易，降低了交易风险；四是将建立口碑评价机制，服务商口碑越高，获取订单的机会越多，从而能够引导服务商更好地为卖家提供服务。

亿欧认为，LianLian Link 是连连支付布局跨境电商业务迈出的第一步，同时也暴露出其重仓跨境电商生态的野心。一方面，LianLian Link 将跨境电商中平台、供应商、分销商、品牌和贸易商等跨境电商参与者进行全流程的整合，其最终的目的在于对跨境电商全流程数据的获取，而在互联网高速发展时期，掌握了数据也就形成了核心竞争力。另一方面，连连支付通过口碑评价机制可以有效地帮助入驻 LianLian Link 平台的跨境电商参与者提高业务效率，同时吸引更多的参与者入驻，完善自身跨境电商生态。

此外，会上还发布了杭州联合银行为连连跨境卖家推出的线上信贷产品"跨境贷"。

据了解，这款产品可根据跨境电商卖家当前实际经营情况，为经营良好的卖家提供经营性融资服务，化解卖家的资金压力。该产品主要针对中小型卖家，可根据卖家日常经营情况给予相应的授信额度，纯信用借贷，无须担保抵押，按日计息，日息万分之2.5至万分之3.5，随借随还。

连连跨境金融相关负责人表示，连连希望通过创新型金融服务，为卖家提供"弹药"，解决它们的资金周转难题，提升资金周转效率。值得关注的是，跨境出口已经越来越成为我国外贸持续增长的重要力量。

2019年1月9日，国务院召开会议，决定再推出一批针对小微企业的普惠性减税措施，优结构、稳内需，有效发挥财政货币政策的作用，促进小微企业及民营经济的平稳运行和发展，同时引导金融机构加强金融服务，保障重大项目的后续融资。

其中，对主要包括小微企业、个体工商户和其他个人的小规模纳税人，将增值税起征点由月销售额3万元提高到10万元。

同时，允许各省（区、市）政府对增值税小规模纳税人，在50%幅度内减征资源税、城市维护建设税、印花税、城镇土地使用税、耕地占用税等地方税种及教育费附加、地方教育附加。

此外，为弥补因大规模减税降费形成的地方财力缺口，中央财政将加大对地方的一般性转移支付。上述减税政策可追溯至2019年1月1日，实施期限暂定三年，预计每年可再为小微企业减负约2000亿元。

在国家的大力支持下，跨境电商参与者将享受更多政策带来的红利，行业也将得到蓬勃发展。连连支付发布 LianLian Link 跨境电商服务在线交易平台、上线"跨境贷"等一系列产品是国内跨境支付全球化的一个缩影，未来将会有更多的跨境支付玩家入场，共同布局跨境电商生态。

（资料来源：王美文，亿欧网，https://www.iyiou.com/p/89748.html，2019-01-10。）

四、跨境电商中的资金监管

电子支付安全是跨境电商的关键问题之一。目前,银行转账、信用卡、第三方支付等多种支付方式并存,B2B 模式下支付方式主要是信用卡、银行转账,B2C 模式下第三方支付工具得到广泛应用。

(一) 国外对第三方支付的监管

1. 国外第三方支付的立法现状

美国、欧盟针对第三方支付平台在各自国内的独特发展特点,分别采取了不同的立法模式,并以此形成了两类较为富有特色的、有代表性的支付平台规制模式,为实务中支付平台的发展提供了充分的法律制度支持。

(1) 美国第三方支付法律规制

美国电子商务起步较早,电子商务法律体系较完善,尤其重视对货币服务业务的监管。在美国,第三方支付被认为是一种典型的货币转移业务,第三方支付机构是非银行金融机构。《金融服务现代化法》将第三方支付行业纳入货币服务业务监管体系,标志着美国步入全面监管第三支付行业的时代。

(2) 欧盟第三方支付法律规制

欧盟将第三方支付机构界定为电子货币机构,采取机构监管模式,为促进第三方支付行业的健康发展,主张通过对电子货币的监管来规制第三方支付业务。

欧盟历来重视消费者权益保护,为促进第三方支付行业的发展,着力于监管第三方支付机构,制定了一系列法律、法规。2000 年,欧盟先后公布了《2000/46/EC 指令》和《2000/28/EC 指令》,涉及了电子货币方面的内容,标志着欧盟开启了电子货币监管的进程。《电子签名共同框架指引》(2001),明确电子签名的合法效力,用户可以在欧盟成员国内使用电子签名。同年颁布的《电子货币机构指引》,明确了电子货币机构的地位。《2007/64/EC 指令》进一步明确第三方支付机构应当遵守审慎监管原则,欧盟央行负责第三方支付机构的审批,在其获得业务许可、取得执业资格后,才能从事第三方支付业务。《2009/110/EC 指令》在上述规定的基础上更进一步明确电子货币机构资格,要求第三方支付机构实行重要事项报告制度,加强对交易的监管。欧盟各成员国依据欧盟指令,根据本国情况制定和完善国内相关立法。

2. 美国对第三方支付监管的经验

从监管角度看,美国和欧盟对第三方支付是否跨境并不做区分。美国是第三方网上支付方式的发源地,对第三方支付监管有一些成功经验。

第一,将第三方支付机构界定为货币服务机构,需要由监管机构发放牌照进行管理和规范，必须登记注册。

第二，对第三方支付平台实行功能性监管，监管重点为交易过程，而不是从事第三方支付的机构。

第三，采用立体监管体制，对支付服务的监管与约束来自联邦与州两个层面。

第四，有专门监管部门，美国联邦存款保险公司是监管的重要部门。

第五，从现有法规中寻找监管依据，没有专门针对第三方支付平台的法律法规，如在消费者权益保护方面，美国的《统一货币服务法》对货币服务机构提出了担保、净资产和流动性的要求，不得从事类似银行的存贷款业务，不得擅自留存、挪用客户的交易资金，投资必须得到许可等；在反洗钱监管方面，美国的《爱国者法案》规定，第三方支付平台需要在财政部金融犯罪执行网络注册，接受联邦和州两级反洗钱监管，及时汇报可疑交易，保存所有交易记录等。

（二）我国跨境电商的资金监管

1. 跨境电商资金流动真实性管理难度加大

跨境电商销售渠道多样，货物在不同的境内外主体之间调拨、运转频繁，且往往处于保税状态，海关对跨境电商企业进出口交易采取每月定期集中报关的方法。资金结算的时候，又往往是逐笔结算，匹配上存在时间差，逐笔判断交易的真实性难度较大，为异常资金流出入提供了可能。

另外，跨境电商活动中，第三方支付机构收汇的特点是用虚拟的电子邮件账户来标识用户，对交易双方的银行账户或信用卡卡号实行保密原则，屏蔽了真实的资金来源和去向，如果支付平台代位监管意识不足，极有可能为电商商户分拆结售汇提供便利渠道。如现行法规规定，个人对外贸易经营者或个体工商户参照机构管理，开立个人结算账户办理经营性外汇收支，个人经营者应获得组织机构代码证、营业执照等登记证书。现实中，电商商户只需将销售货物收入结汇资金申报在职工报酬等项目下，年度总额以下结汇资金无须提交证明材料，便可规避个人外汇账户结算的管理规定。

2. 跨境电商和第三方支付监管现状

跨境电商和第三方支付管理，涉及工商业、海关、税务和外汇等部门。目前，跨境电商和第三方支付缺乏系统的管理规定。工商部门、企业和其他部门发布电子商务和第三方支付条例和指导，只是为了澄清鼓励电子商务和第三方支付行业发展的态度，目前尚未明确跨境电商和第三方支付管理要求。中国人民银行发布的《非金融机构支付服务管理办法》，主要规范支付机构的境内业务，不涉及跨境业务管理。为填补支付机构跨境业务管理的空白，国家外汇管理局还在研究支付机构跨境电子商务外汇支付服务管理系统。

3. 跨境电商的资金监管建议

第一，制定支付平台资金管理制度。为加强公司支付平台资金的管理和控制，维护公司的合法权益，提高资金利用效率，控制财务风险，公司应当制定相关支付平台资金管理制度，管理公司所有支付平台账户的资金。管理制度可以包括网店注册审批流程、资金管理小组规范、网店和收款账户密码管理规范、资金撤资管理审批流程、支付款项审批流程等内容。

第二，建立服务于跨境电商的支付系统。目前，跨境支付市场主要被欧美企业占据，代表企业为PayPal，而跨境支付市场潜力巨大。虽然我国对于第三方支付机构开展跨境支付业务的政策逐渐放开，但第三方支付机构开展跨境支付业务准入门槛仍然较高。要解决跨境电商第三方支付系统手续费高的问题，一方面需要国家继续加大支持力度，降低跨境支付业务的准入门槛；另一方面，需要跨境电商自主研发建立服务于国内跨境电商甚至全球跨境电商的支付系统。

第三，对跨境电商运用货物贸易差异化管理思路。可以借鉴运用货物贸易外汇管理差异化管理思路，为第三方支付机构打上特殊标识管理，实行单独的监测管理，适当提高物流和资金流数据不匹配的管理容忍度。同时，不断积累和丰富监测管理手段：一方面充分挖掘现有资源，依靠跨境资金流动平台、货物贸易与服务贸易监测系统，共享数据信息、拓宽监测覆盖面，扩大货物贸易外汇监测系统数据采集范围，纳入"保税电商"等新监管方式数据；另一方面要进一步摸清跨境电商的物流和资金流运转模式，评估其对外汇管理、跨境资金流动的影响，进一步完善管理方法。

第四，探索主体监管方式，加强跨境资金流动风险监管。对跨境电商企业，一是要按照业务类型（进口、出口）进行分类监测，首先通过相关系统，对电商企业的物流和资金流直接进行总量核查。二是对于物流和资金流严重不匹配的、总量核查指标超越地区阈值的电商企业，要及时人工介入，通过综合利用企业销售信息、货物出入库数据、财务指标等数据资源，丰富监测手段，积累现场核查经验。三是对于物流和资金流不匹配，且无法合理解释的电商企业，实施货物贸易分类管理，充分运用A、B、C类企业管理措施，发挥惩戒效应。对于第三方支付机构，建议参照货物贸易外汇管理分类监管的原则，对其实行分类管理。

第五，规范业务办理，强化银行监管职责。将银行创新型跨境电商产品纳入备案管理，从而实现监管信息对称。加强银行对外汇资金解付申报时的真实性审核，督促银行管理外汇账户。强化对可疑资金交易的监控，对异常、可疑线索全面排查、集中分析、精准打击，并建立贸易项下异常资金流动信息报告机制，以便管理部门定期筛选分析并采取有效措施。充分运用银行考核这一抓手，动态传导政策意图，及时掌握并反馈银行履职情况，加强事后监管检查。

习 题

一、选择题

1. 跨境电商供应链的核心是（　　）。
   A. 货源和物流　　B. 货源和仓储　　C. 仓储和支付　　D. 支付和融资

2. 在跨境电子商务的交易过程中，基本上实现了高度共享和集成的信息系统，其特点之一是（　　）。
   A. 共享化　　　B. 商业化　　　C. 信息化　　　D. 电子化
3. 因用户搜索行为的精确，基于关键词的投放，是百度、谷歌等搜索引擎最核心的生意，这是应用跨境电商推广体系中的哪一点？（　　）
   A. 搜索引擎推广（SEM）　　　B. 搜索引擎优化（SEO）
   C. 网站联盟　　　　　　　　D. 新闻门户

二、判断题

1. 供应链就是先从原材料的采购开始，到生产的中间产品，再到最终产品，最后由销售网络把产品送到消费者手中的功能网链。（　　）
2. 跨境电商的本质是让消费者享有全球优质、低价的商品。（　　）
3. 对于物流来说，一般情况下包括以下几点，分别是仓储、分拣、包装及交付服务等，对于卖方与双方之间的联系来说，在电子商务交易的过程中都占有非常重要的地位。（　　）
4. Twitter 服务目前拥有超过 2 亿活跃用户，每天发送的信息量超 4 亿条，其必将成为外贸电商的一种时代趋势。（　　）
5. 在 Instagram 中要注重视频广告推广，照片的作用也不能忽视。（　　）

三、简答题

1. 请对跨境电商供应链管理的特点进行简要分析。
2. 跨境电商营销在 BBS、Instagram 及国内社交网站上的宣传应该注意什么？
3. 简述美国第三方支付法律规制。

第八章
跨境电商规则体系

引 例

消费者状告跨境电商企业所售代购奶粉无中文标签说明，违反《食品安全法》第六十六条，即预包装食品没有中文标签的不得进口，要求退货赔偿。法院审理认为跨境电商是一种新型国际贸易方式，其与传统进出口贸易有重大区别。第一，消费者在订购时应向跨境电商公司提供完整、准确的个人信息；第二，跨境电商以消费者本人名义向海关报关、纳税；第三，跨境电商商品通关性质是消费者个人行邮物品，非贸易商品。据此，法院认为该案核心是跨境电商企业是以消费者名义处理事务，即消费者与跨境电商企业之间是委托合同关系，非买卖合同关系。此案消费者为委托人，跨境电商企业为受托人，跨境电商企业提供服务，而非出售商品本身，故不承担《食品安全法》中销售者的法律责任；且该消费者未证明因电商企业过错造成自身损失，故法院判决驳回原告诉求。㊀

学习目标

（1）了解跨境电商市场监管面临的问题与挑战，掌握该监管的基本原则与具体措施。

（2）知晓国内跨境电商财税政策主要内容及政策调整、变化原因。

（3）掌握跨境电商网上争议解决程序、适用法规、争议解决结果的执行机制，知晓跨境电商网上争议解决机制。

（4）掌握跨境电商信用评价体系内涵、指标体系与评价等级，跨境电商信用预警机制、奖惩措施与申诉机制。

希克斯认为，有规则的活动会降低交易成本，有组织的市场都按规则活动。作为规范市场运行的规则，市场规则具有客观性、强制性、系统性与公平性。㊁当前跨境电商市场尚处于探索阶段，其市场规则正逐步形成。规范跨境电商经营行为，打击跨境电商侵权假冒违法

㊀ 案情详见重庆市沙坪坝区人民法院，《熊某某与重庆某跨境电子商务有限公司沙坪坝三峡广场分公司产品责任纠纷一审民事判决书》(2015) 沙法民初字第06058号，判决日期：2015-08-25。

㊁ 洪银兴，《市场秩序和市场规则》，载《南京大学学报（哲学·人文科学·社会科学版）》2002年第3期，第26页。

活动，加强跨境电商质量安全监管，建立完善跨境消费售后维权保障机制，是促进当前国内跨境电商健康快速发展的重要基础。

第一节 跨境电商市场监管规则

一、跨境电商市场监管面临的挑战

跨境电商这一全球终端消费市场突破了国界与疆域，正形成一个新市场业态。但是，目前国内市场监管体制与机制均建立在传统国际贸易基础上，当前国内跨境电商市场里，侵犯知识产权等违法行为时有发生，海外消费投诉多，诚信形象不佳，缺乏与国际接轨的市场与质量方面的管理体系与公共服务。一些非法经营主体利用互联网等信息网络的虚拟性和跨境电商领域监管"真空"现状，从事非法经营活动、销售假冒伪劣商品、发布虚假欺诈信息，扰乱正常贸易秩序。[一]跨境电商企业经营主体身份需要审核认证，要求可鉴可见、虚实对应，并能符合国际化市场需要，在全球范围实现互信互认；跨境电商交易行为缺乏有效规范，无法与国际惯例对接；跨境电商纠纷争议解决机制有待建立，以保护商家和消费者合法权益；跨境电商交易商品信息数据要求完整、质量需要可控可验，需要在全球市场实现信息共享、来源可溯；跨境电商知识产权促进与保护机制仍不健全，无法适应国际零售市场的发展；与市场和质量相关的支撑服务，如国际贸易壁垒咨询服务、各国市场消费热点调研服务、各国市场管理条例研究服务、品牌推广服务等尚不完善；跨境电商主体缺乏信用服务，需要建立与国际接轨的信用服务机制和体系。作为新型交易方式，跨境电商市场监管面临挑战。

1. 如何落实经营主体责任

传统国际贸易由于货物所有权已转移给国内进口商，在产品质量、消费维权等方面完全可以按照我国的法律来落实中间商的主体责任。而跨境电商往往由国外卖家直接销售商品给国内消费者，中间缺少经营责任承载主体。因此，对国外卖家，在身份识别、产品溯源等方面难以运用我国法律进行规范。

2. 如何落实产品溯源管理

传统国际贸易买卖双方通过订立合同方式对产品来源渠道、质量要求予以明确，因此一旦商品出现质量问题或被消费者要求退货，能够快速有效地进行溯源。跨境电商多是境内消费者向境外企业或自然人购买商品，由于批量小、随机性强，买卖双方不可能通过合同方式对产品溯源做出规定。

[一] 佚名，《加强跨境电子商务市场监管的思考》，载《中国工商报》2014年8月19日，第003版。

3. 如何畅通消费维权渠道

因面临不同国家、文化差异，跨境电商买卖双方信息不对称问题严重，易造成消费纠纷。目前我国《消费者权益保护法》《网络交易管理办法》等法律法规对消费者权益的保护和消费纠纷解决途径均做了明确规定，但其法律效力溯及范围一般为"中华人民共和国境内"。对由国外卖家责任造成的消费纠纷，如何更好地畅通消费维权渠道值得探索。

二、跨境电商监管的基本原则

1. 规范为主原则

跨境电商对满足国内居民消费需求、促进国家贸易发展和提高市场话语权发挥了积极作用。在跨境电商监管中，应突出规范为主的原则，坚持依法管网、以网管网、信用管网、协同管网，在法律法规完善、经营主体准入、经营商品准入和诚信体系建设等方面制定相应规则和措施，努力营造宽松平等的准入环境和安全放心的消费环境，实现跨境电商健康发展。

2. 分类监管原则

应对经营者采取更科学的监管模式。比如，针对自营类电商，围绕产品溯源和质量安全，注重线上线下监管融合；针对平台类电商，联动监管，入驻商家向平台提供承诺，平台向市场监管部门提供承诺、承担连带责任，分级分类落实平台、入驻商家经营和管理责任；针对境外网站，畅通消费维权渠道和途径，禁止通过非法渠道入境的商品在电商平台销售的行为。

3. 技术支持原则

应用公共平台、电商平台的大数据，动态评估跨境电商交易行为特征和趋势，对不合理的经营行为进行警示，对管理不力、经营环境混乱的平台网站发出行政提示，及时采取相关措施，提高监管系统感知和应对能力。

4. 合作治理原则

建立跨境物品监管公共平台，落实监管部门共建治理规则，打通进关查验、流通监管、消费维权诸多关口，以虚拟单一窗口模式监管并提供服务；与支付平台、大型电商及快运企业紧密合作，在掌握电子支付、电商交易、营销数据、物流数据基础上，研究共建智能监管系统；加强与国外相关机构合作，掌握全球风险渠道、来源，共同打击违法违规行为。

三、跨境电商监管的具体措施

1. 完善法律政策体系，规范跨境电商经营行为

（1）完善法律法规体系

《电子商务法》第二十六条要求电商经营者从事跨境电商，应遵守进出口监督管理的法律、行政法规和国家有关规定，合法经营。该条规定将跨境电商纳入《电子商务法》，解决了跨境电商法律地位问题。但该条仅为参考条款，未对跨境电商予以特别法律规定。基于线上线下平等对待原则，跨境电商经营者也需遵守进出口监管法律、行政法规与国家有关规定。我国进出口监管法律、行政法规主要包括《对外贸易法》《海关法》《技术进出口管理条例》等。同时，有许多关于进出口监管部门规章，电商经营者在从事跨境电商活动时也受相关管制。但是，与传统外贸相比，跨境电商在经营者、交易额、贸易方式等方面均有自身特点，为适应跨境电商经营者中小微企业众多、交易额分散、普遍使用平台服务等特点，实现跨境电商贸易便利化，《电子商务法》第七十一条、第七十二条明确要求改革与调整我国有关海关、税收、进出境检验检疫、支付结算等管理制度，如推进跨境电商海关申报、纳税、检验检疫等环节的部门协调管理，优化监管流程，推动实现信息共享、监管互认、执法互助的单一窗口机制，认可进出口单证的电子化，支持跨境电商平台经营者等提供新型的包括代理报关报检等在内的综合服务，与现行进出口监管法律、行政法规和国家有关规定一起适用于跨境电商。为了给跨境电商发展营造公开透明的法制环境，可充分挖掘现有法律法规资源，通过完善《网络交易管理办法》配套规章或规范性文件等，推动相关法律法规向跨境电商延伸应用，为监管工作提供充分的法律支撑。

（2）加强经营主体规范管理

推进跨境交易个人网店登记试点，鼓励跨境电商经营主体注册登记，更好地落实网店实名制。推进跨境网络经营主体"亮照亮标"工作，进一步完善跨境经营主体数据库。配合相关部门实施跨境电商经营主体备案管理制度，依法打击跨境交易非法主体网站。

（3）建立跨境电商经营者主体身份验证体系

在跨境电商迅速发展的今天，安全和信任已成为跨境电商发展最重要、最核心的问题。跨境电商身份认证是电子商务交易安全和信息安全的第一道屏障。因此，需要适应国际化电商市场要求，遵循国际惯例（以银行账户为主要身份验证信息基础认证方式），从支付渠道入手，结合企业登记管理信息，制定跨境电商经营主体备案、跨境亮照经营等基础信息管理标准及办法。建设跨境电商经营者主体备案亮照经营管理系统，完善包括跨境电商出口经营主体身份、主体资质、主体涉网业务、相关主体身份与资质等方面的跨境电商企业登记信息系统，为企业走出去开拓国际市场提供身份验证和安全保障服务。

（4）规范经营商品准入机制

跨境电商商品准入机制需引入"分类管理"理念，对国家明确规定不准销售的物品，坚决禁止；对限制销售的，要求许可材料齐全；对不涉及安全、环保、卫生和反欺诈类别的，可自主、自由、便利开展跨境交易。此外，还可会同相关部门探索建立"跨境电商禁售商品"负面清单制度。

2. 建立跨境电商知识产权保护机制

国际贸易由单边化向多边化发展，跨境电子商务促使这一趋势更加明显，往往一种商品的终端销售可以跨越几个大洲、若干个国家。各国之间的知识产权保护机制和法律体系不尽相同，差异很大。跨境电商企业无法适应严格的市场要求，往往产生严重后果。一方面，需要研究制定跨境电商知识产权促进与保护标准及管理办法与惩处措施，建立知识产权保障服务型机构，向跨境电商平台企业提供知识产权保护及相关产品知识产权审查核验服务，进行跨境电商知识产权产品信息巡查和预警、事前相关预警及指导告诫，并联合国际知识产权服务机构、国际律师服务机构等，针对电子商务知识产权纠纷案件提供公证、法律和诉讼相关服务。另一方面，应建立跨境电商知识产权监管服务系统，以及跨境电商网络商家知识产权地图和品牌数据中心，形成跨境电商知识产权信息和商户信息大数据。市场监管部门要联合其他职能部门，构建联动监管机制，维护跨境电商企业和消费者合法权益，打击跨境侵犯知识产权违法经营行为，树立企业品牌与国际形象。

3. 强化信息技术支撑，提高跨境电商监管效能

（1）运用大数据加强跨境电商监管

加强与海关、商检、税务、外汇等部门的数据共享，形成涵盖注册备案管理、行政许可管理、日常监管、应急管理、稽查执法、信用评定等方面的大数据信息平台。对相关数据定期分析，研判跨境电商近期存在的主要风险点，为开展搜索、风险预警和专项整治提供依据。

（2）应用新技术提高跨境电商监管效能

结合跨境交易特点，建立违法行为特征语义库，按违法行为类别定期开展搜索，有效发现违法线索。应用网页留证、电子证据现场取证设备等新技术、新装备，严厉打击夸大宣传、假冒商标、虚假促销等违法行为，以及"刷单""刷信用""删差评"等不正当竞争行为，积极查处利用优势地位强制交易的行为。

（3）运用定向监测提高跨境电商监管水平

针对通过大数据分析出来的问题多发商品或投诉举报频发商品，加大质量抽检力度，并及时公布抽检结果和发布跨境电商消费警示。会同相关部门推广运用物联网等新技术，充分借助条码等手段对物品进行编码，提高商品溯源水平。

（4）建立跨境电商商品信息备案和质量监控机制

跨境电商相较于传统国际贸易，单个客户之间交易产品批量小、交易频次高。随着信息技术的发展，跨境电商交易产品不局限于传统贸易商品，各类产品都可以通过跨境电商渠道流通，这也是一个新的趋势。正是因为这种新的趋势和新的特点，跨境电商和传统国际贸易商务相比，需要开展跨境电商商品信息备案和质量监控监管工作，开展跨境电商领域商品质量检验检测，制定跨境电商交易商品、品牌、适用生产标准国别、原产地、检验报告披露等基本信息备案管理标准及办法，开发跨境商品备案、披露、追溯、品牌管理平台，为跨境电商交易提供产品查验信息保全和质量追溯服务，保证跨境交易商品质量安全。

4. 加强国际交流合作，畅通跨境电商消费维权渠道

（1）建立国家间消费维权协调协商机制

加强与其他国家相关部门的合作，充分发挥全国12315网上调解平台作用，积极解决跨境消费纠纷。在美国倡导美洲国家组织建立跨境交易区域性网上争议解决体系、欧盟建立消费者争议网上解决体系的格局下，我国应以"一带一路"、亚投行设立为契机，加强与周边国家的合作，成为建立亚洲网上争议解决体系的倡导者。

（2）建立跨境电商消费维权在线非诉讼纠纷解决与法律援助机制

解决跨境间消费者、经营者交易纠纷是保障跨境电子商务发展的基本保障，因为语言、文化、监管体系上的差异，交易纠纷无法解决成为以小额交易为主的跨境电子商务市场面临的主要问题。因此，研究在线跨境交易纠纷非诉讼解决机制，制定跨境电商纠纷解决标准和管理办法成为当务之急。需要建立在线交易纠纷解决系统与管理平台，为企业与消费者开放简易、便捷且可在线投诉的窗口与处理平台；基于国际、国内律师协会等律师团队，为企业与消费者提供专业的法律咨询、调解等矛盾纠纷处理服务；与国际第三方非诉讼解决服务机构开展合作，开展责任追溯、权益保障服务，树立跨境电子商务交易信心。可借鉴跨境消费纠纷解决国际通行做法，建议由国家市场监督管理总局作为我国跨境消费"在线争端解决机制"（ODR）的政府主管部门，组建专业团队，负责跨境消费争议的在线法律咨询，提供和解方案，提供调解以及仲裁服务。涉及境外法律的消费纠纷，则由与之建立合作伙伴关系的境外 ODR 服务机构提供上述服务。

5. 探索制定有效措施，落实跨境电商平台管理责任

（1）有效落实境内电商平台责任

制定并大力推广使用跨境电商交易示范合同文本，规范商品准入和经营者自律行为。指导平台制定并完善跨境经营者资质审查、境外经营者身份审核、商品质量检查管理、消费者权益保护等方面的制度规范。鼓励平台建立先行赔付制度，如发生经营者侵犯消费者合法权益的事件，平台有义务根据先行赔付制度规定，向消费者承担先行赔偿。

（2）探索引入第三方跨国鉴证机构对境外电商平台实施信誉认证

对于境外购物网站，由于监管权限限制，无法对其有效监管。第三方跨国鉴证机构（如瑞士通用鉴评行）由于具有独立性、客观性和权威性，引入其对境外电商平台实施信誉认证是个不错的选择。鉴证机构入驻境外平台网站，通过对供应商、产品质量、支付以及物流的多维度认证，为电商平台及供应商和商品提供信誉保证，通过专业化服务，认证供应商产品并逐步规范电商平台。

6. 加强诚信体系建设，营造跨境电商可信交易环境

应结合企业信用信息公示制度建设，完善跨境交易信用征信、信用评价、信用服务等领域的制度规范，指导跨境电商平台自建信用评级制度，防范经营者以虚构交易、炒作信用来欺骗消费者；会同相关部门推动建立信用认证体系，综合多方信用基础数据，建立跨境电商信用数据库；积极推动信用调查、信用评估、信用担保等第三方信用服务和产品在跨境电商中的推广应用，有效发挥信用约束激励作用。在企业信用信息年度报告和抽查制度中完善涉及跨境电商信息相关内容，逐步建立跨境电商信用档案；结合企业信用信息公示系统建设，落实跨境电

经营主体信用信息公示制度，及时向社会公示违法处罚信息，实现"一处违法，处处受限"；发挥"守合同、重信用"等激励机制的作用，促进跨境电商经营主体守信经营。

(1) 建立跨境电商交易合同标准规范与凭证查验追溯体系

制定跨境交易信息和交易凭证验证标准和管理办法，构建"三合一"跨境电商交易信息和交易凭证存储保全系统，并与交易平台、物流服务、支付服务公司形成系统合作，交叉核验，保证信息的准确性和公正性，为跨境电商交易提供交易信息保全和凭证追溯服务。

(2) 建立跨境电商市场与质量辅助服务体系

建立国际贸易壁垒与贸易咨询服务公共平台，研究各国贸易壁垒、政策标准、市场热点、市场和质量验证、品牌推广等内容，并提供研究报告和企业培训服务，助力我国跨境电商合理规避风险，把握机遇快速发展。

(3) 建立跨境电商信用信息档案及应用

在上述核心服务数据积累的基础上，逐步建立包括企业身份、资质等静态信息，以及企业经营状况、交易评价等动态信息在内的完整的跨境电商企业交易信用信息档案，并在授权范围内建立与电商企业、第三方机构、消费者等电子商务相关方的数据共享平台，逐步形成跨境电商可信交易生态圈。

7. 强化部门协作，形成跨境电商监管合力

(1) 推动创建"单一窗口"平台

依托电子口岸平台，积极推动地方政府建立统一标准规范、统一信息备案认证、统一信息管理服务的"单一窗口"平台，为实现跨境电商信息流、资金流、货物流"三流合一"提供数据技术支撑，真正实现"一次申报、一次查验、一次放行"，提高通关效率、降低后续监管成本。

(2) 建立多部门联合惩戒机制

建立联合工作机制，开展跨境电商综合监管，在推动部门间质量检测互认、共同落实七日无理由退货制度等方面取得突破。共同加强对销售管制商品网络商户的资格审查和对异常交易、非法交易的监控，防范各类跨境交易非法经营行为。建有跨境电商保税仓库的地区可建立部门联合实地勘察机制，开展综合监管。

(3) 完善社会组织共治机制

充分鼓励电商企业界、非营利性组织、第三方评价机构等社会组织开展社会共治。发挥社会组织信息集聚优势，在政策制定、标准制定、技术鉴定、市场调研等方面为政府和民众提供专业服务。指导行业协会建立自律性管理制度、行业从业守则、执业道德准则，组织开展跨境电商诚信测评、经营主体失信管控等行业自律工作，提高行业诚信经营水平。

8. 加大服务力度，支持跨境电商健康发展

(1) 加强国际化监管人才培养

瞄准国际跨境电商监管前沿领域，联合高校和职业教育机构开展培训，推进跨境电商监管研究基地和专家库建设,增强创新监管动力。鼓励开展跨境电商监管机制建设的前瞻性研究,对跨境电商发展新趋势、新动态提出具有针对性的监管措施与方法。

(2) 支持优质企业发展跨境电商

以"一带一路"建设、亚投行设立为契机,运用"互联网+"思维,采取有效措施,支持国内企业发展跨境电商自营平台或进入优质第三方电商平台经营,让中国制造产品源源不断地进入全球市场。

(3) 鼓励跨境电商创新发展

抓住规模大、信誉好的跨境电商平台,鼓励其技术创新、交易创新,立足国内、国际两个市场,打造集展示、发布、交易等功能于一体的综合平台。鼓励符合条件的跨境电商积极申报地方著名商标和国家驰名商标,申报"守合同、重信用"企业,保护知识产权,让更多的品牌跨境电商脱颖而出。○

第二节 跨境电商税收规则

一、跨境电子商务对我国税收的冲击

1. 对现行税收制度的冲击

现行税收制度依据纳税人、征税对象、计税依据、纳税地点等要素而制定。跨境电商作为新型商贸方式,具有国际化、无纸化、虚拟化等特点。其交易主体、地点和时间隐蔽且容易更改,很难确定跨境电子商务的征税主体、纳税人、纳税期限、纳税地点等。

2. 对当前税收征管带来的挑战

在电子商务形态下,如何确定征税地点成为一个问题。是以纳税主体所在地或是注册登记地,还是以商品交易行为发生地或是以交易服务器所在地确定,在实际征管时很难把握。跨境电商由于涉及两国或多国税务机关和征税权,情况更为复杂,对税源管理和代扣代缴方式的采用、税务日常管理和税务案件稽查等都有很大影响。

3. 对税收国际利益分配的冲击

在传统贸易模式下,各国通过长期竞争与合作,建立了普遍认可的税收利益分配格局与基本准则。而跨境电商的发展不仅冲击传统贸易形式,也对现行国际税收利益分配格局产生影响。最明显的挑战是对国家间避免双重征税协定常设机构及其利润归属的相关条款产生的

○ 上海市工商局课题组,《我国跨境电子商务发展现状与监管对策研究》,载《中国市场监管研究》2017年第2期,第32~36页。

影响。跨境电商模式下,通常无须在消费市场所在国设立有形场所,因而容易规避构成常设机构,侵蚀了消费市场国税收权益。○

二、国内跨境电子商务主要财税政策

1. 跨境电商出口财税政策

国务院办公厅《关于促进跨境电子商务健康快速发展的指导意见》(国办发〔2015〕46号)规定,对跨境电子商务企业走出去重点项目给予必要的资金支持。

财政部、国家税务总局《关于跨境电子商务零售出口税收政策的通知》(财税〔2013〕96号)规定,两类电子商务企业可获得增值税和消费税退(免)税政策。一类是同时符合下列条件的企业,适用增值税和消费税退(免)税政策:属于增值税一般纳税人并已办理出口退(免)税资格认定;取得海关出口货物报关单且与电子信息一致;在退(免)税申报期截止之日内收汇;属于外贸企业的,购进出口货物取得合法有效凭证,且与出口货物报关单内容相匹配。还有一类是同时符合下列条件的企业,可适用增值税、消费税免税政策:已办理税务登记;取得海关签发出口货物报关单;出口货物取得合法有效的进货凭证。

为进一步促进跨境电商健康快速发展,培育贸易新业态新模式,财政部、税务总局、商务部、海关总署于2018年9月28日发布了《关于跨境电子商务综合试验区零售出口货物税收政策的通知》(财税〔2018〕103号),该通知对跨境电子商务综合试验区(以下简称综试区)内的跨境电子商务零售出口(以下简称电子商务出口)货物有关税收政策规定如下:

第一,对综试区电子商务出口企业出口未取得有效进货凭证的货物,同时符合下列条件的,试行增值税、消费税免税政策:其一,电子商务出口企业在综试区注册,并在注册地跨境电子商务线上综合服务平台登记出口日期、货物名称、计量单位、数量、单价、金额。其二,出口货物通过综试区所在地海关办理电子商务出口申报手续。其三,出口货物不属于财政部和税务总局根据国务院决定明确取消出口退(免)税的货物。

第二,各综试区建设领导小组办公室和商务主管部门应统筹推进部门之间的沟通协作和相关政策落实,加快建立电子商务出口统计监测体系,促进跨境电子商务健康快速发展。

第三,海关总署定期将电子商务出口商品申报清单电子信息传输给税务总局。各综试区税务机关根据税务总局清分的出口商品申报清单电子信息加强出口货物免税管理。具体免税管理办法由省级税务部门商财政、商务部门制定。

第四,本通知所称综试区,是指经国务院批准的跨境电子商务综合试验区;本通知所称电子商务出口企业,是指自建跨境电子商务销售平台或利用第三方跨境电子商务平台开展电子商务出口的单位和个体工商户。

第五,本通知自2018年10月1日起执行,具体日期以出口商品申报清单注明的出口日期为准。

○ 路向东,等,《跨境电子商务的税收应对措施》,载《国际税收》2015年第10期,第73~74页。

2. 跨境电商进口税收政策

为促进跨境电子商务零售进口行业的健康发展，营造公平竞争的市场环境，经国务院批准，2016年3月24日财政部、海关总署、国家税务总局发布了《关于跨境电子商务零售进口税收政策的通知》（财关税〔2016〕18号，自2016年4月8日起执行，业界称为"四八新政"），对跨境电子商务零售（企业对消费者，即B2C）进口税收政策有关事项规定如下：

第一，跨境电子商务零售进口商品按照货物征收关税和进口环节增值税、消费税，购买跨境电子商务零售进口商品的个人作为纳税义务人，以实际交易价格（包括货物零售价格、运费和保险费）作为完税价格，电子商务企业、电子商务交易平台企业或物流企业可作为代收代缴义务人。

第二，跨境电子商务零售进口税收政策适用于从其他国家或地区进口的、《跨境电子商务零售进口商品清单》范围内的以下商品：其一，所有通过与海关联网的电子商务交易平台交易，能够实现交易、支付、物流电子信息"三单"比对的跨境电子商务零售进口商品；其二，未通过与海关联网的电子商务交易平台交易，但快递、邮政企业能够统一提供交易、支付、物流等电子信息，并承诺承担相应法律责任进境的跨境电子商务零售进口商品。不属于跨境电子商务零售进口的个人物品，以及无法提供交易、支付、物流等电子信息的跨境电子商务零售进口商品，按现行规定执行。

第三，跨境电子商务零售进口商品的单次交易限值为人民币2000元，个人年度交易限值为人民币20000元。在限值以内进口的跨境电子商务零售进口商品，关税税率暂设为0%；进口环节增值税、消费税取消免征税额，暂按法定应纳税额的70%征收。超过单次限值、累加后超过个人年度限值的单次交易，以及完税价格超过2000元限值的单个不可分割商品，均按照一般贸易方式全额征税。

第四，跨境电子商务零售进口商品自海关放行之日起30日内退货的，可申请退税，并相应调整个人年度交易总额。

第五，跨境电子商务零售进口商品购买人（订购人）的身份信息应进行认证；未进行认证的，购买人（订购人）身份信息应与付款人一致。

第六，《跨境电子商务零售进口商品清单》将由财政部等有关部门另行公布。

2016年4月7日，财政部等11个部门共同公布了《跨境电子商务零售进口商品清单》对政策进行进一步补充。

2018年11月29日财政部、海关总署、国家税务总局发布了《关于完善跨境电子商务零售进口税收政策的通知》（财关税〔2018〕49号，该通知自2019年1月1日起执行），就完善跨境电子商务零售进口税收政策有关事项规定如下：

第一，将跨境电子商务零售进口商品的单次交易限值由人民币2000元提高至5000元，年度交易限值由人民币20000元提高至26000元。

第二，完税价格超过5000元、单次交易限值但低于26000元年度交易限值，且订单下仅一件商品时，可以自跨境电商零售渠道进口，按照货物税率全额征收关税和进口环节增值税、消费税，交易额计入年度交易总额，但年度交易总额超过年度交易限值的，应按一般贸易管理。

第三，已经购买的电商进口商品属于消费者个人使用的最终商品，不得进入国内市场再次销售；原则上不允许网购保税进口商品在海关特殊监管区域外开展"网购保税+线下自提"。

第四，其他事项请继续按照财政部、海关总署、税务总局《关于跨境电子商务零售进口税收政策的通知》（财关税〔2016〕18号）有关规定执行。

第五，为适应跨境电商发展，财政部会同有关部门对《跨境电子商务零售进口商品清单》进行了调整，将另行公布。

3. 国内跨境电商税收政策调整的原因

（1）税负不公

跨境电商行业在发展初期，正规的跨境电子商务企业较少，大部分消费者购买海外商品还是通过"海淘"或者"人肉代购"等一些灰色渠道。国家为了鼓励这跨境电商的健康发展，同时对一些不合法的"海淘"等渠道进行打压，于是最大限度地给予跨境电子商务行业税收优惠。政策的适用性必须酌情而论，在行业发展初期，各项优惠政策的确可以带动行业的迅速发展和壮大，而经过几年的发展，跨境电子商务行业已经初步成型，目前该行业更需要的是与之适应的法律法规促进行业的调整与规范，利好政策对于其发展的推动力将会逐步减弱，但这些政策对于其他行业造成了税负不公。

第一，对从事传统进出口贸易企业不公。这一类型企业主要采用B2B模式。该类进口商品属于在国内还需进行再次交易的贸易性货物，须按相关规定征收增值税、消费税和关税，这些税负要远高于跨境电子商务零售进口企业。这两个行业之间的不正当的竞争也不利于传统进出口贸易企业的发展。

第二，对国内零售企业不公。跨境电商零售进口商品的低税负对国内商品也造成了一定影响。由于不需征收增值税和消费税，相比同类型的国内商品，无疑具有一定价格优势，从而在一定程度上影响了国内实体经济。比如进口商品中最常见的母婴类产品，按行邮税标准只需按10%的税率征收相关税费，而对于在国内零售市场上的同类商品，则需要按照17%的税率征收增值税，这对于国内市场上无论是销售进口商品还是国产商品的零售企业，都是不利的。

（2）税收流失

第一，简易征收造成的税收流失。行邮税原本的征税对象是行李和邮寄物品等非贸易属性进口商品，而跨境电子商务进口商品明显贸易属性更强，和传统的纳税非贸易性的文件票据、旅客行李、亲友馈赠物品有着本质区别。因此，将此类商品按照行邮税标准简易办法征收税费，和按照贸易货物进口相比，无疑会对我国税收收入造成一部分流失。

第二，偷税漏税造成的税收流失。目前对于跨境电商在进口环节的征税等事项，还没有专门适用于该行业的法律法规，相关的制度还不完善，因此存在着大量在进口环节偷税的行为。由于财产行为税有免税额度，因此不少跨境电商就开始使用各种方法"钻空子"，最常见的就是"拆包"，就是将原本需要纳税的商品拆分成多个小包裹通关。

第三，征税"盲区"造成的税收流失。对于跨境电商的征税目前还存在着一定的征税"盲区"，市场上存在着一定数量类似淘宝代购、拍拍网以及最近兴起的微商等C2C型平台，它们不同于天猫国际等大型第三方交易平台，其性质类似于个体经营，但是绝大部分经营者并没有办理工商税务执照和税务登记证，从而成为电商行业一个征税"盲区"。数据显示，2015年我国网络购物市场交易规模达3.8万亿元，和2014年同期相比增加了36.2%，其中B2C市场交易规模为2.0万亿元，占我国整体网络购物市场交易规模的51.9%。哪怕仅考虑增值税，按照现行的17%的税率计算，这也将是一笔巨大的税收来源。

（3）减小国内外价差，完善税收制度

目前商品价格在国内市场和国外市场上存在着较大的差异，这是驱使我国跨境电子商务零售进口行业蓬勃发展的强大动力。除了进口商品一些基本的成本费用，最大的差异在于国内和国外税制结构的区别。由于我国的主税种是增值税等流转税，主要征税对象是流通中的商品，税率一般为17%，而美国等发达国家的主税种是个人所得税，税率一般为5%~7%，从而形成了一定的价格差异。而关于电子商务的税收政策，各国也存在一定差异，目前还未形成一个统一的规范。随着我国电商发展，和他国在贸易间联系日益紧密，加强国际信息交流和工作配合成为必然，因此需不断完善我国税收制度。○

三、跨境电商税收政策的主要问题

1. 跨境电商税收征管问题

纳税主体和税收管辖权难以确定，跨境电子商务交易主体具有虚拟性，交易信息具有无纸化、电子化特点，使征税机关很难查实纳税人的真实信息，对纳税人的档案归集、纳税风险评估和其他属地化管理措施很难开展。征税对象也同样难以确定，如随进口货物提供的技术指导和服务，在传统贸易方式下价格可作为特许权使用费计入货物价格一并征税，而在跨境电商中，技术指导和服务在独立的合同项下通过网络提供，使征税对象变得不确定。

2. 跨境电商退税问题

在落实出口退（免）税政策过程中，跨境电商很难提供合法有效凭证是一个突出问题。按规定，不管是一般纳税人还是小规模纳税人，申报出口退（免）税均需提供合法有效凭证，包括外销税票、货物报关单、出口货物的购进发票等，如果提供不出合法有效凭证，应视同内销缴纳增值税。事实上，出于种种原因，许多跨境电商企业很难取得增值税购进发票。有的上游小微企业担心交易数据会被税务部门用作征税依据，不愿开具增值税发票。购

○ 景雨娅，《跨境电子商务零售进口税收政策调整及其原因分析》，载《知识经济》2016年第19期，第39~40页。

进发票的缺失使跨境电商征税管理环节呈现断裂状态。为解决该问题，地方在实际操作中采取了过渡性措施，如杭州经批准试行，企业出口未取得合法有效进货凭证的货物，符合相关条件的，在2016年12月31日前试行增值税免税的政策等，但这些措施并不是治本之策。

四、改革完善跨境电商税收政策

1. 完善相关税收法律政策

应继续给予跨境电商出口税收优惠，平稳过渡跨境电商零售进口税收新政，促进跨境电子商务稳定发展；按照实现税制公平原则，明确界定跨境电商纳税义务人、课税对象、纳税环节、纳税地点、纳税期限，完善税收法律规定，实现跨境电商发展与税收法律政策的平衡；积极参与国际税收规则的修改完善工作，加强国际合作，防止纳税人进行国际避税。

（1）既要加快跨境电商相关税收立法进程，又要考虑行业发展现状

在税收政策调整当中，跨境电商进口需要提供相应的原产地证、卫生证、销售许可等大量复杂单据，而调整之前跨境电商只需提供订单、支付、物流三单，应给企业预留"调整期"，避免使得企业无所适从。

（2）明确相关法律法规，避免打"擦边球"

在法治建设当中要降低自由裁量权，最大限度地减少因为执法人员的主观因素带来的差错，防止出现执法不公的现象。除此之外，还要明确相关概念的适用范围及执行细则，尽可能考虑全面，或者及时对执行过程中出现的问题给出解决办法，从而对执行细则进行补充。比如"个人自用、合理数量"这一条款就使得执法者在执行时难以界定，从而加大了执法难度，因此相关条款中应做出更具体的规定。

2. 完善税收征管制度

加强电子商务税务登记管理，规定跨境电子商务平台运营商应审查经营者的工商营业执照、税务登记证或"三证合一"证照资料，并有义务向税务机关提供网络交易情况；强化金融机构向税务机关提供纳税人账户资金信息的义务，使税务机关可根据纳税人银行资金信息进行征收管理；积极推动基于跨境电商交易、在线支付、物流信息的网络（电子）发票应用。

3. 运用信息化系统，加大监管和惩罚力度

目前我国的海关收税监管主要还是依靠海关执法人员开箱检查，而随着跨境电商行业的发展，每年的包裹量飞速增长，对传统检查方式是极大挑战。运用信息系统对相关商品的采购、运输、报关实施全程监督，不仅可以对商品的价格、数量等具体细节进行有效监督，防止出现报低价格和少报数量的情况，还可以减轻海关工作人员的负担，提高通关效率，防止税收流失。同时，还应当加大对不依法纳税者的惩罚力度，打击不正当的海淘和走私行为。

4. 完善跨境电商退税机制

建议继续试行企业出口未取得合法有效进货凭证，在过渡期内增值税免税政策；试行按商品大类设置综合退税率办法，方便跨境电商企业申报退税；探索上游供货企业尤其是小微企业的临时性税收政策，解决购进发票的缺失问题；落实出口退税全部由中央财政负担的政策；完善出口退（免）税企业分类管理办法，实行差别化管理；打破异地或口岸限制，实施跨境电商企业征、退税一体化管理。⊖

第三节 网上争议解决与消费者权利保护规则

跨境电子商务网上争议解决，是指借助电子通信及其他信息和通信技术进行或协助进行争议解决的程序。随着跨境电子商务交易日益增多，与之相关的争议也急剧增加。跨境电子商务争议因其具有国际性而十分复杂。交易金额大的跨境电子商务争议可通过现有解决国际商事争议的机制解决，但就大量存在的单笔交易金额较小的跨境电子商务交易而言，现有解决国际商事争议的机制尚无法满足快捷、高效、低成本解决争议的需求。现有解决国际商事争议的机制，包括国内诉讼机制和国际商事仲裁两类。国内诉讼机制解决争议时间过长、成本高昂，又存在复杂的管辖、准据法和判决执行问题；国际商事仲裁是为解决复杂的国际商事争议设计的，对于跨境电子商务交易小额争议而言，这一争议解决方式仍存在成本较高、速度较慢等问题。

一、消费者跨境电子商务争议难以适用传统争议解决方式

随着跨境电子商务交易的繁荣，争议的出现势不可免。由于在交易主体、方式上均有特殊性，消费者跨境电子交易争议与传统国际商事交易争议和经营者之间的跨境电子商务争议在解决上存在着重大区别——例如对于在亚马逊网站上购买价值仅为几十美元书籍的消费者而言，几乎无法通过昂贵而又烦琐的传统国际司法程序来解决交易中的争议。争议解决体系是否公平有效将直接影响消费者和经营者参与跨境电子交易的信心，从而影响电子商务的发展前景。

1. 消费者跨境电子商务争议的特性

跨境电商条件下消费者争议类型比较单一，一般以合同争议为主，主要包括：卖方不交货的争议；卖方交货迟延的争议；卖方所交付产品的质量问题争议；产品信息虚假的争议等。因跨境电商的特殊性，相关争议存在如下特点：

⊖ 于竞远，《促进跨境电子商务发展财税政策建议》，载《财政科学》2016 年第 9 期，第 118～123 页。

(1) 争议数额较小

据统计，最典型的跨境电子交易是在网上购买 DVD、书籍、衣服等，平均每笔交易额仅为 100~150 美元。

(2) 争议数量巨大

随着消费者跨境电子交易数量急剧上升，与此相关的争议也日益大量涌现。

(3) 争议主体具有跨国性

消费者借助网络可以在全球自由选择商家，买卖双方往往相距甚远且缺乏足够的了解。

(4) 消费者作为争议主体

这一特殊身份要求争议解决机制对其有特殊的考虑或者保护。

一旦产生争议，以上这些因素将给争议的解决带来额外难度。

2. 传统争议解决方式的困境

(1) 诉讼方式

消费者跨境电子商务争议在本质上属于跨国商事纠纷。传统上，跨国诉讼是解决跨国商事纠纷的主要方式。消费者可根据国际私法规则选择某国法院启动诉讼，法院按照涉外民事诉讼程序做出判决。如果消费者胜诉，可以通过经营者自愿执行判决或申请某国法院承认和执行判决的方式来维护自身利益。然而，鉴于消费者跨境电子商务争议的相关特点，跨国诉讼机制并不适用于这类争议的解决。首先，判决的域外执行非常困难。即使消费者得以在本国法院解决争议，但判决往往需要到卖方所在国或者卖方财产所在国去跨国执行。其次，跨国诉讼程序复杂且会导致高额法律费用。消费者每笔跨境电子交易的平均金额一般在 100 美元左右，以跨国诉讼解决争议的成本将远远超过争议金额本身。最后，诉讼管辖权的确定非常困难。一笔跨境电子交易往往涉及多国因素，如买卖双方所在地、网络服务器所在地都有可能位于不同国家，导致管辖权很难确定，目前还没有形成普遍的规则。

(2) 非诉方式

除跨国诉讼外，国际商事仲裁、调解及其他非诉方式也可被应用于消费者跨境电子商务争议的解决。这些方式或许能在一个或几个方面弥补跨国诉讼的缺陷，但并非解决消费者跨境电子商务争议的理想方式。

第一，与跨国诉讼相比，国际商事仲裁在自治性、民间性、专业性、保密性、一审终局性上都具有独特优势。尤其是在跨国执行性上，根据联合国国际贸易法委员会 1958 年《关于承认和执行外国仲裁裁决的纽约公约》，国际商事仲裁裁决可以在 100 多个国家得到承认和执行。这在很大程度上弥补了诉讼判决在跨国执行上的缺陷。然而，即便如此，仲裁裁决的跨国执行依然涉及复杂的跨国司法程序，消费者需要为此支付高额的法律成本。而且，使用国际商事仲裁解决争议的成本本身也比较高昂。因此，对于跨境电子交易的当事人而言，与跨国诉讼类似，国际商事仲裁更似一种理论上的可能性，而非一个切实可行的选择。

第二，调解作为一种无拘束力的争议解决方式，与诉讼和仲裁相比，具有气氛友好、程序便捷、成本低廉、结果可控、可实现双赢等优点。但是，跨境交易的当事人分处不同国家或关境的事实使得传统调解所需要的面谈等较难实施。而且，调解完全取决于当事人的调解意愿。如果一方不配合，调解协议很难达成。即使达成之后，调解协议也欠缺强制执行力。一般各国均设置有消费者协会、工商协会、公共行政管理机关等，可以受理消费者对经营者的投诉。这些机构可为消费者争议提供解决方案。但是，这些机构主要针对一国国内的消费者与经营者纠纷，因此在解决跨境电商交易争议时面临很大的局限性。

第三，也有一些电子商务企业设有内部申诉机制，受理消费者对交易的投诉，但争议能否顺利解决完全取决于该企业的自律性。

综上可见，上述方式并未给消费者跨境电子商务争议提供适当的解决办法。如果仅靠传统手段解决争议，消费者的交易信心很难建立，经营者也会倾向于仅将其货物或服务限制在某一地理范围内，这最终将导致跨境电子商务发展的迟滞。因此，建立一个公平有效的争议解决机制已经刻不容缓。目前，国际社会普遍认为，网上争议解决机制是解决消费者跨境电子商务争议的最佳途径。

3. 理想模式——网上争议解决方式的应用

网上争议解决方式将传统争议解决方式的优点与网络技术有效结合在一起，使得传统仲裁和调解方式焕发新的生机。网上争议解决与传统争议解决方式相比，在解决消费者跨境电子商务争议上具有独特的优势。通过信息技术的运用，跨境当事人无须进行面对面接触，争议解决成本大为缩减；先进技术的运用使得信息传递更加快捷，争议解决的效率得到极大提高；跨境电商交易当事人对网络技术比较熟悉，运用网络解决争议时在技术上也会比较自如。因此，对消费者跨境电商争议而言，网上争议解决方式不仅是合乎逻辑的也是较为合适的方式。实践证明，这一方式已深受跨境交易当事人欢迎，并被贸易法委员会明确推荐为最适合解决消费者跨境电商争议的方式。但网上争议解决方式本身尚属新生事物，不仅需应对技术、文化等多个方面的挑战，在法律框架上也有诸多空白需要填补。

第一，结果的可执行性是首当其冲的关键问题。最近二十几年来关于网上争议解决的实践几乎都仅局限于可以自动执行裁决或者判决的程序，但是覆盖范围还比较小。对于不能自动执行裁判结果的程序，必须解决跨境执行机制问题，否则该体系将不具有生命力。但是这一问题在实践中尚有许多障碍有待克服。以网上仲裁为例，网上交易当事人一般都是在网上以电子形式达成的仲裁协议。然而，许多国家的仲裁法都要求仲裁协议为书面形式。《纽约公约》也把书面形式作为承认和执行外国仲裁裁决的要件。因此，许多国家法院都拒绝承认和执行根据电子形式的仲裁协议而做出的仲裁裁决。当然，目前国际社会已经为解决这一问题做出了多种努力。作为国际贸易法领域内的核心法律机构，贸易法委员会已于2011年明确提出要努力推动《纽约公约》关于执行网上仲裁裁定的议定书的订立，希望促成《纽约公约》框架下对网上仲裁协议效力的认可。贸易法委员会在2006年还通过了《关于对〈纽约公约〉第二条第2款和第七条第1款的解释的建议》，意在推动各成员在仲裁协议形式、仲裁程序和执行仲裁裁决上适度放宽要求，以适应电子商务的发展需求。一旦对电子形式达成的仲裁协议之效力予以认可，就能够更好地将传统仲裁的优势和网上争议解决方式结合，使得网上争议解决方式得到更为普遍的应用。

第二，跨境争议的解决还需要地区性和全球性合作体系的建立。跨境争议的解决必然涉及各国间的合作，如果各国仅仅是各自孤立地采取网上争议解决方式，将极大地制约该方式的使用。正如贸易法委员会所指出的，一个全球性或者地区性的网上争议解决体系，才是解决消费者跨境电子商务争议的最佳方案。贸易法委员会已于2010年正式设立一个工作组，为建立一个全球性的网上解决体系做出努力。在地区层面上，目前仅有欧盟就其内部的跨境电子商务争议解决建立了比较成熟的体系。美洲国家组织（OAS）自2003年以来已通过美洲国际私法专门会议审议该问题，希望建立一个"美洲国家网上争议解决平台"，能够统一解决美洲国家间货物和服务销售的电子商务合同争议，其工作也已进入实质性探讨阶段。由此可见，国际社会也已经充分意识到了地区和全球性合作的重要性。只有这一工作取得实质性的进展，才能真正促进争议解决结果的跨境执行。[1]

二、跨境电子商务网上争议解决模式

1. 网上调解

（1）网上调解的含义

调解是指当事人请求一名或多名第三人（调解人）协助他们设法友好解决合同有关争议的过程。网上调解依托现代互联网与信息技术，一方当事人向另一方发送（网上）邀请或向网上仲裁机构请求与另一方联系时，网上调解即告启动。

（2）网上调解的范例

国际层面利用网上调解模式解决网上争议的范例主要有三个：第一个范例是MédiateurDuNet. fr。这是法国互联网法律论坛和法国法院的一个联合系统，其中一审法院在诉讼之前或诉讼期间指引有兴趣的当事人到论坛进行自由调解。第二个范例是eBay的一项举措，即其于1999年启动的网上调解实验。实验过程中共收到225项投诉，其中1/4来自买方，1/4来自卖方，投诉内容多为没有交货、没有付款、无法联系到另一方当事人，以及损害名誉。网上调解的第三个例子是《电子消费者争议解决规则》，这是根据欧盟委员会和爱尔兰企业、贸易与就业部资助的一项大学举措开展的试点项目。该项目于2001年10月启动，2003年6月结束。《电子消费者争议解决规则》提供了具有一整套规则的多步骤网上解决程序。按照这些规则，如果争议是在网上引起的，而且引起争议的交易至少有一方有消费者，便可向一个网上解决平台提交投诉。该系统提供了网上解决平台，按《电子消费者争议解决规则》的两个步骤组成谈判和调解程序。

务必重视网上争议解决的谈判阶段和调解阶段。事实证明，多数案件在进入仲裁阶段或提交法院之前都能在谈判阶段成功解决。eBay的投诉处理机制每年处理千百万起案件，未

---

[1] 陈剑玲，《论消费者跨境电子商务争议的解决》，载《首都师范大学学报（社会科学版）》2012年第2期，第154~156页。

得到解决的案件只占很小比例。《电子消费者争议解决规则》便利了买家和卖家之间的谈判，在没有调解人介入的情况下，成功率为70%，一旦调解人介入，成功率则达到95%，剩下的只有很小的比例付诸仲裁。

2. 网上仲裁

（1）网上仲裁的含义

仲裁一般是指交易双方在订立合同时或者在争议发生后约定，在发生争议时将有关争议交给双方同意的仲裁机构进行裁决的方式。仲裁通常为行业性的民间活动，是一种私人裁判而非国家裁判行为，与和解、调解、诉讼并列为解决民（商）事争议的方式。网上仲裁又称为"在线仲裁"，是指仲裁程序的全部或主要环节，依托现代信息技术在互联网上进行。这意味着向仲裁庭提出仲裁申请（包括仲裁协议的订立），以及其他仲裁程序（如仲裁案件的立案、答辩或者反请求、仲裁员的指定和仲裁庭的组成、仲裁审理和仲裁裁决的做出），主要都在网上进行。网上仲裁庭可利用现代信息技术（如电子邮件、网上聊天室、视频会议系统等），将位于不同国家的当事人和仲裁员联系在一起，由当事各方陈述其各自的观点，仲裁员也可向各方当事人就争议的事实问题和法律问题提问，仲裁庭的合议以及仲裁裁决的做出和传递，也在网上进行。

（2）仲裁协议

在网上仲裁中，仲裁协议是仲裁的依据。在实务中，网上商家可以选择在当事各方之间订立的合同中或一份独立的文件中（如适用于交易的一般条款和条件）列入仲裁协议。如果仲裁协议完全是在网上订立的，如在网上接受一般条款和条件，则可能产生的问题是，其形式是否满足《承认及执行外国仲裁裁决的纽约公约》（《纽约公约》）第二条第二款的要求，即关于书面协定的规定。

（3）网上仲裁的范例

网上仲裁的范例主要有两个。一个是国际争议解决中心和通用电气的一个合作项目，用于在网上解决制造商和供应商之间的争议。该网上仲裁机制是按照《美国仲裁协会商事仲裁规则》进行的，并未使用专门的网上仲裁规则。另一个则是中国国际贸易促进委员会和中国国际商会的模式，这两个机构于2009年采用了《中国国际贸易经济仲裁委员会网上仲裁规则》（可简称为《中国国际经贸仲裁委员会规则》）。它适用于企业与企业之间较大宗的电子商务交易的争议。

（4）网上仲裁使用的工具

网上仲裁一般使用的是电子文档管理。电子文档管理是一种封闭式系统，仅限当事方与仲裁员使用（即网站）或仅供仲裁机构使用（即内联网）。电子文档管理的范例包括美国仲裁协会的WebFile及国际仲裁法院的NetCase。WebFile是一个网上解决平台，用于提交投诉、上传和下载文件、审查案件进展情况，并通过信息中心与国际争议解决中心联系。除了在网上提交申请之外，客户还可以付款、进行网上管理、查阅规则和程序、以电子方式传送文件、选择中立方、使用为案件专门设立的信息栏，以及查看案件的状况。而通过NetCase

系统，仲裁员和当事方可在网上联系，并可方便地在安全的网上环境中管理其仲裁案件。NetCase 系统让仲裁的所有参与方均可通过一个安全的网站以电子方式进行联系、仲裁，在国际商会安全的网上进行平台储存和组织文件，并随时查阅其仲裁信息。NetCase 还提供一些论坛，使某些经授权进入各论坛的参与者能够彼此联系。

3. 投诉处理机制与信誉标记

投诉处理机制和信誉标记属于常用正规解决办法之外的模式。

（1）投诉处理机制

这是一种无第三方干预的便于对消费者投诉进行谈判的程序。现有的投诉处理模式的范例有：eConsumer.gov、欧洲消费者中心网（ECC-Net）和国际消费者咨询网（ICA-Net）。eConsumer.gov 是国际消费者保护和执行网的一项举措，它提供了一个网上门户，使个人能够就与外国公司进行的网上交易和相关交易提交投诉。欧洲消费者中心网（ECC-Net）协助消费者提出投诉并与商家达成友好解决，也协助消费者通过适当机制（第三方）达成解决。ICA-Net 是亚洲区域的一种区域投诉处理机制，自 2009 年 1 月以来，ICA-Net 一直在试用，其功能有：接收国内消费者提出跨国界投诉；向其提供相关信息或建议；将投诉一事通知设在争议相关企业所在国的消费者咨询联络处；促进该企业通过该消费者咨询联络处解决争议。该机制圆满解决了许多企业对消费者的低值交易。

（2）信誉标记

电子商务中的信誉标记通常是指网站上显示的一种形象、标识或印章，用于表示网上商家的可信度。拥有信誉标记可证明网上商家是一个专业组织或网络的成员，且设有赔偿机制。网上解决争议使用信誉标记的一个例子是 Better Business Bureau（BBB）Online。经认可的商家在自己的网站显示 BBB Online 的标识，该标识连接着 BBB 网站，这样消费者可预先知道哪些公司加入该方案，并了解投诉得不到内部解决时使用的赔偿机制。另一个例子是 Euro-Label，在德国、奥地利、波兰、意大利、法国和西班牙设有网站。还有全球信誉标记联盟和亚太信誉标记联盟等组织，其目的是进一步促进并加强全球信誉标记系统。

三、跨境电子商务网上争议解决程序

1. 网上争议解决程序规则

美洲模式专门起草了网上争议解决示范程序规则，网上争议解决服务机构一律按照该程序规则解决网上争议。该程序分为三个阶段：网上谈判阶段，网上调解和仲裁阶段，以及裁决做出阶段。在网上谈判阶段，买卖双方可以交换信息和提议，通过电子方式谈判达成一个有约束力的和解方案。如果当事人不能达成和解方案，则进入网上调解和仲裁阶段，由网上争议解决服务提供者指定有资质的仲裁员对案件进行调解，在必要的情况下进行仲裁，并出具裁决书。裁决做出后就进入第三个阶段。裁决书由网上争议解决服务机构以电子方式发送给当事人。仲裁裁决是终局的并具有约束力。

欧盟模式对网上争议解决没有制定统一的程序规则，具体争议解决的程序按照争议方选择的争议解决机构自身的程序规则进行，只是对争议解决机构规定了程序终结的一般期限，要求争议解决机构在程序启动后 30 日内结束该程序。

联合国国际贸易法委员会的跨境电子交易网上争议解决程序包括三个阶段。首先由争议方之间进行网上谈判自行解决争议，如无法达成协议则进入第三方协助下的网上调解阶段，在这一阶段如仍未能解决争议，则有两套方案。第一套方案是自动转入仲裁。第二套方案有两种设计：一是网上争议解决程序自动终止；二是网上争议解决程序自动转入程序最后阶段，中立第三方根据当事人提交的信息评判争议，并做出决定。该决定对各方当事人不具有约束力，但鼓励各方当事人遵守该决定。

全球性网上争议解决体系涉及世界范围内的争议方和网上争议解决服务机构，要求争议方去了解某一网上争议解决服务机构的程序规则，以及比较该网上争议解决服务机构与其他网上争议解决服务机构程序规则的优劣。考虑到成本，其对于跨境电子商务小额争议显然是不现实的。与此相对，统一的网上争议解决规则有着多重优势。首先，从争议方的角度来看，统一的网上争议解决程序规则易于为争议方所了解，具有确定性和可预见性。其次，使用统一的网上争议解决程序规则有利于网上争议解决服务机构公平竞争。在制定统一网上争议解决程序规则的过程中，只要注意方便易行的需要，网上争议解决服务机构使用该程序规则便不会有过重负担。最后，采用统一网上争议解决程序规则，有利于控制网上争议解决的进程，也方便全球性网上争议解决体系管理机构对网上争议解决服务机构提供的争议解决服务进行监督。

2. 网上争议解决服务机构的选择

在网上争议解决程序中，如争议方拒绝谈判或无法达成和解协议，案件就可能转入网上调解或仲裁阶段，这就需网上争议解决服务机构的介入。在存在多个服务机构的情况下，就需要讨论选择网上争议解决服务机构的问题。

在美洲模式下，采用了管理机构为争议方指定网上争议解决服务机构的方式。在案件进入网上调解和仲裁阶段后，经营者所在国的管理者将从备案的网上争议解决服务机构名单中选择一个网上争议解决服务机构。网上争议解决服务机构会指定一位仲裁员。在欧盟模式下，采用了由管理机构向争议方推荐，争议方协议选择网上争议解决服务机构的方式。如争议方共同选择了一家争议解决机构，平台会自动将投诉书转交该机构；如争议方未能达成一致，则不会进一步处理投诉书，平台将告知消费者与网上争议解决促进员联系，了解其他争议解决途径。

全球性网上争议解决体系旨在为跨境电子商务交易提供经济、快捷的争议解决途径。争议方协议选择网上争议解决服务机构的方式，其主要问题是网上争议解决服务机构的选定需要各争议方的同意，如果各争议方不能就此达成一致，则无法使用网上争议解决体系解决争议，这就使这一体系的作用大打折扣。管理机构为争议方指定网上争议解决服务机构的方式的优点在于高效快捷，确保了争议方对网上争议解决体系争议解决机制的使用，符合争议方快速解决网上争议的要求。这种方式也没有违反当事人意思自治的原则。鉴于选择网上争议解决服务机构的方式在程序规则中列明,争议方只要将争议提交网上争议解决体系解决,即可以视为其同意管理机构为争议方指定的网上争议解决服务机构。

四、跨境电子商务网上争议解决的适用法

跨境电子商务交易中存在多个连接点,如卖方住所地、买方住所地、交易平台网站注册地、供应商所在地、交易平台服务器所在地等。依据哪个国家的法律对跨境电子商务争议进行审理,至今尚无确定的规则。

就跨境电子商务交易网上争议的解决,将内国法作为实体问题适用法存在若干弊端。首先,按照冲突法的方法确定实体问题适用法极其复杂,缺乏预见性和确定性,不利于保障交易安全,增加了跨境电子商务交易的风险。其次,即使确定了某一内国法作为实体问题的适用法,仲裁员对该内国法不一定熟悉,依据该法律对争议进行裁决存在困难。再次,在涉及消费者的争议中,如果强制适用消费者住所地法解决相关争议,会导致经营者承担巨大的商业和法律风险。网上销售的商品,世界各国的消费者都可购买,要求经营者了解世界各国的法律,这是中小型企业无法承受的。经营者会将由此产生的成本转嫁到消费者身上,最终受害者还是消费者。

针对跨境电子商务网上争议解决适用法问题,在美洲模式下,仲裁员审理争议所考虑的问题包括消费者提出的要求,相关事实和情形,以及合同的条款和内容。如果解决方案无法依据合同条款得出,则根据公平合理的原则制订。联合国国际贸易法委员会起草的跨境电子商务交易网上争议解决程序规则规定,在所有案件中,中立人应根据合同条款,考虑相关事实和情形,做出公平善意的决定,并应考虑到交易所适用的任何商业惯例。两者不约而同地采纳了非当地化的理论,将合同条款,公平合理、善意等一般法律原则,以及商业惯例相结合,为跨境电子商务交易网上争议解决创立独特的适用法体系进行了尝试。

从长远发展来看,要根本解决法律适用问题,跨境电子商务全球网上争议解决体系需要建立一套统一的法律规则。统一法律规则的来源可以是国际统一立法、一般的法律原则、交易惯例等。从确定性出发,可以采用国际统一立法为主,一般的法律原则、交易惯例为辅的方法。在网上争议解决机构适用统一法律规则的基础上,不断积累的判例也可以成为统一法律规则的来源。

五、跨境电子商务网上争议解决结果的执行机制

实践证明,网上争议解决机制必须具有有效的争议解决结果执行机制方能持续存在。国际商事判决或仲裁裁决的执行机制都要依靠法院实现争议解决结果的强制执行,程序复杂、费用高昂,且具有不确定性,无法满足跨境电子商务争议解决的需求。对电子商务争议而言,即使交易发生在本地,当事人一般也不会花费时间和金钱强制执行争议解决结果,在异地交易或跨境交易的情况下,当事人更不可能到外地甚至外国去强制执行争议解决结果。如果当事人不能

自愿履行争议解决结果，争议解决结果又得不到强制执行，争议解决就失去了意义。

美洲模式就执行机制的设计是，由经营者所在国的管理者或消费者保护机构采取其认为适当的措施促使经营者履行网上争议解决机制做出的争议解决裁决。具体措施包括三类：一是采取直接的强制执行措施，二是由非政府、私人标准监督或执行机构请求支付网络的帮助，三是将案件转交代收欠款机构。

跨境电子商务争议全球性网上争议解决体系要最终取得成功，需要快捷、低成本的跨境执行机制作为保障。督促交易方自行履行争议解决结果的机制应与执行机制相结合，以前者为主要手段，后者为最终手段。督促交易方自行履行争议解决结果的机制包括信誉标记机制等。执行机制必须独立于法院，方有可能符合跨境电子商务争议解决的需求。

鉴于电子商务交易普遍采用第三方支付平台或信用卡付款方式，因此可以考虑与电子商务交易网上支付机构合作，依据损害赔偿的金额，直接从经营者在网上支付机构的账户划款，支付给申请执行方。

六、我国跨境电子商务网上争议解决机制

在我国，电子商务发展迅速，网上争议解决机制分为四类：

其一是网络交易平台服务提供商建立的内部投诉机制。

其二是商事企业、非营利机构建立的网上争议解决服务机构。

其三是专门商事仲裁机构建立的网上争议解决服务机构，这以中国国际经济贸易仲裁委员会网上争议解决中心为代表，该中心主要解决域名争议和电子商务争议。

其四是行政机构建立的网上争议解决平台，如一些省市市场监管局建立的网上调解平台、国家市场监督管理总局建立全国 12315 网上调解平台。这样的实践对于我国在跨境电子商务交易区域网上争议解决体系和全球性网上争议解决体系规则制定中掌握话语权具有重要意义。

在美国倡导美洲国家组织建立跨境 B2C 交易区域性网上争议解决体系，欧盟建立消费者争议网上解决体系，联合国国际贸易法委员会谋求建立跨境电子商务交易全球性网上争议解决体系主导权的格局下，基于为我国企业，特别是我国的中小企业开拓世界市场、保护我国消费者利益的目的，我国应该成为建立亚洲网上争议解决体系的倡导者，积极参与跨境电子商务交易全球网上争议解决体系的建设工作，反映发展中国家的诉求。

第四节　跨境电商信用管理规则

著名经济学家吴敬琏曾说："现代市场经济是信用经济"。只有在一套完整、严格的信用体系基础上，才能建立起稳定、可靠的信用关系，现代市场经济才能继续存活。然而由于跨境电子商务发展过快，相应的信用建设尚未成熟。

一、跨境电子商务信用管理体系缺失

在我国企业商业信誉普遍较弱、市场培育程度尚不成熟的背景下，跨文化、跨关境的跨境电子商务交易面临着巨大的商业信用考验。据全球最大的电子商务平台 eBay 统计，我国卖家在 eBay 完成的跨国交易中，平均每 100 个交易会接到 5.8 个投诉，远高于全球平均水平（2.5 个）。我国电商企业虚假宣传、侵犯知识产权、销售假冒伪劣商品及其他欺诈行为时有发生，影响了我国外贸电商的集体形象，不利于电子商务跨境交易的成长与长远发展。究其原因，主要是由于目前国内电子商务经营者信用体系不完善、市场秩序比较混乱、跨境电子支付存在渠道及安全问题等原因。跨境电子商务的信用体系极其脆弱，需要跨地区的信用体制来支持更复杂的交易环境。当前相关法规、标准和信用体系建设不够完善，缺乏第三方信用机构对其进行信息评估和认证，执法部门的应对办法不多，主要依赖跨境电子商务平台自身的预防、监督机制，难以避免争端产生，同时在争端产生以后缺少必要的、及时的纠纷处理机制。这对政府的监管提出更多的要求，要想办法加大政策创新与监管创新力度，行之有效的信用监管制度和监管体系亟待建立。[1]国外一些电子商务平台甚至针对我国卖家制定了歧视性的规定，如更高的佣金、更严厉的处罚措施等。此外，国内外的商品、商标体系不互认，标准体系不同步等问题也制约着跨境电子商务的发展。[2]因此，国内相关部门应尽快研究和制定公平、公开、公正的跨境电商市场监管法规，加快电子商务监管信息系统与平台建设，逐步完善跨境电子商务诚信体系，加强对我国跨境电商平台及电商企业的规范与监管，严厉打击跨境电商中的假冒伪劣及违反知识产权的交易行为和活动。同时，国内相关部门要结合跨境电商市场环境和特征，综合全面考虑国内外知名跨境电商交易平台、国内生产制造企业、市场监管局、海关、外汇管理局、支付服务平台、跨境物流配送等各领域的实际需求，研究制定跨境电商服务的标准，推动跨境电商服务的标准化和规范化工作，以保障跨境电子商务健康、公平、安全、可信、正规地发展。[3]

可以参考淘宝网的信用评价制度，鼓励有条件的大电商企业搭建第三方认证平台，采取信用评价激励机制激励电商企业参与，对于信用评价好的企业通过优惠政策予以奖励，弘扬诚信守信的商业理念，因势利导，逐渐建立完善的信用管理机制。信用体系的建立绝非一日之功，可考虑将国内行业内部的信用评级制度作为参考，将电子商务跨境经营者登记备案，建立终身跟踪制和倒逼问责机制。凡电商企业虚假宣传、侵犯知识产权销售假冒伪劣商品及有其他欺诈行为损害我国电商企业集体海外形象的，必须予以严惩，让其承担相应的法律责任。最终综合多方信用基础数据，建立跨境电子商务信用数据库，开发建设信用评价、信用

---

[1] 宗艳霞，《我国跨境电子商务发展障碍性因素及策略》，载《吉林工商学院学报》2016 年第 2 期，第 76~80 页。

[2] 来有为，等，《中国跨境电子商务发展形态、障碍性因素及其下一步》，载《改革》2014 年第 5 期，第 73 页。

[3] 关怀庆，《我国跨境电商的发展现状趋势及对策研究》，载《中国商论》2016 年第 1 期，第 50~52 页。

监管和信用负面清单三方面信用管理系统，建设"来源可追溯、去向可查证、风险可控制、责任可追究"的跨境电商信用体系。

二、建立跨境电子商务信用评价体系

1. 跨境电子商务信用评价体系的内涵

信用评价体系是指由一系列与风险评价相关的评价制度、评价指标体系、评价方法及评价标准等形成的有机整体，包括信用评价的要素、指标、等级、标准、方法和权重这六方面。具体到跨境电子商务中，在管理平台的监督管理下，境外交易者根据交易情况对另一方进行评价，信用评价数据库收集评价信息和跨境电子商务企业其他方面的相关信息，反馈给信息处理中心。信息处理中心则以某种方式将其转化为指标，经分析处理换算为企业（卖方）的信用综合得分，用该得分来反映信用状况，并为其他境外用户的交易提供参考依据。综合考虑，该评价体系如图 8-1 所示。跨境电子商务信用评价体系由三部分组成，其中信用评价数据库发挥了基础作用，管理平台的作用主要是对整个过程进行监督和规范，并向跨境电子商务交易双方以及其他人提供一个查询信用状况的场所。而在整个体系中，最核心的部分是构建出信用评价指标体系。

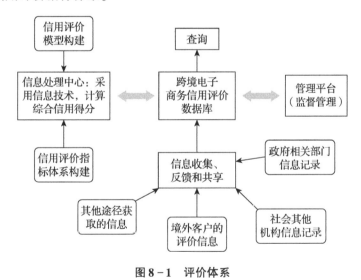

图 8-1 评价体系

2. 跨境电子商务信用评价指标体系的构建

评价指标是跨境电子商务信用评价体系中不可或缺的元素，是信用评价的基础和依据。只有确定了合理的评价指标，建立起一套完整的信用评价指标体系，才能有助于解决跨境交易中产生的信用问题。

（1）指标选取的基本原则

第一，合法性原则。跨境电子商务信用评价指标的选取及信用体系建立须严格遵守国家的法律法规和相关政策，避开敏感信息，注重对跨境电商企业的信息保护。

第二，科学性原则。信用评价体系的运行是否良好，一个重要前提是指标的选取是否有依据，并且在后续计算分析时要体现出科学的严谨性。同时还要求各项指标之间达到较好的配合，使其相互之间既无重复和矛盾之处，又能在一定程度上互相促进。

第三，完整性与可操作性原则。如果指标数量过少，会使得在构建体系时层次过少，只能片面地体现跨境电商的交易信用状况，难以保证评价结果的真实性和有用性，因此在选取时应注重指标的完整性。另外，选取的评价指标太多或太复杂也极为不利，会给实践操作带来很大难度。综合考虑，选取指标要本着合理构造层次数量和指标数量的原则，为后续工作提供良好支撑。

第四，定性与定量相结合原则。不能简单地将定性分析和定量分析孤立起来，而应该把它们有效结合起来考虑。定性可以作为基础，定量作为进一步的深化，但主要还是借助定性分析来把握核心内容。

第五，注重我国跨境电商自身特点。我国跨境电商是近几年才得以快速发展的，在当前环境下也体现出了不同于其他国家的特征。因此，在构建信用评价指标时，可以借鉴先进国家的经验，但与此同时一定要体现出我国跨境电商的特色，并针对当前交易中出现的问题，有针对性地选取指标，做到对症下药，才能建立有效合理的信用评价指标体系。

（2）信用评价指标的选取

可从定性和定量两个角度考虑指标选取。定量指标主要是财务信息，而定性指标可选择跨境经营情况信息、跨境交易动态信用情况及以往信用状况信息这三大类指标。

1）财务信息。财务信息指标可以分为四个子指标，分别是获利能力、运营能力、偿债能力和发展能力，见表8-1。

表8-1 财务信息指标体系

一级指标	二级指标
获利能力	销售利润率 成本费用利润率 总资产报酬率 净资产收益率
运营能力	总资产周转率 流动资产周转率 存货周转率 应收账款周转率
偿债能力	资产负债率 流动比率 速动比率 利息保障倍数

(续)

一级指标	二级指标
发展能力	销售收入增长率 总资产增长率 营业利润增长率

获利能力是指企业在一定时间内获取利润的能力，是其综合成果的体现，并关系着企业能否按时偿还当期的本金和利息，与企业信用密切相关。体现获利能力的细分指标有销售利润率、成本费用利润率、总资产报酬率和净资产收益率。

运营能力主要是体现企业资产转换的能力，表明企业在各项经济活动中对资产的利用效率及资产周转速度，能较好地衡量企业的生产能力和活力。同样，运营能力也可以细分为总资产周转率、流动资产周转率、存货周转率和应收账款周转率这四个小指标。

偿债能力表明企业对债务的偿还能力，该指标可以反映企业整体的信贷和融资能力，也是企业能否健康持续发展的关键因素，会对企业的信用产生重要影响。细分指标为资产负债率、流动比率、速动比率和利息保障倍数。

发展能力是衡量企业未来成长性的指标。一般而言，发展能力越强，企业的信用就会越好。该指标也可细分为销售收入增长率、总资产增长率和营业利润增长率。

2）跨境经营情况信息。经营情况信息主要是从企业的基础信息以及企业内外部情况来对跨境电子商务企业的信用做出相关评估，将其细分可以得到企业基础情况、内部管理情况和跨境市场情况，见表8-2。

表8-2 跨境经营情况信息指标体系

一级指标	二级指标	三级指标
企业基础情况	基本信息	营业执照注册号 组织形式 经营范围 经营场所 注册资本 企业联系方式 注册日期 经营跨境电子商务年限 跨境电子商务网站备案信息 行政许可资质信息
	企业规模	资产总额 跨境交易的年销售额 从事跨境业务的员工数

(续)

一级指标	二级指标	三级指标
内部管理情况	企业治理	组织结构 企业文化 跨境电子贸易管理制度 领导员工素质
	企业成长能力	企业战略规划及实施情况 行业发展前景 政府对跨境电商的支持力度
跨境市场情况	跨境产品	跨境贸易产品价格 跨境贸易产品质量 跨境贸易产品创新投入 跨境产品销往的国家/地区
	跨境服务	售前售后服务 跨境网络服务营销能力

跨境电商企业基础情况主要涵盖了基本信息和企业规模。前者包括营业执照编号、注册资本、组织形式、经营范围和场所、联系方式、注册日期、经营跨境电子商务年限、跨境电子商务网站备案信息，行政许可资质信息等多个指标，从合法合规角度来评价该企业当前基本情况。后者则主要包括资产总额、跨境交易的年销售额、从事跨境业务的员工数等，主要反映企业从事跨境业务的实力。

跨境电商企业内部管理情况主要体现在企业治理和企业成长能力两方面。企业治理由组织结构、企业文化、跨境电子贸易管理制度及领导员工素质等指标构成，而企业成长能力则由企业战略规划及实施情况、行业发展前景、政府对跨境电商的支持力度等指标构成。这些指标在一定程度上体现了跨境电子商务企业的信用情况。

跨境电商外部市场状况主要针对的是同行业跨境交易市场，表现在向境外出售的产品、产品的创新力度以及对应的服务上。从境外消费者角度来说，这两方面也是体现一个企业信誉和信用的关键因素。

3) 跨境交易动态信用情况。跨境交易动态信用情况主要分为跨境交易信息指标、跨境服务质量指标和跨境交易安全指标，见表 8-3。

表 8-3 跨境交易动态信用指标体系

一级指标	二级指标	三级指标
跨境交易信息	跨境产品信息	产品种类 产品价格及数量 产品认证

(续)

一级指标	二级指标	三级指标
	跨境交易合同信息	合同金额 合同违约条款
	跨境交易基本信息	跨境交易方式 跨境交易频率 跨境交易成功率 累计跨境交易金额 境外新客户增长率 境外老客户回头率
跨境服务质量	线上沟通情况	答复客户的时间 使用的语言 订单处理时间 订单履行情况
	线上投诉情况	投诉次数 投诉处理时间 投诉处理结果
	跨境物流服务信息	物流公司的选择 配送方式 订单追踪情况
	跨境保险服务信息	跨境保险服务供应商 退换货补偿措施 损坏损失赔偿方法
跨境交易安全	跨境交易信息安全	跨境交易平台信息注册 跨境交易平台信息认证 用户信息泄露情况 用户隐私政策
	跨境交易支付安全	支付方式 跨境支付服务提供商 跨境支付技术支持

跨境交易信息指标是指在交易过程中的产品、合同和交易基本信息，包含产品种类、认证、价格及数量，合同金额、违约条款，交易方式、频率、成功率、累计金额、新客户增长率及老客户回头率等因素。这些因素以动态的方式呈现企业跨境交易的情况，有利于及时发现交易信用问题。

跨境服务质量指标反映交易过程中卖方企业向买方提供各种服务的情况。线上服务包括网站沟通、投诉处理等，线下服务包括物流和保险服务等。指标具体可细分为答复客户的时间、使用的语言、订单处理时间、订单履行情况，投诉次数、投诉处理时间、投诉处理结果,物流公司的选择、配送方式、订单追踪情况,跨境保险服务供应商、退换货补偿措施和损坏损失赔偿方法等多项指标。

跨境交易安全指标涉及信息安全和支付安全两方面。具体情况见表 8-3。

4) 以往信用情况信息。跨境电子商务企业以往的信用情况信息主要是由相关政府部门、社会机构的记录来体现的。信息提供者涉及人民法院、质检局、工商局、税务局、海关,以及一些公共事业单位、社会保障机构、银行和第三方商业评级机构。通过这些单位和部门的相关记录,可以提炼出准确的信息,用于信用评价,见表 8-4。

表 8-4 以往信用指标体系

一级指标	二级指标	三级指标
政府部门信用记录指标	法院记录情况	企业组织机构代码 企业管理者涉案情况 企业管理者诉讼地位 判决结果
	质检信用指标	跨境产品质量检查结果 处罚记录 质检信用等级
	工商信用指标	经营异常信息指标 处罚记录 工商年检结果 工商信用等级
	海关信用指标	处罚记录 海关信用等级
	税务信用指标	偷税、漏税、欠税记录 税务信用等级
社会相关机构信用记录	公共事业单位记录情况	电费欠费记录 水费欠费记录 电信欠费记录 其他欠费记录
	社会保障记录情况	企业员工社保情况记录 拖欠员工薪酬情况
	银行记录情况	企业/管理者违约情况记录 企业/管理者抵押担保情况记录 企业/管理者银行信用等级
	第三方商业机构记录情况	信用评级机构 信用评级时间 信用评级结果

(3) 跨境电商企业信用评价的评价等级

在对企业进行信用评级时，国际上一般采用的是四等十级制或是三等九级制。中国互联网协会发布的《关于开展互联网企业信用等级评价工作的通知》，首次提出了相应的评价等级，采用的是三等九级制。具体等级划分标准及其含义见表8-5。

表8-5 电子商务企业信用等级划分标准

信用等级	分数区间	信用状况	含义
AAA	91~100	信用极好	信用程度高，债务风险小。评级对象具有优秀的信用记录，经营状况好，盈利能力强，发展前景广阔，不确定因素对其经营和发展的影响极小
AA	81~90	信用优良	信用程度较高，债务风险较小。评级对象具有优良的信用记录，经营状况较好，盈利能力较强，发展前景较广阔，不确定因素对其经营和发展的影响很小
A	71~80	信用较好	信用程度良好，在正常情况下，偿还债务没有问题。评级对象具有良好的信用记录，经营处于良性循环状态，但可能存在一些影响其未来经营发展的不确定因素，进而影响其盈利能力和偿债能力
BBB	61~70	信用一般	信用程度一般，偿债能力一般。评级对象信用记录正常，但其经营状况、盈利能力以及未来的发展易受不确定因素影响，偿债能力有波动
BB	51~60	信用欠佳	信用程度差，偿债能力不足。评价对象拥有较多的不良信用记录，未来经营发展前景不明朗，含有较多的投机因素
B	41~50	信用较差	信用程度差，偿债能力较弱
CCC	31~40	信用很差	信用程度很差，几乎没有偿债能力
CC	21~30	信用极差	信用极差，没有偿债能力
C	0~20	没有信用	无信用

三、跨境电子商务信用的监管与奖惩

在跨境电商交易过程中，不可避免会出现一些信用缺失、信用欺诈问题，因此，不仅要从跨境电商信用信息的搜集、处理与信用评级等方面进行信用风险规避，还应从跨境电商信用的监管与奖惩上加强约束与激励。

1. 信用预警机制

信用预警机制是指在跨境电商交易主体做出决策前为其进行风险预控，规避信用风险的发生，旨在最大限度地降低信用风险造成的损失。

首先，对于多次出现信用纠纷的交易主体，跨境电商信用信息系统除了应及时发布警告、加强监管、规范其交易行为外，还应将其信用状况反馈至其贸易伙伴，提醒其交易伙伴注意风险防控，并及早采取措施进行风险规避，从而最大限度地降低信用风险造成的损失。

其次，加强"信用黑名单"数据库建设。跨境电商信用系统的监管部门应与政府部门、行业协会、跨境电商平台、银行、金融机构等其他各相关方加强联动，促进相互之间信用信息的传递与共享，共同丰富跨境电商的"信用黑名单"数据库。在跨境电商交易过程中，对于短时间内连续多次出现信用缺失、恶意欺诈、信用纠纷的交易主体，经核实无误后，将其加入"信用黑名单"。与此同时，系统应充分发挥"信用黑名单"在信用风险规避中的关键作用，及时更新"信用黑名单"的数据，定期在系统的网络平台内发布"信用黑名单"信息，以方便跨境电商的参与者及时进行风险防控，从而降低可能的经济损失。

2. 信用奖惩措施

为最大限度地发挥跨境电商信用信息系统的奖惩效用，系统的监管部门应积极与政府部门、行业协会、跨境电商平台、银行、其他金融机构、征信机构合作，只有在各方的共同作用下，系统的奖惩措施才能充分发挥效用，达到约束失信行为、提升守信意愿的目的。

（1）信用奖励措施

应积极选取多种切实有效的奖励措施，鼓励交易者积极主动提高自身信用。首先，跨境电商的信用信息系统应更人性化和个性化。当今时代，人们更多地追求人性化、便利化、个性化，信用信息系统也是如此。当交易一方的信用获得对方的肯定与褒奖时，系统可给予其一定的精神或物质奖励，从而更好地调动交易者的积极性。其次，系统的监管部门可以在自身平台中设立优先推荐名额，使跨境电商中信用等级较高的参与主体获得优先推荐。交易主体的信用优势在增强其竞争力的同时，还能为其带来更多的机会。此外，对于长期信用记录良好的交易主体，系统的监管部门可与海关部门合作，通过部分交易品免检免审或提供某些审查手续的价格优惠来回馈它们。最后，以上奖励的时效必须是有限的，有效期过后应重新评选，并随交易规模的扩大而不断增加名额，如此既能防止跨境电商参与者消极懈怠、不重信用，又能激励它们不断加强自身的信用管理。

（2）信用惩罚措施

在跨境电商信用信息系统中，仅有相应的鼓励机制是远远不够的，还需一定的惩戒措施加以约束，只有奖惩机制并行，跨境网络交易信用才能真正从根本上得到改善。所谓信用的惩罚机制就是指通过信用信息的共享与传播，借助法律与社会道德的力量，惩罚跨境电商交易中的背信者，从而提高失信行为的成本，降低信用风险。首先，对于跨境电商失信者的背信行为，系统应及时予以曝光，并公开通报批评，同时将失信方的信息反馈给政府部门、行业协会、跨境电商平台、银行、金融机构等各方，并在网络平台上予以发布。其次，为惩罚跨境电商交易中的背信者，系统应及时下调其信用等级，并提升其信用评估的频率。对跨境电商的交易主体而言，信用等级的降低可削弱其未来交易能力，降低其期望收益率。当失信行为所带来的效益低于失信的成本时，交易主体必然选择守信策略。因此，系统可通过下调其信用等级，达到约束其失信行为，提高其信用水平的目的。最后，系统的监管部门、政府部门、行业协会、跨境电商平台、银行、金融机构等其他各相关方应相互配合共同规制跨境电商交易中的失信行为。跨境电商平台需根据交易主体的失信行为的严重性，适当限制其跨境电商交易活动，情节严重者当追究其法律责任；在通关检验的过程中，海关部门应将其列为重点盘查对象；行业协会可在行业内部定期通报其信用信息，严格监督其信用状况；银行等金融机构可降低其信用等级，采用停止借贷业务、延办结算手续等惩罚手段。

3. 信用申诉机制

在跨境电商交易中，信用纠纷问题十分常见，故在跨境电商信用系统构建中，除预警机制、奖惩机制外，还需一定的申诉措施来进一步解决跨境电商交易中的信用纠纷问题。

当跨境电商的交易主体对信用纠纷存在异议时，可利用申诉手段进行自我辩护，经信用纠纷处理部门审查取证后，做出公平裁决。信用纠纷处理部门在处理信用申诉时应充分兼顾效率与公平，切不可片面追求审查工作的效率，轻率定论，导致裁决不公；也不可懒散拖沓，浪费时间，增加申诉工作的成本。同时，信用纠纷处理部门应统一申诉机制的标准，谨防跨境电商参与者的投机行为。此外，在统一标准的基础上，允许行业协会根据行业的实际情况对申诉的流程与时序进行调整，真正做到标准统一、差别兼顾。[①]

【课后实践】

运用跨境电商信用评价体系评估某一跨境电商企业的信用等级。

习 题

一、选择题

1. 在跨境电商监管中，应突出规范为主的原则，坚持依法管网、以网管网、信用管网、（　　）。

   A. 以适用网　　　B. 协同用网　　　C. 协同管网　　　D. 信用用网

2. 在跨境电子商务迅速发展的今天，（　　）已成为跨境电子商务发展最重要、最核心的问题。

   A. 安全和快速　　B. 安全和信任　　C. 信息和信任　　D. 信息和快速

3. 跨境电子商务作为一种新型的商业贸易方式，具有国际化、（　　）、虚拟化等特点。

   A. 无纸化　　　　B. 便捷化　　　　C. 安全化　　　　D. 通用化

二、判断题

1. 传统国际贸易由于货物所有权已转移给国内进口商，在产品质量、消费维权等方面

[①] 叶悦青，《跨境电子商务信用评价体系构建研究》，浙江大学 2015 年硕士学位论文。

完全可以按照中国的法律来落实中间商的主体责任。而对国外卖家，在身份识别、产品溯源等方面难以运用中国法律进行规范。（ ）

2. 跨境电商多是境内消费者向境外企业或自然人购买商品，由于批量小、随机性强，买卖双方可以通过合同方式对产品溯源做出规定。（ ）

3. 我国电商企业虚假宣传、侵犯知识产权、销售假冒伪劣商品及其他欺诈行为时有发生，影响了我国外贸电商的集体形象，不利于电子商务跨境交易的成长与长远发展。究其原因，主要是由于目前国内电子商务经营者信用体系不完善、市场秩序比较混乱、跨境电子支付存在渠道及安全问题。（ ）

三、简答题

1. 当前国内跨境电商市场里，侵犯知识产权等违法行为时有发生，海外消费投诉较多，诚信形象不佳，我国应该采取哪些具体措施来实现跨境电商监管？
2. 跨境电子商务对我国税收的冲击有哪些？
3. 简述国内跨境电商税收政策调整的原因。

第九章

跨境电商案例分析

案例一　跨境电商助力"宁波制造"走向"宁波品牌"

宁波乐歌股份有限公司是从事各类人体工学产品研发、生产和销售的高新技术企业。公司起步于1998年，经过20年发展，乐歌由一个工贸公司发展成为集研发设计、生产制造、销售于一体的国内人体工学行业领先的集团公司，形成了以自主品牌生产（OBM）和自主设计制造（ODM）为主导，主攻境外市场，线上线下融合发展的运营格局。截至2017年6月，乐歌拥有7家全资子公司和1家参股公司；在宁波姜山、瞻岐和越南胡志明市设有3个制造基地；在美国旧金山硅谷、孟菲斯及菲律宾马尼拉设立了营销分公司，同时在全球设立了2个海外研究中心。目前，乐歌是国内最大、全球第三大支架制造商，是全球前三大电视及计算机显示器承载装置的供应商，产品畅销75个国家，已经进入22个国际连锁超市机构，超过100个国家和地区都在使用该企业生产的显示器支架，其自有品牌的出口量全国第一。

一、提升制造能力，加大研发力度

1. 提升制造能力

宁波乐歌加大技改投入，启动"机器换人"工程，通过智能制造技术改造提升生产效率和产品品质。2014年，公司投入1700多万元购买新设备，每8秒即可完成一套成品的生产，并将产品的人为故障率降到最低。目前，公司已经制作出乐歌坐站交替升降台、电动升降桌、智能动感单车、显示器/笔记本支架，以及电视挂架、电视推车等新产品。

2. 加大自主研发与创新

公司设有产品企划设计部、研发中心、技术中心和模具中心。研发投入占营业收入的比例保持4%以上。截至2017年12月31日，公司拥有专利技术447余项，其中已授权发明专利29项，美国、欧盟外观专利39项，美国发明专利2项。

二、借助跨境电商，打造自主品牌，创建混合式营销网络

宁波乐歌于 2013 年开始开展跨境电商业务，其运营模式为：一是自建海外仓，自运营 B2C 网站，构建由宁波到美国的跨境电商产业链。2013 年 6 月，宁波乐歌在美国加州注册成立执享有限公司，投资总额 400 万美元，在旧金山佛利蒙租赁面积 2592 平方米的仓库，2016 年，在田纳西州孟菲斯建了第二个仓库。二是借助 eBay、亚马逊、速卖通等多个第三方平台，与 PayPal、谷歌、UPS、DHL 等合作，将业务扩展到美国、加拿大、日本等国家。

公司采取自建电商平台与利用第三方平台相结合、自建海外仓与利用第三方平台海外仓相结合、线上线下相结合、贴牌与自有品牌销售相结合的方式打造自己的品牌，获取全价值链的利润。

1. 线上直营与分销

线上销售主要通过大型电商平台进行，如亚马逊、eBay 等。根据不同电商平台的经营特点，公司线上销售以 M2C 直营模式为主，分销模式为辅。公司在亚马逊、eBay 平台均以 M2C 直营模式为主。公司正在尝试开拓 DIY 市场，针对电竞、设计、摄影等细分目标客户群体，积极开发微商城等新型线上平台，拓展销售渠道，推出多种个性化产品，提升品牌的知名度。

2. 线下贴牌与自有品牌

公司与全球优秀的品牌商、零售商、批发商合作，产品已通过相关检验，进入家乐福、麦德龙、BestBuy、Dixons 等大型连锁超市进行销售。线下销售客户主要为长期合作的品牌商、大型连锁零售商、批发商，采用 ODM 销售为主，销售市场主要为北美及欧洲。此外，公司积极尝试境外自主品牌产品的经销商销售模式，目前销售占比较小。公司主要通过参加展销会、网络或主动联络的方式向境外现有及潜在客户进行产品及设计研发、生产制造能力的展示，由客户认可、挑选后进行下单。

三、宁波乐歌的经验启示：由 OEM 到 OBM 的发展路径

宁波乐歌在大力提高自身研发设计与制造能力，向价值链高端迈进的同时，借助跨境电商实现制造者对消费者的直销，提升自己的定价权与利润率。在境外销售方面，它既为大的品牌商或销售商采用 ODM 方式供货，又借助跨境电商平台直销给消费者（M2C）；既建立跨境电商平台直销产品，又利用第三方平台分销产品；同时，在境内销售上，以自有品牌销售为主，贴牌销售为辅，借助各种电商平台，创立自己的品牌，提高品牌知名度。

案例二 小家电企业"集聚""出海"的平台

ICX 慈溪家电馆以实体制造为根基，发展出口贸易，借助"互联网+"打造互联网服务平台，集聚小家电企业，引领智能制造与创新发展；多渠道、多模式搭建销售网络，设立海外仓，拓展众创空间，做优做强慈溪小家电产业。

一、ICX 慈溪家电馆概况

ICX 慈溪家电馆位于中国三大家电生产基地之一的慈溪市，是摸索尝试制造业+互联网的早期行动者，由宁波加乐多电子商务有限公司董事长余雪辉创建。ICX 慈溪家电馆设立有电子商务部、跨境部、客服部、美工部、工业设计部、采购部、后勤部、财务部、外贸部、跟单部等部门，员工 100 多人，还与外部的物流、视觉设计等公司合作合资，成立独立运营的子公司。ICX 慈溪家电馆设立之前，余雪辉执掌其父创办的实体制造企业浙江佳星电器有限公司；2008 年 9 月成立宁波霍姆利德国际贸易有限公司，把制造与出口贸易分业经营；2011 年设立加乐多综合连锁商贸公司，打造内销渠道；2013 年实施"慈溪家电馆"项目。ICX 慈溪家电馆主打厨房类和生活类家电，以"让中国传统制造更有价值，得到更多尊重"为使命，搭建互联网服务平台，推动慈溪小家电企业转型升级，引领小家电智能化与创新设计发展，打造慈溪小家电产业的自主品牌、产业品牌和全球品牌。

二、ICX 慈溪家电馆的运行模式

1. 集聚制造型小家电企业，全网营销，打造产业大品牌

家电产业是慈溪市四大主导产业之一，其发展经历了从仿制到自主研制、从单一品种到多品种、从以小家电为特色的产品结构向大家电和健康智能护理家电拓展的历程。目前，慈溪家电产业拥有 2000 家小家电整机工厂，近 1 万家的零配件配套工厂，已经形成了从零配件生产到整机制造的庞大的产业链、品牌家电和智能新型家电特色产业集群，产品涵盖电冰箱、洗衣机、取暖器、电熨斗等 20 多个系列，拥有 7 个中国名牌、2 个出口名牌、49 个驰名商标和 37 个省级出口名牌。慈溪饮水机、电熨斗、欧式插座产量分别占世界的 62%、55% 和欧洲市场的 70%，是世界最大的饮水机、电熨斗、欧式插座生产基地；双桶洗衣机、取暖器的产量占全国的 60% 和 52%，也是我国双桶洗衣机、取暖器的最大生产基地。

然而，慈溪家电企业虽具有先进的生产制造工艺，以 OEM 模式为国外客商提供制成品，但缺乏品牌和创新设计，一直处于产品价值链的低端。"互联网+"国家战略的实施，为慈溪小家电企业转型升级带来了新的机遇。慈溪家电馆抓住这一机遇，在政府的推动下，整合资源，抱团发展线上渠道，打造区域产业品牌，做强自主品牌，做响全球品牌。在具体做法上，分四步走：

第一步，为入驻"ICX 慈溪家电馆"的慈溪品牌家电企业，提供统一物流、统一售后服务，集中品牌提报、商品审核等流程性工作，提供从采购、监测到入库、运营、仓储物流、售后服务等"一站式"服务。

第二步，对 ICX 慈溪家电馆进行了整体包装和策划，在整体形象和区域品牌上进行宣传，并引入工业设计、认证检测等战略合作伙伴以帮助入驻的企业，打通营销与研发两端，实现品牌和销量同步发展的目标。

第三步，进驻知名电商平台，营销与打造慈溪家电区域品牌。2013 年起，ICX 慈溪家电馆开始进驻各大电商平台，慈溪家电在 1 号店、浙江卫视好易购频道、京东商城等平台上以整体区域品牌的形式展示并销售，提升慈溪家电品牌知名度和产品销量。2013 年 7 月 18 日，"好易购慈溪家电精品馆"正式开馆。2013 年 11 月 28 日，慈溪淘宝专供 16 款产品在淘宝首焦、聚划算、天天特价、免费试用、双 12 分会场、麦麦等淘宝主流平台集体亮相。2013 年 12 月，"慈溪家电馆"在京东上线。2014 年 1 月 8 日，启动苏宁慈溪家电馆，拓展 1 号店、亚马逊（亚马逊中国和亚马逊全球）、国美在线、唯品会、央视商城、天猫、易迅等平台，实现 ICX 慈溪家电馆全网营销。2015 年，家电馆借助阿里巴巴淘宝"中国质造"项目，与阿里巴巴合作运营"'中国质造'慈溪产业带商盟"，此项目带动卓立、伊美家、3A、惠康、华芝、Homeleader、美善美心、伯乐马等 20 多个自主品牌入选进驻"中国质造"慈溪家电馆，以"中国质造"打响慈溪品牌。截至 2018 年上半年，ICX 慈溪家电馆入驻全球 44 个电商平台，入驻慈溪家电品牌 80 个，实现了全网、全媒、全渠道营销。至 8 月份，慈溪家电馆覆盖大小家电产品 SKU 近 600 百，销售超亿元。

第四步，拓展国际市场，品牌全球化发展，集中打造由境内到境外的跨境电商产业链。ICX 慈溪家电馆通过产业集聚抱团，联合入驻国内外知名电商企业平台，实行全网营销。最初，ICX 慈溪家电馆借助亚马逊、速卖通平台发展 B2C 跨境电商业务，但因商品重量、运输等问题制约 B2C 模式的发展。为此，ICX 慈溪家电馆开始探索布局海外仓，发展 B2B2C，搭建海外营销网络，实现小家电产品的全球销售。目前，已经在英国、法国、美国、德国、俄罗斯设立"慈溪家电馆"海外仓，初步形成了由慈溪到这些国家的跨境电商产业链，货运时间由原来的 1 个月左右缩短至一星期以内，提升了利润率，将传统外贸期间 5% 的利润率提升了近 4 倍，甚至可达 40%。ICX 慈溪家电馆合作的电商平台见表 9-1。

表 9-1 ICX 慈溪家电馆合作的电商平台

平台类型	电商
B2B 平台	阿里巴巴 1688、巨商汇、敦煌网等
B2C 平台	京东商城、苏宁易购、当当网、天猫、万会员、国美、亚马逊、CDiscount、速卖通、唯品会、飞牛网、慧聪网、中国移动积分商城、卷皮网、沃尔玛、淘宝、eBay、Wish、拍拍网、楚楚街、折 800 等
电视购物平台	好易购、CCTV.com、东方 CJ 等
移动电商平台	云集、有赞、萌店、微店、121 等

2. 搭建电商服务平台，聚集碎片资源，赋能家电小企业

ICX 慈溪家电馆主营业务主要有五个模块：国内电商、跨境电商、传统外贸、生产工厂、物流服务。其中，国内电商、跨境电商两个模块是平台。通过搭建平台，小家电企业抱团进驻电商销售平台。ICX 后又拓展研发设计、智能硬件、视觉服务、人才培训、众创众筹等业务，以合作共赢、赋能服务的理念搭建多维度互联网服务平台，尝试开放型经济新体制下慈溪小家电企业集聚抱团发展的新模式。

目前，ICX 慈溪家电馆正在重点搭建小家电创新孵化器，实施中国质造——慈溪好家电/V 品 100 项目；实施技术协同、研发创新模块，与庆科、AbleCloud、氪氪、家电研究院及洛可可、凸凹、大业、中国美院等合作项目；同时，启动用户交互模块——小家电生活图谱项目，大数据对接模块——数梦工场、奥维云网等。此外，作为淘宝大学与地方合作的专业人才培训服务机构，ICX 慈溪家电馆还立足慈溪，引入全国优秀讲师和专业课程体系，根据慈溪本土企业和市场需求设置本地化和专业化的培训课程，重点支持"中国质造"项目入驻企业，助推"中国质造-慈溪好家电"活动更好更快发展。同时，ICX 慈溪家电馆引入和筹建了智能物流，建立仓储管理，订单处理及快递、快运（零担）、平台送仓、云仓等一站式服务的仓储物流体系。

3. 渠道创新，模式创新，不断延伸商品链

ICX 慈溪家电馆在为企业提供服务中过程中，为了更好地将慈溪家电产品推向国内外市场，并打造品牌，不断创新服务的内容和方式。

在与京东、1 号店等国内电商合作成功后，在跨境电商迅速发展之际，ICX 慈溪家电馆还与多个跨境电商平台合作，将慈溪家电品牌向国际推广。例如，家电馆与亚马逊、eBay、速卖通、京东国际深度合作，并建设运营慈溪市首个跨境电商公共服务平台 ECX 跨境通，探索实施产业带 + 跨境电商 + 海外仓 + 自主品牌的新模式，搭建海外分销渠道，实现跨境 B2B 分销。此外，随着微商销售的迅速发展，慈溪家电馆尝试利用微商销售渠道，并利用视频直播、网红等互联网新元素与产品销售相结合。ICX 慈溪家电馆还是慈溪家电和研发创新机构联系的桥梁，特别是新产品的开发和营销方面。在产品研发和创新设计方面，它与多家机构合作，如洛可可、凸凹、大业、辉柏、云客设计等。为了更加有效地进行精准营销，它还与零点互动、数梦工场、奥维云网等合作，加强家电行业大数据服务能力，实现用户交互，更好地推出新产品。ICX 慈溪家电馆与宁波摩根合作推出电动牙刷、电热饭盒等，和洛可可合作推出随行果汁杯、旅行充电器等。

4. 紧跟消费群体的主流需求，着力打造智能化、个性化产品

当前，小家电产品的核心消费者是 80 后、90 后，市场调研、客户反馈、大数据反馈的结果表明，这类消费主体消费偏好于智能化、个性化的高颜值产品。在产品设计与选品方面，ICX 慈溪家电馆秉承互联网 + 制造、个性化设计的理念，加大与海外智力资源、研发机构、高

校研究院所合作，聚合全球资源，对接制造企业，拓宽思路，开发智能化多颜色个性化小家电，如 formanu 智能遥控木质饮水柜、佳星智能遥控暖炉等智能产品，以及具有遥感和仪表设计的多款颜色的 ECX 水果碰碰机，从而引领慈溪家电企业抢占新一轮的智能小家电发展商机。

三、经验与启示

1. "领头羊"的引领是小企业集聚与抱团的关键

在慈溪小家电产业发展及 ICX 慈溪家电馆的形成与发展中，余雪辉好比是行业发展的"领头羊"。凭借着他敏锐的商业意识、灵活的经营理念、十多年创新经验和要干实事的执着，ICX 慈溪家电馆逐渐发展为一个国内全网全媒全渠道营销、境外全球化销售的小家电企业集聚区。

2. 由制造到销售、由线上销售到跨境电商，突显出稳步和渐进的特点

在余雪辉的经商历程中，从实体制造"佳星"，到国际电子商务"霍姆利德"，再转型创建国内渠道销售平台"加乐多"，实施"慈溪家电馆"项目，发展海外仓等，都体现出渐进式的成长路径，即成功实施一个项目之后，再实施另一个项目。

3. 合作联盟、互利共赢是做优做强的基础

70 多家企业入驻 ICX 慈溪家电馆本身就是合作联盟，通过合作加盟获得收益。海外仓的建设也是建立在战略联盟的基础上的。在美国，与合丰集团战略合作，利用合丰在全美的 30 多个仓库网点，实现全美物流本地化配送，最大限度降低物流成本，提高产品竞争力；在英国，与阿里合作，借助阿里海外仓，深度优化物流方案；在中东欧，与大龙网合作，布局波兰海外仓；在法国，与小孔国际深度合作，通过本地化运营塑造法国家电行业新品牌。因此，ICX 慈溪家电馆的发展壮大过程正是"互联网＋"下合作共赢的成果。

4. 紧跟消费主体需求变化的节拍，是持续发展的保证

借助于市场调研与数据分析，关注消费群体及其需求的变化，开发适合 80 后、90 后需求的多功能多颜色的智能化产品，满足现代新型消费者的主导需求，引导产业发展方向，增加产品附加值，这是企业持续稳健发展的根源。

案例三 "本土化＋品牌化＋全渠道化"打造跨境电商升级版

宁波萌恒工贸有限公司（以下简称"萌恒"）作为跨境电商龙头企业，以"本土化＋品牌化＋全渠道化"的模式，走出了一条跨境电商发展的升级版路线。公司成立于 1999 年 12

月，目前已发展成为集国际贸易、海外投资、海外电商、国内贸易、国内投资及生产制造于一体的集团型企业，拥有 10 家实业工厂，1 个大型外贸仓库，6 个海外办事处，4 个国内办事处，厂房面积达 18 万平方米，与 150 多个国家和地区的经销商建立了稳定的贸易合作关系。公司连续多年名列宁波市综合 100 强、浙江省服务业 100 强及中国服务业 500 强。

一、萌恒的发展困境

尽管萌恒在 2001 年已拥有进出口经营权，2002 年就打开了中东、非洲、北美洲、欧洲的服装辅料市场，但在跨境电商贸易中却面临一系列困境。首先是对目标市场不了解。由于对本地语言、本地市场、本地营销方式、跨境物流、本地文化、本地支付方式等方面缺乏了解，在离开了本地贸易商后，跨境电商直达消费端的销售变得非常困难，无法使消费者达到本地贸易商给予消费者的购物体验。其次是品牌化程度低。没有品牌，就丧失了了解消费者消费习惯和最终定价权的机会，再加上国际掮客的盘剥，获取的利润非常微薄。最后是对渠道的把控能力不强。工贸企业的跨境电商渠道大部分还是通过速卖通、eBay、亚马逊、Wish 等第三方平台销售自己的产品，而平台的数据、促销方式、规则等，对于跨境电商企业并不容易掌控。

二、萌恒的应对措施

1. 组建海外分公司、自建海外仓、实施本土化运作

2011 年年底，萌恒成立了跨境电商事业部，同时在美国、加拿大、德国、英国、法国开展跨境电商业务。2013 年，萌恒注册成立了邈森电子商务（中国）有限公司，并在意大利和西班牙成立了分公司。公司在各个业务国自建仓库和物流中心，将产品从国内集中运输至海外仓，再根据订单通过当地合作快递商从海外仓直接发货至消费者。萌恒与全球知名快递公司 DHL 等建立战略合作关系，保证了快递的时效和售后服务，满足了消费者本地购物的心理预期。与此同时，各海外分公司组建了专业的本地化 B2C 运营团队，海外员工在公司全部员工的占比超过 53%，真正实现了文化融入，更好地贴近消费者和终端市场。

2. 当地品牌化运作，打造自己品牌

萌恒秉承"品牌是企业灵魂"的品牌观，在市场拓展和产品销售中，坚持使用自己的商标和品牌。自 2002 年开始，萌恒先后在 30 多个国家和地区注册了"MH"和"TWO BIRDS"商标。在品牌宣传策略上，萌恒重点突出"新颖独特+有针对性"的策略，充分采用国内外各种交易会、洽谈会等形式进行广泛宣传，使之深入人心。此外，萌恒每年还会投入 200 多万元在环球资源、阿里巴巴等的国际商务平台上设立宣传页，重点宣传公司的产品和品牌；产品宣传册是萌恒重要的宣传工具，萌恒每年以 8 本产品样册（100 页以上）的速度在编排公司样品信息，并发放给公司新老客户，供他们选择。

3. 打造自己的平台，实现全渠道销售

2016年年初，公司自建平台Aosom的美国、加拿大、英国、法国、德国、意大利、西班牙的7个站点开始上线运营并飞速成长，形成了通过eBay、亚马逊等多个第三方全球电商平台，海外当地知名电商平台如美国的Walmart、英国的Tesco、法国的Cdiscount、德国的Otto，以及自建独立电商平台Aosom销售自有产品的格局。因为拥有高销量的自主优质产品和本地化公司背景，萌恒还受邀成为亚马逊等大平台的供应商卖家，通过平台方自营让产品和品牌为更多消费者接受。

三、萌恒的建设成效

萌恒成立的邀森电子商务（中国）有限公司的经营产品主要涉及包括户外、藤编、居家、健身、宠物和儿童产品六大类，共5000多种商品；业务主要覆盖美国、加拿大、英国、法国、德国、意大利、西班牙等网购成熟的欧美国家；通过在海外设立分公司和"海外建仓"模式，不断拓展销售渠道，为不同国家终端消费者提供更优质的产品。萌恒已在美国、加拿大、德国、法国、英国、意大利、西班牙建立7个分公司，同时配备5万平方米仓储中心、专业的本土化仓储队伍、先进的设备与专业的信息化管理工具。邀森公司的电商团队从最初的5人发展到目前的350多人；通过内部培养和外部招聘，目前有管理和电商运营专业人才100多人，有自己的官网建设队伍、专业的产品开发、采购团队，专业的网店运营团队、物流中心、IT管理团队等，组织架构已基本稳定。

公司目前拥有多个自营品牌，包括AOSOM、PAWHUT（宠物用品）、OUTSUNNY（户外用品）、HOMCOM（家居用品）、QABA（婴儿用品）等，获得了国外消费者的青睐和首肯。截至2017年年底，Aosom平台已有海外注册会员27万人，年访问量1250万人次。2018年年初，自有平台新增爱尔兰、波兰、葡萄牙三个站点。萌恒的目标是让自有平台Aosom成为主要销售渠道，利用已经建立起来的运营系统和物流网络，把自有商城进一步打造为电商发展平台，从纯销售向销售与服务转变，同时吸纳优质供应商，开放合作，为它们提供便利的跨境交易平台和高效的运营服务，共享萌恒现有的渠道资源、本土化资源、团队资源和数据资源等，共同开拓发达国家终端零售市场。

四、萌恒跨境电商升级版给我们的启示

一是跨境电商的本地化。本地化是通过本地注册公司、本地化营销、本地化人力资源、本地化研发设计来实现的。海外仓通过当地物流配送，给消费者提供与本土卖家一样的购物体验。

二是跨境电商的品牌化。萌恒通过本地化调研、自建平台上掌握的终端消费者数据，设计出满足本地客户需求的产品，并通过第三方平台、代销、自有平台上的品牌经营，提升自

有品牌知名度，以此摆脱对国外品牌商的依赖，提高自有产品利润。

三是全渠道化营销。萌恒充分利用第三方平台，销售和宣传自己的产品。同时，根据自身的条件，打造自有跨境电商平台，掌握终端市场信息，合规化全面打造自有品牌，实现企业长远快速发展。

案例四　精准定位+客户体验+数据驱动：垂直跨境电商平台的运营

环球易购是我国最大的垂直类跨境出口电商企业之一，通过跨境电商 B2C 模式把"中国制造"直接销售给境外终端消费者。公司目前拥有以服装类平台 Sannydress.com、3C 电子产品类平台 Gearbest.com 为代表的多个自建专业品类垂直 B2C 电商平台，销售覆盖全球逾 200 多个国家和地区。2017 年，公司营业收入突破百亿，成为我国外贸 B2C 行业的领航者。

一、环球易购初涉跨境电商领域

2007 年，在国家出口退税率下调、人民币升值、原材料成本上升等一系列不利因素影响下，外贸企业经营环境日益恶化，传统的外贸方式遭遇掣肘。公司领导在深入分析经营环境之后，认为网络外贸正成为一种更具竞争力的外贸模式，决定全力发展跨境电商，创立了环球易购电子商务有限公司（简称"环球易购"）。环球易购通过自建专业品类和多语种的多维立体垂直电子商务平台体系，采用买断式自营方式运营，为全球用户提供高性价比、海量的中国制造产品。

二、环球易购的经营之道

1. 精准定位，精细化管理

环球易购将主要客户定位为全球具有互联网消费观念的年轻群体，这部分消费群体基数大，对价格敏感，且契合服装服饰、3C 类电子产品等主要跨境电商产品的年轻属性。

产品定位于年轻消费客群的商品品类，并依靠产品数据库数据、客户行为数据分析，寻找符合客户需求的适销产品；在平台定位上，紧跟智能手机和平板电脑等移动端的快速普及，2013 年推出移动端 APP，2017 年公司移动端实现收入 24.07 亿元，占公司跨境出口自营网站（含移动端）营业收入的 32.34%。

在营销方面，凭借对境外消费者的消费需求、习惯和互联网趋势的准确把握，公司利用数据挖掘、用户行为分析和兴趣定位，通过社区化营销、关键词竞价排名、搜索引擎优化、论坛营销等多维度立体的营销方式，提高流量销售转化率和广告投资回报率。

得益于精准的定位，环球易购不断加强自身的精细化管理，使物流体系、资金周转、客户能力和平台品牌逐渐成熟。

2. 开拓市场，本土化服务

首先是语言本土化，除了建立英文网站外，公司还加大了对西班牙语、葡萄牙语、俄语、阿拉伯语和法语等小语种国家的渗透，以此推动销售收入的增长，提高客户黏性和客单价。

其次是支付本土化，环球易购扩展支付供应商，为消费者提供更加本土化、多样化和便捷的支付工具。据环球易购测算，支付方式对订单转化率有比较大的影响，当开通独立信用卡通道后，订单量有明显提升，而且客户选择信用卡支付的比例超过 PayPal。

最后是物流本土化，环球易购选择第三方物流提高产品利润率，如 DHL 等运输公司，三天就可以到达境外市场。

对于人口体量相对较小的国家和地区，环球易购通过售后服务本地化、采购本地化、运维本地化等一系列有效措施，在这些市场区域获得稳定的市场空间。比如旗下的 B2C 跨境电商平台 GearBest，主要布局小语种等新兴市场地区；而在电商行业发展较为成熟的欧美市场，环球易购则以自营垂直电商网站切入主流用户群体，其中 ZAFUL 以泳装为突破口，带动时尚运动周边品类的销售，成为一个以时尚运动场景化运营的垂直类购物网站。

3. 多渠道布局，差异化运作

在经营战略上，公司以自营渠道运营为主，第三方渠道运营作为重要补充，在不同的区域市场采取差异化市场竞争策略；同时，加强其全球采购的供应链管理体系，构建其产品的差异化竞争壁垒，将其优质的供应链资源共享，赋能中小卖家，与国内货源供应商的合作重点转向"分销直营"模式，打造环球华品网（Chinabrands）；以产品分销为基础，面向国内外跨境电商卖家，提供"海量优质货源，全球一件代发"服务的跨境出口分销平台，提供覆盖全球的销售网络，以及供应链金融、品牌海外推广、海内外仓储物流、跨境通关等全方位综合服务，帮助中小卖家解决供应链、货源及品牌服务升级难题。

环球易购积极拓展亚马逊、eBay、速卖通、Wish 等第三方平台渠道的跨境出口业务，积极在第三方电商渠道开设店铺，提升了公司经营的边际效益。2017 年，公司跨境出口第三方平台营业收入达到 55.59 亿元，占跨境出口业务营业收入的 42.82%。

4. 构建壁垒，品牌化发展

跨境电商的产品正在从满足消费者最基本的消费需求转变为满足其有格调的需求，竞争从价格的比拼演变到品质、品牌的比拼。

第一，提升自营渠道品牌认知度，力争将自有渠道品牌 GearBest 在多个国家和地区打造成本土排名靠前的电商渠道品牌，将自有服装渠道品牌 ZAFUL 打造为全球服装类 B2C 跨境电商网站中的知名品牌。通过打造自有产品品牌 Langria、Mpow、Excelvan、Floureon、

Souaiki 等，提升公司综合溢价能力。2017 年自有品牌销售占比 30.66%，与 2016 年同期相比提升 34.12%。

第二，环球易购赋能国内出口商家，助力中国品牌进军海外市场，提升品牌采购的集中度，并与小米、华为、海尔、联想、大疆、ilife、台电、CUBE、CHUWI 等品牌供应商建立了良好的合作关系，为环球易购供应商品牌化升级带来了明显效应。

根据全球最大的传播集团 WPP 旗下的调研公司 Brandz 发布的"2018 年中国出海品牌五十强"排名榜显示，环球易购自营渠道品牌 GearBest 排第 22 名，ZAFUL 排第 34 名，是我国跨境电商企业中唯一同时有两个自有品牌入围的企业。

5. 降低风险，数字化备货

海外仓、FBA 能提高消费者购物体验，但备货占用大量资金，极易造成资金链断裂。在过去几年里，环球易购跨境电商业务处于快速发展期，在业务收入快速增长的同时，其存货规模快速增加也带来了一定的库存积压风险和减值风险。环球易购通过各业务环节获取运营数据，针对产品开发阶段、新品试销期、产品成熟期、产品衰退期，进行不同流程环节的配套算法模型开发，对存货和滞销品进行实时动态管理，存货规模得到了有效控制。

三、环球易购发展历程给我们的启示

一是找准定位是平台运营的前提。只有清晰的市场、客户群、产品等方面的定位，才能为后续的精细化管理、差异化经营、品牌化发展等指明方向。

二是不断提高客户体验是平台运营的目标。跨境电商产业链涉及选品、清关、物流、营销、支付、客服和售后服务等，各环节不论是本土化还是品牌化，最终的目标都是提高客户的满意度，增强客户体验。

三是借助数据驱动，精准运营。垂直跨境电商平台，只有借助数据分析，才能做好广告促销、数字化备货、品牌化发展、差异化竞争等方面的运营。

案例五 "泛供应链、泛渠道、泛营销"模式助力通拓科技跨境全球

深圳市通拓科技有限公司作为专注跨境电商十余年的企业，已初步形成了"跨平台""跨品类""跨语种"等多维度全方位的立体式业务布局，首创"泛渠道泛供应链"商业模式，从事进出口双向跨境电商贸易。通拓科技连续六年获得 eBay 大中华区销售铜奖，能够在竞争已趋白热化的 B2C 第三方平台上保持如此强劲的生命力，它有什么独门秘籍呢？

一、深圳市通拓科技有限公司简介

深圳市通拓科技有限公司成立于2004年，总部位于深圳，靠着华强北海量的消费电子产品，在易趣网上做着小打小闹的电商生意；2006年正式涉水eBay，开始外贸电商的征程，属于国内早期涉足B2C跨境电商硕果仅存的企业。把通拓科技称之为跨境电商的先行者和开拓者，一点儿都不为过。通拓科技是一家依托我国优质供应链产品，以电子商务为手段为世界各国终端消费者供应优质商品的跨境电商企业，通过eBay、亚马逊、速卖通、Wish、TOMTOP自有网站等多种电商平台，采用买断式自营的方式将我国优质商品直接销售给海外终端消费者，2017年销售额近40亿元人民币。

2018年3月，中国证监会正式批准了义乌华鼎股份公司（A股代码：601113）以29亿元收购通拓科技，这是跨境电商领域通过并购方式登陆A股的第二家公司，也是跨境电商圈内声名赫赫的以第三方平台为主要阵地的超级大卖家。

二、通拓科技的"泛供应链、泛渠道、泛营销"模式

一般来说，企业与企业之间、企业的部门之间，乃至与顾客之间、与渠道之间都存在各种各样的交易关系和联结方式。对于这么多"之间"的关系和连接，无非就是处理好供应链、渠道和营销之间的关系，针对跨境电商覆盖国别多、品类繁杂、推广投入高等特点，通拓科技根据14年行业经验，提出了"泛供应链、泛渠道、泛营销"模式。

像沃尔玛这样的零售巨头，它的供应链管理是世界一流的，商品来自全世界成千上万的供应商，但它的渠道是单一的，就在自家的商场里卖，凭借着"帮顾客节省每一分钱"的宗旨和"一站式购物"体验，占据着全球线下零售老大的位置。

对于众多的品牌生产商来说，它们的供应链是单一的，就是自身的产出，但是它们的渠道是多元的，任何卖场都可以销售它们的商品，如小米、格力等。需要说明的是，上游原材料的供应链体系不包括在内。

还有一种类型如苹果公司和戴尔电脑，它们的供应链是单一的，它们的渠道也是单一的，说得通俗点就是自产自销。它们不需要借助其他人的流通渠道去销售自己的产品，自己的产能完全可以利用自身的品牌影响力通过自己的渠道消化掉。

对于通拓科技这样的跨境电商企业来说，从一个单一平台eBay开始第一个店铺，到如今在亚马逊、速卖通、Wish等世界大大小小的主要第三方平台以及自有平台tomtop.com上销售SKU超过40万量级的商品，品类包括手机及配件、遥控模型、相机及摄影器材、户外运动用品、影音产品、家居园林用品、美容保健用品、仪器仪表、汽摩配件、安防照明产品等十六大类，所要面对的供应链管理不亚于任何一家大型的线下零售商，甚至在铺货逻辑和长尾效应上有过之而无不及，这便是所谓的泛供应链。

在华鼎回应证监会关于并购问询函的400多页报告里，关于通拓科技有这样的描述：

"以无关联第三方或公司员工设立的法人主体名义开设的网店数量为 41 家"。这是公司主营的 eBay、亚马逊、速卖通、Wish 等平台店铺外的数量,可见,多平台多店铺经营是通拓科技进行销售的主要方法。

通拓科技的供应链管理如图 9-1 所示。

图 9-1 通拓科技的供应链管理

移动互联网时代,营销方式已经发生了颠覆性的改变,以纸媒为代表的传统媒体逐渐淡出人们的视线,手机占据了人们越来越多的业余甚至工作时间。跨境电商的流量大战,已经从 PC 端延伸到手机端,SEO、SEM、EDM 已经不稀奇,社交媒体 Facebook、Instagram、Pinterest、Snapchat、WhatsApp 的营销大战如火如荼,世界各地的网红经济催生出一个专门的营销类别叫红人营销,还有各式各样的折扣站点、网络论坛。要做好移动互联网时代的营销,还真是要十八般武艺样样精通。通拓科技的营销优势如图 9-2 所示。

图 9-2 通拓科技的营销优势

一言以蔽之,通拓科技通过互联网思维、模块化管理、IT 大数据技术、进出口双向贸易、全媒体覆盖等多种方法匹配组合,较好地解决了多品类、多供应商、多平台、多仓库、多物流、多国家、多语言的复杂关系,打造全球一体化的营销渠道,获得跨境电商运营最佳范式。这就是通拓科技的"泛供应链、泛渠道、泛营销"模式。

三、通拓科技"泛供应链、泛渠道、泛营销"的经验启示

通拓科技从 2008 年起自主研发 ERP，集成供应链、仓储、物流、财务、营销、销售、绩效考核、企业文化为一体，支撑业务团队及海外团队间高效协同运营、快速响应，将多供应商产品、多仓库库存、多渠道的订单等信息集成并同步管理。

1. "泛供应链"采购，"泛渠道"铺货，精耕细作是关键

40 万个以上的 SKU 对普通卖家来说是天文数字，想都不敢想。手动上架？根本不可能！Excel 表格导入？估计系统会很不畅通。这还只是数据端，文字和图片信息传输将难以想象。一旦动销后，每一个 SKU 就对应着仓储管理中的每一个具体的库位了，更不用说大大小小的国内仓、国外仓甚至 FBA 仓。通拓科技的 IT 创新一览如图 9-3 所示。

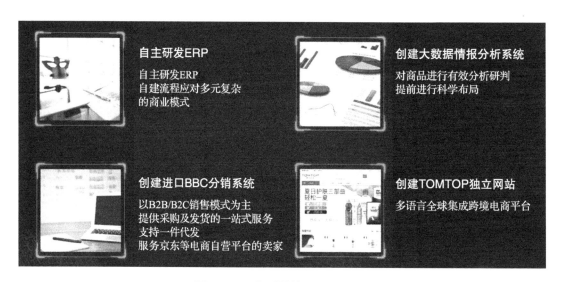

图 9-3　通拓科技的 IT 创新一览

2. "泛营销"符合媒体社交化的时代特征

通拓科技有自己的营销中心，人员配置超过百人，并根据不同的营销手段进行分组，服务于独立网站和各个第三方平台。2018 年，通拓科技除以全民分销模式建立的跨境出口分销平台（quarkscm.com），提供海量货源，全球一件代发服务外，更提供了专业化的图片及产品描述服务、高效完善的物流仓储服务体系，免除库存风险，降低人力及仓储成本，使广大分销卖家只需聚焦营销核心环节，致力于部署培育全链条跨境生态网。通拓科技夸克（Quark）分销平台如图 9-4 所示。

第九章 跨境电商案例分析

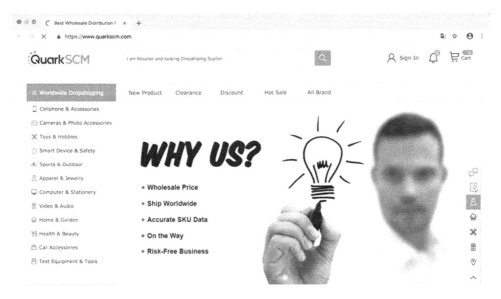

图 9-4 通拓科技夸克分销平台

通拓科技拥有全球 8 万以上的红人资源，500 万以上的自营社交渠道粉丝，8000 万以上的用户邮箱资源，5 万余家全球联盟商渠道，并且是 30 余家全球知名科技媒体站外推广的合作方。在此基础上，通拓科技独创人工智能算法大数据追踪技术、虚拟化技术，运用蚂蚁营销系统实时抓取用户分析数据，从而支持自有平台与所有第三方营销平台进行无缝对接，设计出广告主需求创建、红人营销管理和自建渠道营销三大模块，实现对邮件营销、视频营销、红人营销等的系统化管理，推动跨境电商生态营销升级，打造一条专属于跨境电商营销的"绿色通道"。

案例六　垂直跨境电商演进的策略：宁波新百川包装制品有限公司

当前，跨境电商企业发展模式趋同，转型发展势在必行。转向何方？如何转型？宁波新百川包装制品有限公司（简称"新百川"）通过四大策略——夯实基础、把控细节，客户分级、择优服务，搭建情网、深耕商圈，内重研发、外联工厂，由一家杂货外贸公司成功转型为专门从事彩妆包材出口的垂直跨境电商企业，其转型演进的策略对跨境电商及外贸企业有一定的启示与借鉴意义。

一、企业概况

新百川成立于 2004 年 1 月，是一家专门从事彩妆成品和包材出口的垂直跨境电商企业。目前，新百川拥有广东汕头分公司、外协工厂、合资工厂及浙江金华和韩国办事处，工厂生产基地占地面积超过 10000 平方米，产品远销美国、欧洲、韩国和东南亚等地区。成立之初，企业主营礼品、促销用品等杂货，通过订单外包获得微薄差价利润，经营压力巨大，于是开始思索转型。2013 年，新百川偶然接触到彩妆包材类订单，该公司创始人黄秋菊兴趣浓厚并深入彩妆市场调研，了解到彩妆包材的发展潜力和彩妆行业的口红效应，即经济萧条时，女性常常注重化妆，以期通过靓丽形象找到理想工作。经过行业考察，凭借热爱彩妆的天性和敏锐的商业嗅觉，黄秋菊决定转型专门从事彩妆成品和彩妆包材的出口。此后，新百川经历了三个阶段的演进，成长为以彩妆包材出口为主的中小型垂直跨境电商转型企业。

二、演进历程

在垂直跨境电商企业演进中，企业能否清晰认识自身所处的发展阶段具有重要意义。在各阶段，企业要把握机会，在运营成熟时转入下一阶段，实现企业升级发展。新百川的演进经历了杂货贸易、B2B 跨境电商、专业从事彩妆包装材料出口的演进；在跨境电商基础上，开始对线上结识的重要客户进行线下拜访，建立"O2O"情网，增进信任，提高返单率；其后注重展会、拜访，着力搭建与大客户的"情"网，做大出口规模，实现轻松做贸易。

1. 从杂货贸易模式到 B2B 跨境电商

新百川设立初期，主营杂货，出口产品品类丰富，订单类型杂、每单规模较小，经营压力大。在杂货贸易阶段，公司主要从广交会获得订单，企业客户不稳定，利润微薄，转型发展势在必行。

跨境电商是外贸转型的催化剂，为传统贸易转型发展提供平台。借助于阿里巴巴国际站，新百川"触网"专业从事彩妆包材出口，开启垂直跨境电商之旅。在该演进阶段，阿里巴巴国际站起着至关重要的作用，为其提供了转型发展的平台。

2. 从跨境 B2B 模式到"O2O"情网模式

新百川通过阿里巴巴国际站聚焦 B2B 彩妆包材，通过线上接订单实现出口商品专一化；在跨境 B2B 初期，着眼于企业的生存，新百川从线上接到订单，即使订单利润较低也接单。经营一段时间后，公司开始注重客户划分，逐渐把精力放到优质大客户身上，因为大客户的订单能带来高利润，如何识别优质大客户成为关键问题。由此，新百川开始增进与大客户的联系，探索"O2O"情网模式，即进行客户分层管理，提供差异化服务，注重客户的长期价值。对于优质大客户，公司专门进行实地拜访，交流感情，增加信任，构建"情"网，提高其忠诚度。

3. 由"O2O"情网模式到展会商圈模式

阿里巴巴国际站主要是 B to "小 b"平台，很难找到大客户。因此，新百川重新认识到展会参访的价值，开始参加各种国际彩妆包材的展会，在展会中接触大客户，收集客户名片，为后期将潜在客户转化为实际客户做基础工作。同时，新百川不拘于电商形式，强调线下发力，注重通过线下展会挖掘新客源并维护老客源，通过客户认识到客户的好友，融入境外当地社交商圈，与客户建立朋友关系，进而转换成商业合作伙伴。此后，新百川形成了"展会为主，阿里为辅"的垂直跨境电商经营格局。

三、垂直跨境电商企业演进的策略

精准的策略对垂直跨境电商企业成功的演进具有决定性作用。新百川的成功演进主要采取以下四方面策略。

1. 夯实基础，把控细节

在传统外贸及垂直跨境电商出口中，质量（Quality）、价格（Cost）、交期（Delivery）和服务（Service），即"QCDS"，是商贸往来的基础，也是建立长期商业伙伴关系的根基。通过抓"QCDS"四个关键点，新百川夯实电商出口的基础，提升企业四大竞争力。一是质量竞争力。产品质量是竞争优势，优质产品易获得客户认同。新百川设立质量管控部，控制进料质量，实现过程质检，检验发货质量，确保成品质量。二是价格竞争力。合适的价格能提高客户的下单率和返单率，同时也能排除竞争对手。新百川投资上游工厂，确保价格优势，满足客户心理价位，获得客户信任。三是交期竞争力。交期能够反映企业的商业信誉和运营能力，能否按时交货将直接影响贸易的成败。新百川从产品生产、质量管控和物流跟踪等产业链多环节的监管确保交期。四是服务竞争力。周到、细致、及时的商业服务能够体现合作诚意，促进重复交易。服务中，新百川注重细节，通过细节提高信誉，形成区别于同类企业的竞争优势。新百川从寄邮件、打电话、寄样品等小事做起，在整个贸易过程中处处彰显细节。例如，遇到需要将样品寄给同企业两个不同的人员时，在同一个包裹里，新百川会另做小包裹并分别写上收件人，且附上使用说明书及手写的具体使用说明。再如，遇到客户拖欠货款情况时，对于信誉好的客户，新百川不会着急催款；对于不太熟悉的新客户，会用愉快的交流话题引出货款情况，实现顺利收款。

2. 客户分级，择优服务

对于中小型企业来说，精准配置资源，为客户提供差异化服务是一种有效的运营策略。在跨境B2B出口有了稳定客户之后，新百川通过客户分级管理，实现由杂货贸易向垂直电商的转型。新百川依据客户交换价值大小进行分级，将客户划分为核心客户、常客和新客三级，并将新客分为A、B、C三类，建立与客户规模相匹配的营销服务体系，提供差异化服务。在这三类中，核心客户少，新客多，核心客户的特征是数量少但订单量大，产生的利润高；常客订单量较核心客户少，但订单量较稳定；新客的数量大，但是存在的问题是企业需要投入较大成本并要努力保持服务持续性来稳定新客。新百川企业针对不同的客户特征提出不同的对策，以此将有限的人力、财力集中起来以满足客户的个性需求，既能保证利润的上升又能避免盲目扩张，充分实现资源的合理配置和企业的良性发展。

新客中，对利润较高且订单操作简单的 A 类客户，新百川提供专业化团队服务，逐步将其转化为常客甚至核心客户；对利润高、交易操作略复杂的 B 类客户，以及利润低但操作简单的 C 类客户，企业投入相对较少的精力和资源。对于常客，新百川积极推广最新产品，增强双方的共享和互动，稳定并深入相互关系，考察将其转化为核心客户的可能性。对于顶层核心客户，新百川打造精英团队服务，主动发现客户的潜在需求，解决客户实际问题，提供全面、稳定的差异化服务。

3. 搭建情网，深耕商圈

跨境电商企业传统的做法只是单纯地接订单，没有思考怎样去维护客户，在很大程度上会导致客户的流失。在实施客户分级管理的同时，新百川重视与客户的交互作用，注重稳住贸易背后的"人"，思索如何成功维护客户关系，避免客户流失。在经营上，公司从跨境 B2B 模式向"O2O"情网模式演进，即通过"线上抓订单，线下系'情'网"，与线下客户成为朋友，实现"情感"交流，获得客户信任。线下搭建"情"网并非普通的"跑客户"，更多的是从友情出发，增进信任，以细节浸润。在这个转变过程中，从线上交易到线下的交往，搭建"情感纽带"，境外登门拜访是关键；恰当的拜访方式、得体的语言沟通能够推进"情"网的形成，推进企业间稳定关系。

在稳定客源的基础上，新百川开始"线上回归线下，打造社交商圈"，即通过参加展会等线下活动进一步拓展一批高质量的客源，进入客户当地的社交商圈，提高企业影响力，拓建商圈。其社交商圈的主要特点是"客户介绍客户，客户带动客户"，实现老客户链接到新客户，新客户转换为老客户。社交生态圈作为物质、信息、情感的交流平台，能够让企业从中获益，不断获得订单且可以吸引更多企业加入，维持整个生态圈的活力。新百川通过展会搭建社交商业圈，做到了在朋友圈内拓展生意。在这种策略中，灵活的经营理念是关键，不拘泥于具体的经营方式，不管跨境电商平台还是展会都是获取订单的主要渠道，展会上的客户能提供大订单者居多，那就把寻找客户的市场移到展会。

4. 内重研发，外联工厂

企业产品研发和设计能力是企业的核心竞争力。新百川运营前期没有开展创新研发，也缺少研发实力，是一种由客户需求引领企业生产的运营模式。经过多年的探索和积淀，新百川逐渐注重通过自主实验来增强核心竞争力，设立实验室，对产品进行初步的研发和设计，提前发现客户的潜在需求，转向由企业生产引领客户需求。同时，新百川以投资和借资方式，与工厂进行战略合作。投资指的是新百川为生产工厂投入资金并占有一定股份，借资指的是新百川借给工厂资金，但并不占有工厂股份，从而实现资金的流动性价值。通过战略合作，新百川可以从源头对质量进行把控，做到稳定性供应，降低产品采购价格，实现协同效果。

四、结论与启示

新百川经历了杂货贸易、跨境电商 B2B、"O2O"新模式的演进历程，发展成为彩妆包材垂直跨境电商，其后通过拜访客户融入商圈，通过参加展会扩大业务。其成功的演进不仅得益于四项策略，还得益于公司善于抓住时代赋予的机遇，借助跨境电商走专业化跨境贸易道路，延伸产业链，做强产品。

新百川成功的演进为其他处于转型阶段的外贸企业及跨境电商提供了有益的启示。企业的经营与转型至少应抓住三点：一是夯实"QCDS"四环节，形成优势竞争力；二是不拘于贸易方式，不管是电子商务还是传统的展会，只要适合企业发展，能稳定客户，都可使用；三是在企业发展的不同阶段要善于抓住新时代的发展机遇，灵活利用各类平台，深度发掘细分市场，走垂直专业化发展路径，在条件成熟的情况下实施品牌战略。

案例七　跨境电商发展"三部曲"：选品、采购、海外仓——广博跨境电商出口的实践

外贸企业转型跨境电商、跨境电商创业是跨境电商企业成长的主要路径。然而，开业之初，卖什么、怎样得到优质货源、如何选择海外仓等问题困扰着跨境电商企业。浙江百强企业广博集团在跨境电商出口的选品、采购及海外仓建设等方面的实践为企业提供了经验借鉴。

一、广博集团布局跨境电商业务概况

广博集团有限公司（简称广博集团）起步于 1992 年，经过企业改制和转制，于 1996 年成立浙江广博文具发展有限公司，开始以"广博"品牌运营。集团名称中的"广博"二字有"广阔天地，博大情怀"、"广交朋友，博采众长"之含义。经过二十几年的发展，广博集团从一家包装印刷企业发展成为集文具制造、高新技术产业与电商运营模式、资本运作融合发展的大型跨国企业集团。目前，集团拥有广博股份和广博投资控股两大企业集团，总资产近百亿元，员工 6000 多名；在国内拥有一家上市企业、一家拟上市新材料企业、三家国家高新技术企业、30 多个营销分支机构、两大生产基地、两家省级研究院及省级技术中心；在达拉斯、迪拜、香港设立了分公司，产业涉及轻工文具、新材料、电子商务、投资与贸易等，产品远销全球 100 多个国家和地区。

广博集团对电商销售渠道的布局开始于 2012 年，经过四年的发展，从借助第三方电子商务平台尝试国内销售、构建 O2O 线上线下融合的国内产业链，发展到投资自建宁波全球

淘电子商务有限公司打造进口电商平台,通过并购外部资源西藏山南灵云传媒有限公司(以下简称灵云传媒)、大连泊源科技有限公司和汇元通(Geoswift Asset Management Limited)营造跨境电商的生态圈。早在 2009 年,广博集团就开始尝试国内电商销售,以合作、自营、代理等形式分别在京东、天猫、淘宝等电商平台上推进 B2C、C2C 电商销售业务发展,并与一号店、苏宁易购、飞牛网等多个主流电商平台开展合作,在国内初步形成了以天猫旗舰店为基础,发展 O2O 网络分销商的格局。此后,以设立"环球淘"和并购外部企业的方式布局跨境电商业务。2015 年 6 月,广博股份收购灵云传媒 100% 股权;2015 年 7 月 29 日,以 4000 万元收购泊源公司 10% 股权;2016 年 7 月 11 日,又收购汇元通 26% 股份。在打造 M2C 跨境进口一站式交易平台的同时,广博股份开始构建跨境电商出口全流程的供应链。2018 年,跨境电商品类达 300SKU,出口达 1300 万美元,2019 年的出口规模有望实现翻一番。

二、跨境电商出口全流程供应链的构建

与传统外贸的流程相比,跨境电商运营环节比较复杂,是传统外贸供应链的延伸。一般来说,传统外贸供应链主要有六个环节,即境外采购商—下单(外贸公司)—工厂—制造—出运—境外采购商。做传统外贸时,广博不需要去挑选产品,只需要根据客户(采购商)选择的产品和下的订单,找到合适的工厂,让工厂按订单来组织生产,然后租船订舱出运,采购商付款,公司收款等。在跨境电商运营流程中(见图 9-5),需要考虑经营哪些产品(产品选品)、在哪个电商平台销售、客户对这类产品的看法怎样,同时还需要考虑境外物流配送问题。下面介绍广博集团开始做跨境电商出口时,在上述几个环节的具体做法。

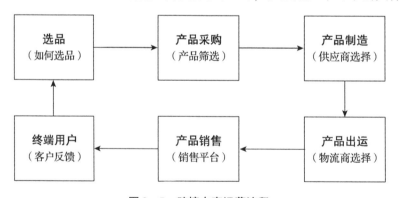

图 9-5 跨境电商运营流程

1. 如何选产品

开展跨境电商出口业务的第一步是确定在跨境电商平台上销售什么产品。首先选择产品大类,然后决定该大类产品的细分产品。

(1)**选择大类产品**。广博在决定做什么产品时,面临这样的问题——是做公司自身生产的产品还是其他产品品类?广博分析了两种选择的优势与劣势、机遇与挑战。如果做自己公司的产品,产品的单价货值不高,SKU 多(每种产品的设计图案发生变化都形成新的 SKU),单品 MOQ(最小订单量)小成本高,利润不高;自主品牌的销售会对现有 OEM 客户产生冲击。如果做办公用品类的其他产品及其他产品品类，则会遇到下列问题：对所运营产品不熟悉，不知道生产这类产品的工厂在哪里，不知道铺多少货才合适；但可以抢占其他市场份额，扩大外贸产品种类，增加销售量。

权衡再三，公司决定做百货类产品，凡是能做的产品都做。虽说在电商平台上销售产品都赚取利润，但要获得丰厚的利润，还是要选择差异化、竞争强度低的产品，且定价还要合理。

（2）确定具体产品。在决定了做哪几个类型的产品后，要对这几类产品进行细分品类。选择细分产品类型时，首先考虑该类产品是否有专利技术的限制，是否会造成侵权，是否为热销产品，其次是在销售平台上对销售比较好的该类产品进行查找，把这类产品的各种规格、型号产品收集起来；最后分析竞争对手的信息，看其是否有销售该类产品。例如，公司最早决定开发的品类是藤编沙发，当时考虑这类产品没有特别明显的专利等限制，而且属于热销的品类；确定后就在销售平台上查找销售比较好、排名上升比较快的藤编沙发；最后分析竞争对手的产品。

经过筛选，开始做的品类确定为户外产品（如藤编沙发、户外折叠式桌椅、户外帐篷、野营帐篷、遮阳伞等）、收纳系列、宠物系列、办公椅、办公组合式家具等。

2. 产品的采购与生产制造

做跨境电商出口的第二步是把准备销售的产品生产出来。下单之前，首先要从找到生产这些产品的工厂，然后根据产品报价、工厂规模以及是否做过电商订单等因素确定是否下订单。

（1）初次采购的做法。公司初次做办公类产品的跨境电商出口，没有相关产品的协作生产厂家。第一步是寻找相关产品品类的生产厂家，做法是采购人员在阿里巴巴及1688等平台上搜索、查找，同时检索竞争对手进货的生产工厂，并查看对其销售的产品的评论，特别是一星、二星差评。至少要查看小类别前20名的所有产品，以此了解消费者对该产品材质、特性、功能的关注点。第二步是按照消费者对产品的关键关注点在1688或阿里巴巴上找相同或者类似款的产品，然后找至少3～5家这样的生产工厂后，让它们对公司先期开发的5～8款产品进行报价，购买样品并试用这些样品，在试用过程中反复对比产品材质、功能及包装，比较工厂报价与电商平台上同类产品的最低价格，从中选择中意的厂家，然后对利润空间大的工厂进行实地考察。考察时侧重生产规模、生产资质、人员状况及产品线等因素。最后，综合比较报价、数量以及工厂规模，筛选出性价比最高的工厂。在确定交货期、付款条件等一系列的问题后，向工厂下单。在与生产厂家合作的过程中，工厂也会推荐一些新品，这样就可扩大销售产品的种类。

（2）后续的产品开发。在跨境电商运营过程中，往往把平台销售需求信息与采购时的供给信息相融合，不断推出新品。在有了前端销售数据之后，公司会再次调研，寻找新品或者新的元素及流行趋势，并把结论推荐给采购部门。采购部门在综合分析后决定是否对新品进行采购。同时，采购过程中，也会从供应商等处得到一些新品，对这些产品的市场销售前景进行调研，层层对比之后，确定是否采购。

3. 产品出运与海外仓建设

在产品出运时，有小包直发和一般贸易海运目标国市场海外仓两种方式，其中前者占比较少，后者占跨境电商出口业务量的80%。

开展跨境电商出口业务时，在境外建设海外仓，利用海外仓备货；电商平台上有了订单后，从海外仓发货，既可提高快递的速度，也可降低单件产品的运费。海外仓备货及由海外仓配送是对传统外贸出口供应链的延伸。海外仓是跨境电商出口供应链中连接外贸公司与终端客户的关键环节，也是解决销售"最后一公里"的重要环节。

广博通过租用第三方海外仓的方式建设海外仓。建设海外仓时，在调查基础上，根据海外仓企业的资质、规模与业界的口碑，在美国建设了六个海外仓。这样，广博把产品批量海运出口到美国分公司，由分公司把货转到海外仓，在亚马逊美国站、eBay 美国站、沃尔玛美国站和速卖通全球站有了订单后，可以就近选择海外仓，由海外仓发货。此外，在选择美国快递公司时，快递的折扣率也是一个十分受关注的问题，因为较低的折扣率可以挤出一定的利润。

在选择第三方海外仓服务时，广博还注重两个方面：一是整体服务能力及解决问题的时效性。具体来说，就是能够直接通过电话、微信或 QQ 与第三方海外仓客服进行沟通，对于出现的问题，客服能及时跟进，并妥善处理好问题。二是服务商能够提供 ERP 下单系统，用户直接在后台下单和查询，效率高且不容易出错。如果服务商只能提供线下下单方式，则需要卖家填写 EXCEL 表格，然后通过微信或者邮箱下单和跟进进度，工作量较大。所以，一般来说不选择这样的服务商。

4. 利用终端客户的反馈，改进产品

通过客户的反馈，企业可以得到一手的市场信息。亚马逊平台解决了一个信任问题，保证没有假货，如有假货一定严惩。所以，客户的每一条评价都可以真实反映产品是否被认可或者哪里有欠缺。这对于改进产品、获取下次订单有很大帮助。

三、经验与启示

广博跨境电商出口业务的尝试与探索再现了广博集团多年来形成的勇于创新、善于捕捉商业新机遇的企业文化。

1. 紧跟时代发展，创新企业运营模式

从广博集团二十几年的发展历程看，无论是集团发展之初的企业改制和转制为有限责任公司，还是实体产业与金融资本融合、"互联网＋"与制造业嫁接，都留有明显的时代特征。在业务发展上，集团以实业为根基，开拓新技术市场，进军资本市场，构建国内国外产

品销售体系；注重走内生性的成长之路，也以并购、合作、联盟等方式走外生性的扩张之路；同时，创新管理模式，以股份分享方式激励核心员工。

2. 把握价值链的三大环节，做实"微笑曲线"底部，做强 U 曲线两端

全球产业链由产品创意研发设计、制造加工、品牌与渠道三大环节构成，这三大环节体现在"微笑曲线"的底部和两端。广博集团在发展过程中，注册"广博"品牌，以自主发展、展会、战略联盟等渠道培育并提升品牌知名度，建立研发体系，突出时尚、个性化创意设计，主持修订国家或行业标准，提高产品制造质量，夯实产业基础。目前，广博集团设有省级文具研发和设计中心、境外设计中心、蜂巢式设计创业联盟，拥有国际国内专利 206 个、国内外商标 25 个。在跨境电商出口业务拓展中，集团建设海外仓，搭建境外网络销售渠道，打造全流程的供应链，抓住了增值最大的渠道建设。

3. 为其他同类企业做出示范

广博跨境出口业务的成功尝试为当前还处于犹豫、观望的外贸企业或工贸一体化企业做出示范，其选品及海外仓的选择策略为转型发展跨境电商提供了经验借鉴。

跨境电商选品很关键，尤其以 B2B2C 方式销售时，货物批量运输，储放在海外仓，如果选品不当，就会造成产品积压，只能降价或就地销毁，损失巨大。广博的线上看、线下购—消费者关注点分析—试用—比较的选品策略，告诉我们选什么产品、为什么选及怎样选，其具体做法对外贸转型及跨境电商创业企业的选品有相当大的借鉴价值。

海外仓是跨境电商产业做强做大的必备环节。刚开展跨境电商业务的企业，在选择海外仓时，可能会感到无从着手，广博建立海外仓的做法，为企业在选择海外仓时，应从哪些方面考虑、应关注物流配送服务的哪些关键能力等决策提供了有益的启示。

案例八 传统外贸企业在微笑曲线上的占位与跃升——宁波豪雅集团外贸转型升级路径

宁波豪雅集团借助互联网时代的触网经济，从销售渠道的占位开始，沿着海外仓储物流基地建设、线上营销渠道开拓、供应链整合、全球客户体验提升、产品研发和设计、自主品牌树立和推广的转型升级路径，在微笑曲线上不断攀升，成为传统外贸企业转型升级为大型跨境电子商务外贸企业的典型案例。

一、宁波豪雅集团简介

豪雅集团于 1998 年由吴威在宁波创立，是以跨境 B2C 电子商务为核心，以创新科技为驱动的互联网零售企业。公司以"为全球消费者提供高性价比的产品和服务"为使命，在传统外贸领域深耕 20 余年，并于 2011 年在海外全面布局跨境电子商务零售业务。目前，豪雅集团已在北美、大洋洲、西欧和东欧等地区自主投资建立"海外仓"，并拥有海内外员工 1000 余人。

豪雅集团是浙江省电子商务促进会副会长单位，同时也是宁波市跨境电子商务协会常务副会长单位。近些年，伴随着跨境电子商务产业的迅速发展，公司每年的销售业绩一直保持着快速增长。豪雅集团现已成为宁波跨境电商行业的领军企业。

出色的业绩和对跨境电商行业的贡献，让豪雅集团先后获得了"浙江省跨境电商百强企业""浙江省重点跨境电子商务服务企业""宁波市跨境电商优秀海外仓""宁波市跨境电商标杆企业——最具影响力跨境电商企业"等荣誉称号。

二、豪雅集团的转型升级路径

豪雅集团成立初期，主要做日用品出口业务的开发。经过将近 10 年的稳健发展，公司的业绩与规模逐步提升。2008 年，金融危机席卷全球。由于国外客户把控着销售渠道和定价权，一定程度上导致了公司订单减少、货款支付延误。为了破除贸易桎梏，豪雅把传统外贸平台前移，积极在海外建立本地化销售团队，租赁海外物流仓库，实现本地化批发渠道的开发。但这些举措仍然受到许多客观市场因素的制约，如当地国家进口货物清关问题、货币贬值问题、市场秩序不规范问题，以及当地人的信誉问题等。同时，中国品牌的知名度专业渠道的推广比较难，认知度还比较低，"中国产品和品牌"的输出不是一蹴而就的事情，需要企业做进一步的市场推广和长期的投入。

转型升级的困难并没有使豪雅人停下脚步。2008 年至 2011 年，在把传统外贸平台前移的过程中，公司也接触到了众多从事跨境电子商务零售业务的客户。这些客户的业绩增加十分快速，让豪雅人认识到跨境电子商务零售的潜力。经过大量的海外市场调研和科学的战略规划，豪雅集团于 2011 年开始"触网"，步入跨境电子商务时代。

1. 豪雅转型升级的起点：占位销售渠道

2011 年开始，豪雅集团依托 B2B2C 模式，在采购、运营、仓储、发货等关键环节加大投入力度，通过进驻亚马逊、eBay、Wish 等知名第三方网络零售平台和公司自建站进行产品零售。同时，公司积极开发高性价比产品、提升线上线下服务质量、加快物流快递速度，这些战略举措让公司运营的网络店铺成为跨境网络零售平台上的明星店铺。公司的自建站也凭借着视觉设计更优、更贴近当地人生活需求等优势，在北美、西欧等地区获得了首批"忠实客户"，这让集团的多渠道发展战略走得更加坚定。

评述：豪雅集团依托 B2B2C 战略模式，从 2011 年起布局跨境电商，通过第三方网络零售平台与自建平台，进行渠道占位，并通过提升服务质量、加快智能物流仓储基地建设等举措来助力营销能力提升。

作为传统外贸企业，豪雅集团正逐步摆脱国际渠道商对产品销售的控制。多渠道销售的战略部署让豪雅集团把经营领域前移至终端客户，并向着"无界零售"又更近了一步，这也是豪雅集团转型升级的关键切入点。未来几年，豪雅集团将通过持续的资本投入对自建站（自主销售平台）进行推广，并在平台上进行全球招商。公司拥有的专业化电商运营团队、位于世界各地的智能仓储物流基地、快速便捷的配送服务等优势资源，能够更好地实现对平台入驻商的一站式服务。

2. 豪雅转型升级的基础：提升客户体验

从 2012 年开始，豪雅集团积极打造出一支精通多国语言的客服团队。团队中既有来自全国各大知名高校的外语类人才，又有熟悉当地消费习惯的外国人才。豪雅的"贴心顾问们"全年 365 天、每天 16 小时在线，把消费者的每一次问询都当作知心朋友间的倾诉，全力解决消费者在线购物环节中遇到的不同问题。

借助公司自主研发的 ERP、WMS、CRM 等信息化管理系统，来自世界各地的客户订单被快速分配到公司的海外仓储物流中心。整个过程反应快速、运转精准。同时，豪雅集团与众多国际知名快件物流公司达成了战略合作，不断优化配送服务，让"最后一公里"不再是服务难题。这些先进且全面的 IT 系统也让集团可以满足不同消费者的个性化需求。

目前，豪雅集团的海外仓储物流中心已覆盖北美、西欧等地区，公司的配送服务也已经实现全年 365 天无休。这些提升客户体验的举措是豪雅转型升级的基础。

评述：豪雅集团推行的设立海外仓、布局海外配送市场、本地化经营等举措，有效提升了消费者的购物体验，增强了线上销售渠道的客户黏性。同时，客服团队不仅提升了客户的满意度，还能深入了解客户需求，为销售渠道后端生产厂商以及自己品牌产品的设计提供实时、第一手的用户需求信息。

3. 豪雅转型升级的核心：整合供应链

豪雅集团在 2006 年引入信息化管理系统，依托自主培养的专业 IT 研发团队，逐步打通了产品设计、生产、出运、报关、仓储、销售、配送和售后等各个环节，实施"产品流、物流、单证流、资金流和信息流"五流合一的高效管理模式，实现了整体供应链可视化、管理信息化、仓储物流智能化，极大地降低了成本、提高了效率、提升了用户体验。

公司通过全球供应链生态体系的基础设施、无界零售网络平台、大数据服务，以及专业的运营团队，为客户提供一站式海外电子商务运营服务。目前，豪雅集团已经能够帮助工厂把它们的优势产品快速推向市场，并且利用销售反馈的信息帮助工厂改进产品。未来，集团将孵化更多的中国企业出海，助力全球零售行业成长。

评述：豪雅集团通过供应链整合，打通了产品从厂家到销售终端的通道，并利用消费者市场的第一手资料信息反馈，提高了产品二次研发和畅销产品升级打造的水平。制造厂家可以通过豪雅集团的供应链系统，提升自身的竞争力。同时，豪雅集团的自建零售平台也将获得更多优质的品牌产品，双方将成为稳定的利益共同体。

4. 豪雅转型升级的跃升：产品研发设计与品牌化

从 2014 年开始，集团引进国内外产品研发和创新设计人才，设立产品研发总部，并对海外市场主流销售产品进行科学细分，结合零售市场消费者的需求信息反馈，大力开发畅销产品。

数据分析团队和产品研发团队通过关注海外流行趋势，以前瞻性视角和科学的数据反馈为依据，结合商品特色，指定组合商品策略、提升商品视觉传达、加速商品在线运转，最终实现品牌和销售业绩的双赢。目前，豪雅集团在海外注册的商标已达 12 个。在集团所有的销售产品中，自主品牌产品占比超过 80%。

评述：2011 年以前，豪雅集团作为传统的外贸企业，由于国际销售商掌握着销售渠道和定价权，一直走"贴牌"之路。2011 年之后，布局跨境电商使豪雅集团拥有了自己的销售渠道与营销推广，并能获取第一手的市场信息，有机会推广自己的品牌和产品设计，实现转型升级路上的跃升。

三、豪雅集团转型升级的启示

1. 占位销售渠道是传统外贸企业转型升级的切入点

传统外贸商在渠道、客户、产品、营销、品牌等方面都没有话语权，缺乏议价能力。跨境电商为传统外贸商提供了与国际渠道商同台竞争的机会，而渠道的占位既可行，又能为传统外贸商提供前端客户信息，打通与后端生产厂商的链接。

2. 供应链整合是传统外贸企业转型升级的基础

借助信息化管理，传统外贸商把生产厂商与渠道、终端客户连接起来。供应链的可视化销售与管理，提升了各个环节的运转效率，同时也促进了产品升级和改进。精准的市场信息反过来又让生产厂商可以信心十足地提供稳定货源。二者成为不可分割的利益共同体。

3. 产品自主设计与自主品牌是传统外贸企业转型升级的跃升

占位销售渠道、打通客户端与生产端，使传统外贸商在产品销售上有了一定的议价能力，解决了外贸企业的生存危机。但外贸企业要获取更高的利润，就需要跃升到产品的研发设计与品牌的经营。外贸企业的跨境电商渠道占位、网络营销与对终端客户的理解，为传统外贸企业转型升级到微笑曲线的顶端提供了机会与可能。

参 考 文 献

[1] 阿里巴巴（中国）网络技术有限公司. 挡不住的跨境电商时代 [M]. 北京：电子工业出版社，2015.
[2] 易传识网络科技. 跨境电商多平台运营 [M]. 北京：电子工业出版社，2015.
[3] 黄海林. 转化率：电商运营核心思维与实操案例 [M]. 北京：电子工业出版社，2015.
[4] 麓山文化. 掘金移动互联：跨境电商如何挑战海外市场 [M]. 北京：清华大学出版社，2016.
[5] 李鹏博. 揭秘跨境电商 [M]. 北京：电子工业出版社，2015.
[6] 许晓辉. 一个人的电商：运营策略与实操手记 [M]. 北京：电子工业出版社，2015.
[7] 王跃进，武亮. 一本书搞懂跨境电商：图解版 [M]. 北京：化学工业出版社，2016.
[8] 翁晋阳，Mark，管鹏，等. 再战跨境电商：颠覆性商业时代下的"野蛮探路者" [M]. 北京：人民邮电出版社，2015.
[9] 肖旭. 跨境电商实务 [M]. 北京：中国人民大学出版社，2015.
[10] 雨果网. 2015跨境进口电商平台大事件盘点：蜜芽 上 [EB/OL]. (2015-10-21)[2018-07-12]. https://www.cifnews.com/.
[11] 梁天祥. 蜜芽刘楠的纸尿布革命之路 [EB/OL]. (2016-07-13)[2018-07-13]. http://news.ifeng.com/a/20160713/49346911 0.shtml.
[12] 李铎，孙麒翔. 进口跨境母婴电商蜜芽急于摆脱母婴光环 [N]. 北京商报，2015-07-15 (3).
[13] 雨果网. 亚马逊运营攻略：打造精品 [EB/OL]. (2014-08-27)[2018-08-24]. https://www.cifnews.com/.
[14] 木秀林. 亚马逊与阿里对决跨境购物谁将胜出？[EB/OL]. (2014-09-01)[2018-08-24]. http://tech.163.com/14/0901/11/A526VOHQ000915BF.html.
[15] 瑞雪. 亚马逊在华十年征战无功，或转战印度市场 [EB/OL]. (2015-03-11)[2018-08-26]. http://tech.qq.com/a/20150311/012399.htm.
[16] 任泽平. 中美贸易战原因、影响、展望及应对 [EB/OL]. (2018-03-24)[2018-08-27] http://finance.ifeng.com/a/20180324/16044203 0.shtml.
[17] 严行方. 跨境电商业务一本通 [M]. 北京：人民邮电出版社，2016.
[18] 佚名. 加强跨境电子商务市场监管的思考 [N]. 中国工商报，2014-08-19 (6).
[19] 杨允赟. 我国跨境电子商务税收问题研究 [J]. 国际商务财会，2016 (11)：69-71.
[20] 何炜. 国外跨境电子商务税收发展经验对我国的启示 [J]. 中国市场，2016 (36)：140-141.
[21] 张建国，王浩. 海关视角下跨境电子商务的税收政策选择 [J]. 海关与经贸研究，2014 (1)：107-115.
[22] 刘一展. 欧盟网上争议解决（ODR）机制：规则与启示 [J]. 改革与战略，2016 (2)：146-150.
[23] 薛源. 跨境电子商务交易全球性网上争议解决体系的构建 [J]. 对外经济贸易大学学报，2014 (4)：95-103.
[24] 陈剑玲. 论消费者跨境电子商务争议的解决 [J]. 首都师范大学学报，2012 (2)：154-156.
[25] 刘爽. 跨境电子商务信用信息系统构建研究 [D]. 杭州：浙江大学，2016.

［26］叶悦青. 跨境电子商务信用评价体系构建研究［D］. 杭州：浙江大学，2015.

［27］佚名. Facebook 营销的6个技巧［EB/OL］.（2018-9-30）［2018-10-27］. https://www.simcf.cc/4060.html.

［28］跨洋传媒. 如何让你的 Instagram 营销更完美？［EB/OL］.（2018-09-29）［2018-10-28］. http://www.sohu.com/a/229226382 298446.

［29］亿业科技. 做好邮件营销重视的四大原则［EB/OL］.（2018-10-29）［2018-11-3］. http://www.easeye.com.cn/news/2626.html.

［30］亿恩. 跨境电商邮件营销需要警惕的七大误区［EB/OL］.（2015-07-16）［2018-11-3］http://www.ebrun.com/20150716/141023.shtml.

［31］马述忠，卢传胜，丁红朝，等. 跨境电商理论与实务［M］. 杭州：浙江大学出版社，2018.

［32］朱秋城. 跨境电商3.0时代［M］. 北京：中国海关出版社，2016.

［33］黄嘉蔚. 浅析跨境电商资金管理和使用问题及对策研究［J］. 中国商论，2017（6）.

［34］冯志强. 跨境电商外汇管理问题及对策分析［N］. 金融时报，2018-10-16（6）.

［35］阿里巴巴商学院. 跨境电商基础、策略与实战［M］. 北京：电子工业出版社，2016.

［36］速卖通大学. 跨境电商：阿里巴巴速卖通宝典［M］. 北京：电子工业出版社，2015.

［37］速卖通大学. 跨境电商物流：阿里巴巴速卖通宝典［M］. 北京：电子工业出版社，2016.

［38］阿里研究院. 阿里商业评论：跨境电商［M］. 北京：机械工业出版社，2016.

［39］黄若. 再看电商［M］. 北京：电子工业出版社，2014.

［40］肖旭，章安平. 跨境电商实务［M］. 北京：中国人民大学出版社，2015.

［41］冯晓宁. 跨境电商：阿里巴巴速卖通实操全攻略［M］. 北京：人民邮电出版社，2016.

［42］朱廷君. 国际贸易［M］. 3版. 北京：北京大学出版社，2016.

［43］李鹏博. 进口跨境电商启示录［M］. 北京：电子工业出版社，2016.

［44］陈南坚. 电子商务在国际贸易中的地位及作用发挥［J］. 现代经济信息，2016（5）：310-311.

［45］陈亮. 电子商务对国际贸易的影响及应用现状［J］. 中国管理信息化，2018（6）：110-111.

［46］赵颖霞，陈绿燕，郜志雄. 垂直跨境电商演进的策略［J］. 对外经贸实务，2019（2）：33-35.